BVT

In einem kleinen Museum im spanischen Banyoles entdeckt Frank Westerman 1983 ein seltsames Exponat: Auf einen Sockel genagelt steht dort ein ausgestopfter Mensch, ein namenloser Afrikaner. Der Autor macht sich auf die Suche nach der Herkunft des präparierten Leichnams und folgt dem Weg, den »El Negro« gegangen ist: von Afrika, wo dieser Anfang des 19. Jahrhunderts auf ein Schiff verladen wurde, über Paris und Barcelona bis in die Pyrenäen. Seine Recherchen zum Fall »El Negro« konfrontiert Westerman mit eigenen Erfahrungen als Entwicklungshelfer und Journalist in Peru, Sierra Leone, auf Jamaika und in Südafrika. Entstanden ist eine literarische Reisereportage, verbunden mit eindrücklichen Reflexionen über unseren Umgang mit dem Fremden.

Frank Westerman, geboren 1964, studierte Hydrotechnologie und arbeitete als Entwicklungshelfer und freier Journalist. Seine Bücher wurden in zahlreiche Sprachen übersetzt und vielfach ausgezeichnet. Im Berliner Taschenbuch Verlag erschien von ihm 2005 der Titel *Ingenieure der Seele*, ein journalistischer Krimi über das Innenleben der sowjetischen Schriftstellerszene.

Frank Westerman

El Negro

Eine verstörende Begegnung

Aus dem Niederländischen von
Stefan Häring und Verena Kiefer

Berliner Taschenbuch Verlag

Dieses Buch erschien 2004 unter dem Originaltitel »El Negro en ik« im Atlas Verlag Amsterdam/Antwerpen. Die deutsche Erstausgabe folgte im September 2005.
Die Übersetzung entstand mit freundlicher Unterstützung des Nederlands Literair Produktieen Vertalingenfonds.

März 2007
BvT Berliner Taschenbuch Verlags GmbH, Berlin
Lizenzausgabe mit freundlicher Genehmigung des Christoph Links Verlags

Umschlaggestaltung: Rothfos & Gabler, Hamburg, unter Verwendung einer Fotografie von
© Gallo Images/Corbis
Druck und Bindung: Clausen & Bosse, Leck
Printed in Germany
ISBN 978-3-8333-0433-0

www.berlinverlage.de

Inhalt

Prolog	7
Im Saal des Menschen	10
Dreadlock Holiday	21
Maison Verreaux	44
Der Leuchtende Pfad	72
Grand Café der Novitäten	99
Löwe mit zwei Gesichtern	125
Queda't – Er bleibt!	160
Im Land der Vorfahren	189
I Die Buschmannfrau	189
II Buschmann in Pökelwasser	199
III El Negro und ich	212
Epilog	230
Quellen und Dank	232

Prolog

Ist es möglich, die Todesursache eines Menschen herauszufinden, der schon seit anderthalb Jahrhunderten tot ist?

Im Juni 1993 wagt ein neunköpfiges Team aus Leichenbeschauern einen Versuch. Auf dem Tisch liegt der gut konservierte Leichnam eines namenlosen Afrikaners, gestorben 1830 oder 1831 – »Objekt Nummer 1004«.

Vorsorglich und um jeglichem Verdacht der Voreingenommenheit vorzubeugen, wählen die weißen Mediziner – forensische Anthropologen, Radiologen und Toxikologen – ein Zitat Martin Luther Kings zum Motto ihres Autopsieberichts: »Wir erachten diese Wahrheiten für selbstverständlich: dass alle Menschen gleich geboren sind.«

Die Leichenbeschauer gehen behutsam ans Werk: Sie beginnen mit einer äußeren Inspektion. Jeder Quadratzentimeter wird befühlt und beklopft und unter die Lupe genommen. An der linken Seite verläuft von der Hüfte bis zur Achsel eine lang gestreckte Narbe – wie der Reißverschluss eines Taucheranzugs. Offensichtlich eine Schnittwunde, nicht tief und mit Heftstichen genäht. Die einzige sonstige Verstümmelung ist das Fehlen eines Stücks der Vorhaut: Der Verblichene ist beschnitten. Darüber hinaus weist der Körper keine Schrammen, Prellungen oder Verwundungen auf.

»Zeichen äußerer Gewalt, die auf einen traumatischen Tod schließen lassen, haben wir nicht feststellen können«, berichten die Leichenbeschauer.

Die Analyse des Gebisses ergibt, dass der Mann 27 Jahre alt geworden ist – mit einer Fehlerspanne von plus/minus drei. Er war klein von Statur: Lebend muss er etwa 1,35 Meter (höchstens 1,40 Meter) gemessen haben. Seine Zehen stehen weit auseinander, was darauf hindeuten könnte, dass er barfuß große Entfernungen zurückzulegen pflegte.

Die dermatologische Untersuchung ergibt, dass die Haut wie Kalbsleder gegerbt wurde. In den Poren finden sich Arsenreste, welche die Pigmente angegriffen haben. Folge: Die ursprüngliche Hautfarbe ist verblasst. Um diesen Prozess zu vertuschen, hatte man seine Haut mit mehreren Lagen Schuhcreme geschwärzt.

In der katalanischen Provinzstadt Girona wird der Leichnam unter den Röntgenapparat des Dr.-Josep-Trueta-Krankenhauses geschoben. Die am Lichtkasten aufgehängten Fotos enthüllen, dass die Wirbelsäule durch zwei Eisenstäbe ersetzt wurde. Wie eine Betonskulptur nur durch ihr Stahlskelett Stabilität erhält, wird dieser Mann innen von der Ferse bis zum Scheitel durch einen doppelten Stahldraht gestützt.

Auf Höhe des Schlüsselbeins lässt die Radioskopie eine hölzerne Querverstrebung erkennen, sozusagen als Schulterpartie, an der die ursprünglichen Armknochen (Humerus, Radius, Ulna) aufgehängt wurden. Muskelgewebe, Organe und Fettschichten hat man entfernt; der Körper wurde mit Stroh gefüllt.

Die Mediziner loben die Arbeit des Präparators, denn obwohl der Mann seines Rückgrats entledigt wurde, weisen die Proportionen seines Körpers »eine perfekte Harmonie« auf.

Um die Rasse von Objekt 1004 festzustellen, greifen die Pathologen zur Anthropometrie. Dieses Verfahren, das unter anderem zur ethnischen Bestimmung menschlicher Gebeine verwendet wird, geht von drei Hauptgruppen aus: der kaukasischen (weißen), der mongoliden (gelben) und der negriden (schwarzen) Rasse. Aufgrund eines Dutzends Kriterien, darunter der Schädelindex (Breite geteilt durch Länge mal 100) und die Morphologie der Nasenhöhle (tropfenförmig, rund oder oval), konstatiert die Forschertruppe, dass »ein Negrider mit den Merkmalen eines afrikanischen Buschmannes« vor ihnen liegt.

Ein Hinweis – der einzige – auf die mögliche Todesursache ist die Verwachsung der Zehen- und Fingernägel, die auf eine Lungenentzündung mit Todesfolge deuten kann. Vom spärlich vorhandenen organischen Material (um genau zu sein: vom Schamhaar) nimmt das Ärzteteam eine Probe zur Bestimmung des DNA-Profils. Diesen Erbcode hat man in dem Bericht nicht vermerkt – er wird in einem Tresor im Rathaus von Girona verwahrt.

Im Saal des Menschen

Banyoles, 1983

Trampen ist wie Stierkampf. Der Anhalter pflanzt sich mit den Füßen in die Böschung, vorgebeugt, aber doch selbstbewusst mit einem Kartonschild vor dem Körper. Der Autofahrer braust heran, fährt vorbei, und wenn er einen doch noch mitnimmt, weiß man nicht, wo man landet.

Im Dezember 1983 war ich als Tramper in Spanien unterwegs. In Gesellschaft eines Freundes (der wie ich Student im ersten Semester war) schlenderte ich über den Parkplatz vor einer Keramikgroßhandlung. Die Sonne schien uns direkt in die Augen, schwach genug, dass wir ohne Zwinkern hineinsehen konnten. Ein glutrotes Leuchten lag über den Straßenpfosten am Wegesrand und den aufgestapelten Tontöpfen und Amphoren hinter uns. Zwei Gipslöwen mit ausgestreckten Vorderpfoten bewachten die Auffahrt zur Firma Cerámica García S. A.

19 waren wir. Was kümmerte es uns, dass wir keinen Meter vorankamen? Oder dass der ausgefranste Straßenrand Gironas mit seinem Bettenshowroom, seinem Truckercafé und den tunnelförmigen Gewächshäusern aus Plastik so heruntergekommen war. In der Ferne schnappten die Zähne der Pyrenäen nach dem Firmament, und das war wirklich ein spektakulärer Anblick. Abwechselnd hielten wir das Schild mit unserem Ziel Figueres hoch, zunächst noch konzentriert und hoffnungsvoll, aber nach ein oder zwei Stunden immer flehender und theatralischer. Vorbeirasende Autofahrer klopften aufs Steuer oder tippten sich an die Stirn. Spanien war ein entsetzliches Tramperland voller ausländerfeindlicher Gestalten,

die sich zurückgezogen in ihren Blechmuscheln fortbewegten. Allein für die Strecke Barcelona – Girona (noch keine hundert Kilometer) hatten wir acht Stunden gebraucht.

Gleichzeitig mit der Sonne sank auch die Temperatur, so dass der Wind plötzlich kalt durch unsere Jacken blies. Als dann doch noch ein Renault 4 schlingernd zum Stillstand kam, ein gutes Stück hinter den Löwen, rannten wir mit unseren Rucksäcken zu dem Wagen. Der Fahrer streckte seinen bärtigen Kopf heraus. Er fuhr nicht nach Figueres, nicht einmal in diese Richtung (»dirección« verstand ich), aber wenn wir wollten, könnten wir bis Banyoles mitfahren.

Ohne Zögern stiegen wir ein. Ich vorn, um die eventuelle Konversation am Laufen zu halten. Ein Trimester lang hatte ich in einem niederländischen Sprachlabor auf spanischen Worten herumgekaut. *Cuanto antes* hieß die Methode: so schnell wie möglich. Aber nur mit einer Kassette und einem Kopfhörer endlos das Rezept von Gazpacho nachsprechend, lernte man noch längst kein Spanisch. Dazu musste man vor Ort sein.

Mit vor Kälte steifem Unterkiefer sagte ich, es werde allmählich sehr frisch, vor allem durch den Wind.

»Der *tramontana*«, sagte der Fahrer, während er den Heizungsregler von Blau auf Rot schob. »Der stürzt sich von den Schneehängen da hinten ins Tal.«

Unser Chauffeur sah reichlich wild aus, so, als sei er der Anhalter gewesen. Von der Nasenspitze aus zogen Falten fächerförmig über das ganze Gesicht. Selbst die Äderchen in den Augenwinkeln betonten die Sternform.

Ricardo hieß er. Er war Geologe, oder besser gesagt, Vulkanologe, und arbeitete als Aufseher im Vulkanpark Garrotxa. Ob wir wüssten, dass das Gebiet, in das wir fuhren, mit 34 erloschenen Kratern bestückt sei?

Nein, das war uns neu.

»Der See von Banyoles steht in direkter Verbindung zu den Vulkanen. Er wird aus der Tiefe gespeist.«

Kaum fünf Minuten wussten wir von der Existenz der kleinen Stadt Banyoles (oder war es ein Dorf?), da gab es offensichtlich auch noch einen See dieses Namens. Unser Fahrer schien Gefallen daran zu finden, uns von Figueres wegzuführen.

Als könnte er meine Gedanken lesen, sagte er: »Und was wollt ihr in Figueres?«

Ich nannte das Salvador-Dalí-Museum. »Mein Freund studiert an der Kunstakademie.« Académia del arte hörte ich mich selbst sagen.

Der Vulkanologe ging nicht darauf ein. Vielleicht zog er den Realismus der Wälder dem Surrealismus geschmolzener Uhren vor.

Nach einer kurzen Pause bemerkte Ricardo: »Dein Kastilisch kann sich hören lassen.«

Es klang wie ein Kompliment, aber offen gestanden begriff ich es nicht. Kastilisch? Hatte ich irgendeine abweichende Aussprache? Oder meinte er vielleicht Katalanisch?

»Kastilisch«, wiederholte er. »Die Sprache Madrids.«

»Okay«, antwortete ich ausdruckslos – im vollen Bewusstsein der Naivität, die ich zur Schau stellte. Flammen schossen aus meinem Kragen, und während ich zu einem Hügel mit einem geriffelten Muster aus Weinranken hinüberschaute, begann mir zu dämmern, weshalb mein begeistert eingeübtes Spanisch mir nicht nur Sympathie eintrug, sondern auch Ärger erregte. Fragte ich nach G*e*rona, wurde ich nachdrücklich auf den Weg nach G*i*rona hingewiesen. Die Katalanen waren offensichtlich so stolz auf ihre eigene Sprache, dass sie das Spanische am liebsten als Kastilisch bezeichneten, um es so von der Landessprache zur Regionalsprache zu degradieren: Es gab Katalonien mit Barcelona als Hauptstadt, und dann war da noch Kastilien mit Madrid als Zentrum. Zwei separate, gleichwertige Größen also.

»So ist das«, sagte der Vulkanologe. Er spähte in den Seitenspiegel, um einen Lastwagen zu überholen. Die Straße wurde kurviger und stieg nun auch allmählich an, für die nächsten drei Kilometer warnte uns ein Schild vor Wildwechsel. Ricardo erzählte, er sei Redakteur einer Zeitschrift für Alpinistik. Sie erschien auf Katalanisch und existierte bereits seit 1925. »Unter

Franco brachten wir jeden Monat eine Reportage über eine Skipiste oder eine neue Kletterroute. Wir sorgten dafür, dass auf dem Titelblatt immer ein neutrales Thema stand. Das war lebenswichtig, wollten wir weiterhin auf Katalanisch veröffentlichen.« In Wirklichkeit, erklärte er, diente der Leitartikel als Deckmantel, innen schuf die Redaktion einen halblegalen Zufluchtsort, um die katalanische Kultur lebendig zu halten. Zwischen Karten mit Langlaufstrecken und Schwarzweißfotos von Berghütten versteckten sich Geschichten über Heimatkunde und Archäologie, und manchmal über den Bürgerkrieg.

»Auch wenn Franco nun schon seit acht Jahren tot ist, haben wir immer noch den Status einer Widerstandszeitung«, sagte Ricardo.

Ich hatte in der Schule George Orwells *Mein Katalonien* gelesen und wusste, dass der Generalissimo Franco die Stadt Guernica 1937 von der deutschen Legion Condor unter einen Bombenteppich legen ließ, um die Moral der Basken zu brechen. Aber es war mir nicht bewusst gewesen, dass Franco den Separatismus auch bekämpfte, indem er die Regionalsprachen, in diesem Fall das Katalanische, zum Verstummen gebracht hatte.

»Vor zehn Jahren waren Katalanisch geschriebene Bücher hier kaum zu bekommen. Das war Schmuggelware«, sagte Ricardo. »Man musste auf die andere Seite der Pyrenäen und sie in Perpignan holen.«

Wir kamen an einer Fabrik vorbei, auf deren Dach in roten Neonbuchstaben »Chocolates Torras« stand. Im nächsten Moment fuhren wir, scheinbar ohne langsamer zu werden, in den Ort Banyoles. Ich erinnere mich an einen Kreisverkehr vor dem örtlichen Krankenhaus mit einer Aspirintablette aus Beton wie eine Drehscheibe in der Mitte, hochkant, *larger than life*; außerdem an viele Platanen, kunstvoll gestutzt und miteinander verschlungen, und an einen großen Platz, die antike Plaza Mayor, auf der sich die Motorrollerjugend traf.

Es war klar, dass wir in Banyoles übernachten würden. Ricardo setzte uns an einer Straßenecke in der Innenstadt ab und entschuldigte sich, dass er uns nicht nach Figueres hatte bringen können. »Aber wenn ihr sowieso an Kultur interessiert seid«, sagte er beim Abschied, »Banyoles besitzt ein wunderbares Museum für Naturgeschichte. Das älteste der Provinz, und es ist berühmt für sein ausgestopftes Negerlein.«

So sagte er es wörtlich: nicht *negro,* sondern *negrito.*

Ich hatte für Kunst nicht viel übrig. In meinem Studentenzimmer hing zwar ein Poster des ewigen Wasserkreislaufs von Escher, und die Pfeife von Magritte mit der Aufschrift »Ceci n'est pas une pipe« war natürlich genial. Aber die meisten Künstler befanden sich auf einem Egotrip, und wenn sie sich schon eine gesellschaftliche Aufgabe zuschrieben, setzten sie diese selten in die Wirklichkeit um. Egal, wie häufig wir unterwegs auch darüber sprachen, in diesem Punkt blieben mein Freund und ich uns abgrundtief uneins. Ich war einfach anders gestrickt als er und strebte eher nach irdischen Zielen. Ich wollte Entwicklungshelfer werden, jemand, der sich nützlich macht, indem er geknechteten und ausgebeuteten Völkern praktisches Wissen vermittelt. Das Studium, das ich begonnen hatte, Tropische Kulturtechnik, brachte Ingenieure hervor, die in Ländern der Dritten Welt Bewässerungsanlagen entwarfen und anlegten.

Meine Entscheidung für die Entwicklungshilfe hatte ich bereits in der weiterführenden Schule gefällt, unter Umständen, die aus meiner Sicht nur wenig Raum für das unverbindliche »Mach, was dir gefällt« ließen. Das hatte mit dem protestantischen Unterricht zu tun, den wir erhielten, gediegen und solide. »Opdat zij u kennen« – Dass sie dich erkennen – stand in gusseisernen Buchstaben auf der Aulawand. In allen Klassen begann der Unterricht um Viertel nach acht mit der Bibellesung. Tagaus, tagein wurde uns gepredigt, unseren Nächsten zu lieben und dem, der uns auf die rechte Wange schlägt, auch die linke hinzuhalten. Ich hatte diesen Pazifismus dankend angenommen und konnte mich wahnsinnig über Lehrer aufregen, die Nächstenliebe mit dem Mund predigten und gleichzeitig die »Star-Wars«-Politik von Ronald Reagan beschönigten. Das war scheinheilig. Ich fand, man müsse konsequent sein, indem man aller Gewalt abschwor – deshalb trug ich Latzhosen (was an sich schon ein Statement war) und gleich über der Schnalle am linken Träger als Abzeichen ein gebrochenes Gewehr. Zu dieser Zeit tauchte an unserer Schule auch das erste Palästinensertuch auf. Wir boykottierten Grapefruits aus Südafrika, aßen Müslikuchen im Teezelt, erklärten uns mit der Revolution in Nicaragua solidarisch – und all diese Vorlieben und Abneigungen gehörten für uns zusammen.

Im Rückblick hatte der Moment, da der Musterungsbescheid durch unseren Briefkastenschlitz gefallen war, den Ausschlag gegeben. Während ich die Karte der Wehrersatzbehörde aufhob, wurde mir klar, dass mir kein Gesundheits-, sondern ein Charaktertest bevorstand.

Am Morgen der Musterung hatte ich mich selbstverständlich für das gleiche Outfit wie sonst auch entschieden – das war die Konsequenz, wenn man konsequent sein wollte.

»Allesamt ausziehen«, lautete die erste Anweisung, die ich von einem Soldaten in Uniform erhielt. »Hosen und Unterhosen anbehalten! In drei Minuten seid ihr in der Turnhalle.«

Mit der Trägheit eines Öltankers sah ich die nächste Szene auf mich zukommen: das Gekicher über die einzige Latzhose zwischen all den nackten Leibern.

»Hier gibt es nichts zu lachen«, tönte der Militärarzt unter seinem Schnauzbart. Er ließ uns antreten, von Groß nach Klein, und schritt zur flüchtigen Inspektion unserer körperlichen Verfassung die Reihe ab. Ein Junge mit einer Hühnerbrust bekam einen Schubs zum Zeichen, dass er gehen könne. Ich musste vortreten. »Was ist das?« Er gab mir keine Gelegenheit zu einer Antwort, sondern zog mit beiden Händen gleichzeitig die Träger meiner Latzhose herunter.

Später nahm er mich in seinem Sprechzimmer zur Seite. »Du willst also nicht zum Militär?«

Ich lag rücklings und nur mit der Unterhose bekleidet auf der Krankenliege. »Ich will Ersatzdienst leisten«, sagte ich. Der Militärarzt schob meine Knie nacheinander in Richtung Kinn und lauschte, ob er ein Knacken hören könne. »Spannend! Zwei Jahre lang Papier in Gemeindearchiven hin- und herschieben – dazu hast du Lust?«

»Nein«, sagte ich. »Ich will nach Afrika.«

»Nach Afrika?«

»Oder Lateinamerika. Auf jeden Fall in die Entwicklungsarbeit.«

Im Nachhinein betrachtet, hatte jene Aussage in diesem Moment dazu geführt, dass eine bislang noch vage Idee die Form fester Überzeugung annahm.

Wir hatten es den Schulmädchen von Banyoles zu verdanken – ihnen noch mehr als Ricardo –, dass wir tatsächlich im Gemeindemuseum gelandet waren. Nach einem Frühstück aus Kaffee und *churros*, einem fritierten Gebäck, hatten wir unschlüssig auf den Treppenstufen der Pension »Comas« herumgestanden. Sollten wir nach links oder rechts? Die Dächer von Banyoles glitzerten im Winterlicht – und keine Seele ließ sich blicken. Diese Kulisse blieb für einige Momente unverändert, bis sie sich mit dem Kreischen und Kichern eines sich leerenden Klassenzimmers füllte. Mädchen mit Zöpfen drängten sich unter dem Vordach der Firma »Chocolates Torras«, um anschließend eins nach dem anderen mit einem dampfenden Becher auszuschwärmen.

Während wir auf sie zuliefen, las ich auf dem Giebel gegenüber der Schule: »Museum Darder für Naturgeschichte«. Der Eingang befand sich um die Ecke, hinter drei blattlosen Platanen. Die Bäume sahen aus wie Kerzenleuchter mit knorrigen Armen, die knotig, fast griesgrämig nach oben ragten. Wir rüttelten an der Tür, aber das Museum schien geschlossen zu sein.

»Wartet«, rief eine der Schülerinnen. »Señora Lola hat den Schlüssel!« Sie warf eine Haarsträhne über die Schulter und verschwand hinter der Glasfassade eines Friseursalons, während sie uns an einem in die Mauer gemeißelten Relief stehen ließ. »Dr. Francisco Darder (1851–1918)« lautete die Inschrift. Und weiter: »Tierarzt. Gründer des Tiergartens von Barcelona«. Das Relief zeigte einen Herrn in der Seitenansicht mit mondänem, schwungvollem Hut. Dr. Darder hatte ein eckiges Nasenbein, Krähenfüße von den Augen bis zum Backenbart und einen intensiven Blick, als genieße er etwas, was wir nicht sehen konnten. Das Museum existierte dank seiner Privatsammlung ausgestopfter Tiere.

»Er ist übrigens echt«, rief ein etwa zehnjähriges vorwitziges Mädchen.

»Wer ist echt?«

»El Negro!« Ihre Stimme schmetterte über den Platz, begleitet vom Prusten ihrer Freundinnen.

Im nächsten Moment trat Señora Lola, eine Weste lose um die Schultern gehängt, aus dem Friseursalon. Eine zerbrechliche kleine Dame mit spitzem Kinn, auf dem ein paar verirrte Haare sprossen. In der Hand einen Schlüsselring, den sie wie einen Rosenkranz behandelte. Señora Lola öffnete das Museum, verkaufte uns Karten zu 50 Peseten und dirigierte uns zu den Reptilien.

»Da entlang«, gebot sie. »Und dann den Sälen im Uhrzeigersinn folgen.«

Selbstsicher betraten wir den ersten Saal. Wir ließen unsere Finger über den Kamm eines Leguans gleiten und klopften auf die Riesenschildkröten an der Wand, eine größer als die andere. Auf Kniehöhe wimmelte es von Kaimanen, dazwischen ein Schild mit dem Hinweis »Nicht berühren!« Als könnten sie einem – schnapp! – einfach so die Hand abbeißen.

Nach den Reptilien folgten die Vögel. Ich erinnere mich an eine Sammlung von Straußeneiern – beeindruckender als die dazu gehörenden Strauße. Das zerbrechliche Getier (Kolibris, Kanarienvögel, Sittiche) drängte sich in einer Glasvoliere. Nett für Ornithologen vielleicht, aber uns konnte es nicht faszinieren. Wir waren unterwegs zum Saal des Menschen, der Verlängerung des Säugetiersaals. Als wir an einer Kletterwand mit Menschenaffen und dem Skelett eines Gorillas vorüber waren, schlug unsere Fröhlichkeit in einen leichten Schauder um.

Da stand er: der ausgestopfte Schwarze von Banyoles. Einen Speer in der rechten, einen Schild in der linken Hand. Aufmerksam und dabei leicht gekrümmt, die Schultern hochgezogen. Halbnackt, bedeckt nur mit einem Bastschmuck und einem orangefarbenen Lendentuch. Seine Haut war unmenschlich schwarz. Ich wusste nicht, dass es überhaupt so schwarze Menschen gab, und dann auch noch so klein und mager. El Negro war ein erwachsener Mann, fast nur Haut und Knochen, der einem kaum bis zum Ellenbogen reichte. Er stand in einem gläsernen Schrank mitten auf dem Teppich. Auf den Sockel war ein Täfelchen geschraubt: »Buschmann aus der Kalahari«.

Stärker als bei den Kaimanen hatte ich das Gefühl, er könne in Bewegung geraten. Oder für eine Sekunde seine Augen auf mich richten. Strafend? Böse, weil ich kam, um ihn anzustarren?

Wir waren nicht im Wachsfigurenkabinett von Madame Tussaud, ich starrte keine Illusion der Wirklichkeit an. Dieser Buschmann war kein gruselig gelungener Abguss und auch keine zufällig gefundene Moorleiche oder sonstige Mumie. Er war ein Mensch, gehäutet und danach gefüllt wie ein ausgestopftes Tier. Es musste also jemanden gegeben haben, der dies getan hatte, und selbstverständlich lagen die Verhältnisse so, dass der Präparator ein weißer Europäer gewesen sein musste und sein Objekt ein schwarzer Afrikaner. Umgekehrt war es undenkbar. Mich überkam ein unbestimmtes Gefühl der Scham, und mir wurde warm bis in die Haarwurzeln.

Señora Lola hatte keine Erklärung, auch keinen Katalog oder Prospekt. Sie tippte auf einen Drehständer mit Ansichtskarten und starrte mich durch ihre Brillengläser an. Ich nahm die einzige Karte, die den Buschmann zeigte, und las auf der Rückseite: »Museo Darder – Banyoles. Bechuana.«

»Bechuana?«

Señora Lola blickte mich an, Kopf im Nacken, Kinn vorgestreckt. »Die Karten kosten 40 Peseten pro Stück«, sagte sie.

Ich kaufte zwei davon.

Eine Woche später, wieder zurück im Sprachlabor, schlug ich die Bedeutung von »Bechuana« im Wörterbuch nach. Es zeigte sich, dass es sich um die Bezeichnung eines Einwohners von Botswana handelte, oder genauer: eines Mitglieds der bevölkerungsreichsten Gruppe von Botswana, den Tswana, also nicht um einen Buschmann aus der Kalahari, obwohl sich die Wüste zum größten Teil in Botswana befindet. Die Buschmänner waren das zahlenmäßig kleinste Volk von Botswana und praktisch ausgestorben.

Es ärgerte mich, dass offensichtlich eine der beiden Aufschriften, entweder die des Sockels oder die der Ansichtskarte, nicht stimmte. Je länger ich darüber nachdachte, desto bizarrer erschien mir das Ganze: ein als »Buschmann aus der Kalahari« auf einen Holzsockel genagelter Mensch, dessen Bildnis man als »Bechuana« in Form eines Kartengrußes in die ganze Welt schicken konnte. Wer von beiden war er denn nun – ein Buschmann aus der Kalahari oder ein Bechuana? Was war mit ihm geschehen? Ich fragte mich, wer wohl seinen Körper präpariert hatte und wie er in diesem gottverlassenen Banyoles gelandet war – tot oder lebendig?

Die Unklarheit seiner Geschichte war bezeichnend für seine Vernichtung als Individuum. Außer seinen Eingeweiden war ihm auch die Persönlichkeit genommen worden. Er besaß keinen Namen mehr, und niemand kannte seinen Geburts- oder Todestag. All seine charakteristischen Eigenschaften waren verlorengegangen, so dass man jetzt noch nicht einmal mehr wusste, welchem Volk er angehörte. Für die Schülerinnen von Banyoles und auch für Ricardo war er schlichtweg El Negro. Nicht *ein* Schwarzer, sondern *der* Schwarze.

Das musste ich erst einmal verdauen. Ein spezifischer schwarzer Mensch war durch den Verlust seiner individuellen Geschichte zu *dem* Neger geworden. Das entsprach ungefähr dem, was auch mit dem Unbekannten Soldaten geschehen war. Aber dieser Vergleich führte nicht weiter, denn der Unterschied war größer als die Übereinstimmung: Die stofflichen Überreste des Unbekannten Soldaten wurden mit höchsten Würden umkleidet, sie ruhten unter dem Marmor eines Mausoleums, weil der Soldat »einer von uns« gewesen war. Der Leichnam von El Negro stand in einer gläsernen Vitrine; gegen den Eintrittspreis von 50 Peseten konnte man diesen als Exoten bestaunen. Das hatte ich auch getan – aber nicht ohne Scham.

Ich dachte: Angenommen, jemand würde herausfinden, wer El Negro war – dann wäre er wieder ein Mensch und könnte nicht mehr als Gegenstand – oder als Tier – zur Schau gestellt werden. Ich besprach diese Überlegung mit meinem Freund von der Kunstakademie, der mich ermunterte, selbst auf die Suche zu gehen. Ich meinerseits schlug vor, er könne daraus ja ein Kunstprojekt machen. Wir verbrachten einen dieser Abende, an denen man glaubt, den einen oder anderen brillanten Einfall zu haben (so spielten wir mit dem Gedanken, eine Fotoserie zu machen, deren Negative wir abziehen wollten, damit El Negro als Weißer erschien; oder wir malten uns seine »Entführung« aus, um ihn irgendwo anders wieder auftauchen zu lassen). Aber wir kamen nicht dahinter, welche Botschaft wir eigentlich damit verkünden wollten. Stellung nehmen zum Rassismus, ja. Aber würde das durch einen Streich gelingen?

Weniger umständlich war es – und wer weiß, vielleicht diente das demselben Ziel –, einfach weiter zu studieren. Ich wollte eine technische Ausbildung machen, aber noch stärker als zuvor wurde mir bewusst, dass Tropische Kulturtechnik viel mehr umfasste, als Wasser in die Wüste zu bringen. Unweigerlich bekam man es auch mit der Kluft zwischen Weiß und Nicht-Weiß zu tun, und ich dachte: die zu überbrücken wäre vielleicht noch wichtiger, als Felder zu bewässern. Ich müsste nur zusehen, so nahm ich mir vor, ein verdammt guter Entwicklungshelfer zu werden.

Dreadlock Holiday

Jamaika 1985

Bis auf eine standfeste Kathedrale gibt es in Spanish Town nichts mehr, was noch an die Spanier erinnert. Die Spuren der über hundert Jahre dauernden spanischen Herrschaft sind durch tropische Stürme, Erdbeben, Raubzüge von Bukanieren und schließlich durch die Engländer, die Jamaika 1655 eroberten, ausgelöscht worden.

Ich las in meinem Reiseführer, dass der kleine träge Fluss, der den Durst der Zuckerplantagen bei Spanish Town löscht, noch immer Rio Cobre heißt, also einen spanischen Namen trägt, die Eisenbrücke (orkanbeständig) aus dem Jahre 1801 jedoch in Manchester gegossen worden war und 4000 Pfund gekostet hatte.

Ich fragte meine Mitreisenden in dem Minibus, der uns nach Kingston brachte, ob der ursprüngliche Name von Spanish Town, St. Jago de la Vega, ab und zu noch verwendet würde, aber sie wandten die Köpfe ab oder schauten mich verständnislos an.

»Grace Jones ist hier geboren«, sagte der Mann, mit dem ich mir die Vorderbank teilte. Er tupfte sich mit dem Hemdärmel die Stirn ab, während ich ihn in Erwartung einer Fortsetzung oder eines Kommentars anschaute. Aber es kam nichts.

Der Minibus war ein Ofen auf Rädern. Die wenigen Fenster, die überhaupt aufgingen, standen offen; Arme baumelten außenbords, und der Gospelgesang aus dem Radio zerriss zu Klangfetzen, die kaum noch etwas mit Musik zu tun hatten. Die einzige Abkühlung brachte der Wind, den wir einfingen, wenn wir etwas schneller fuhren. Wir saßen Knie an Knie, aneinander gepackt wie Waren. Ich weiß, dass es der 13. November 1985 gewesen sein muss, denn es war mein 21. Geburtstag.

Wir fuhren durch Zuckerrohrfelder. Die Blätter waren grün, aber die Stängel gelb wie Bambus. Manche waren geknickt oder neigten sich von selbst auf die Straße, so dass man in einer scharf genommenen Kurve aufpassen musste, keine Striemen oder Schnitte davonzutragen. Ich zog meine Hand zurück und streckte sie erst wieder hinaus, als das Zuckerrohr den Slums von Kingston Platz gemacht hatte.

Die Landschaft wurde farblos. Die Ausläufer der Stadt waren grau wie Lavazungen, und aus den Bruchbuden der Elendsviertel rechts und links stieg Rauch empor. Riverton City, Hunts Bay, Greenwich Town – eines nach dem anderen waren sie eher Müllgürtel als Wohnviertel. Unser Chauffeur fuhr im Slalom durch ein Gewimmel aus Radfahrern, Trägern und Lastwagen, bis es keinen Platz mehr gab, durch den man sich hätte zwängen können. Rechts vor uns erhob sich der gefaltete Kragen der Blue Mountains, was dem gesamten Setting eine dramatische Note verlieh: als wäre dort eine Tribüne mit Ehrenlogen aufgebaut, von wo aus man das Gewühl unten betrachten konnte. Dicht vor uns, auf einem geteerten Platz neben einer Tankstelle, vibrierte heiße Luft.

Wir näherten uns *downtown* und dem Labyrinth der Gassen mit ihren Rum-Shops, und plötzlich steckten wir auf einem Markt fest. Unser Minibus wurde von allen Seiten umdrängt und beinahe von der Menschenmenge verschluckt. Der Karte nach war dies Queenstreet. Ich wandte den Kopf zur Seite, und mein Blick traf die Augen einer Heizölverkäuferin. Sie streckte die rosafarbene Innenfläche ihrer Hand hinter den Kanistern und Trichtern hervor.

»Huhu«, rief sie. »Hello whity!« Sie sprang auf und packte einen Passanten am Handgelenk. Ohne die Augen von mir abzuwenden, machte sie ihn auf mich aufmerksam: »Da, eine Weißhaut!« Langsam wurde mir klar, dass ich hier eine Attraktion darstellte. Meine weiße Haut erregte zooartiges Aufsehen, und ich wusste nicht, was man von mir erwartete. Ein

Kunststückchen? Sollte ich Grimassen schneiden? Oder hatte ich dieses Tribunal als Bußübung zu erleiden? (Für was oder wen – meine seefahrenden Ahnen?)

Ich wusste, dass es in Kingston so genannte *no-go areas* für Weiße gab. Über die ganze Stadt verstreut hingen unsichtbare Schilder: »Nur für Schwarze«, und wer diesen Hinweis nicht beachtete, wurde innerhalb kürzester Zeit bis auf seine weiße Haut ausgezogen. Es hieß, jeder versuchte Widerstand sei von vornherein zwecklos und lebensgefährlich. Aber ich hatte den Markt von Kingston nicht freiwillig aufgesucht; ich war ein zufälliger Passagier auf der Vorderbank eines Kleinbusses. Ich reiste in einem legitimen, von der Inselverwaltung anerkannten Transportmittel. War es meine Schuld, dass es uns hierhin verschlagen hatte?

Während sich der Minibus im Schritttempo durch die Masse schob, tauchten immer neue Gesichter auf, die laut johlten, sobald sie mich sahen. Ich versuchte, mich gegen die Außenwelt, das Fluchen des Fahrers und seine gellende Hupe abzuschotten, aber das war unmöglich. Ein schlaksiger Junge mit verkehrt herum aufgesetzter Baseballkappe bemühte sich, neben uns herzulaufen. Er gestikulierte in Richtung der Blue Mountains, *dort* gehöre ich hin. »Uptown, whity! Straight uptown!« Auf den südlichen Ausläufern dieses Gebirges, Hunderte Meter über dem Meeresspiegel, erstreckten sich die Villenviertel mit ihren Auffahrten und millimetergenau geschnittenen Rasen. Dort herrschte ein kühleres Klima als unten an der Bucht, und man hatte deutlich weniger unter den Mücken zu leiden.

Ich presste die Arme fest an mich und starrte aufs Armaturenbrett. Höchstens ein paar Augenblicke, aber lange genug, um mir entgehen zu lassen, dass wir ein ganzes Stück vorrücken konnten. Das Gedränge vor der Stoßstange hatte sich aufgelöst, und eine Minute später standen wir schon an der Haltestelle der South Parade.

Ich hielt ein Taxi an und vergaß das umständliche Ritual, mit dem sich Wildfremde auf Jamaika begrüßen. »Uptown, please«, hörte ich mich sagen. »Ich muss zu den Cherry Gardens.«

Ich war nach Jamaika gekommen, um in die Kultur der Insel einzutauchen, aber nicht als Reggaefan, der seine Haare zu dicken Luftwurzeln verfilzen ließ. Ich kam auch nicht wegen des Marihuanas oder der Visionen der Rastafari. Wenn es nicht so distanziert klingen würde, könnte man sagen, ich sei auf Probe hier : Ich wollte wissen, ob ich mich in einem armen Land unter dem Wendekreis des Krebses zurechtfinden konnte. Zwei Jahre lang studierte ich inzwischen schon Tropische Landwirtschaft in einem alles andere als tropischen Städtchen am Rhein. Ich hatte mein Studium zur Hälfte hinter mir, fand aber das Gelernte zu abstrakt, zu akademisch. Zuckerrohr kannte ich als *saccharum officinarum* aus den Gewächshäusern der Fachgruppe Tropische Pflanzenzucht, ich konnte den Zuckergehalt in einem Stängelstück bestimmen, aber wie eine Zuckerrohrplantage aussah, wusste ich nicht. Genauso wenig, ob ich mich in den Tropen heimisch fühlen könnte. Was war eigentlich ein »Dritte-Welt-Land«? Woran ließ sich das Erbe einer Kolonialvergangenheit erkennen, und wie konnte man damit am besten umgehen?

Aber in Jamaika verlief alles anders als geplant. Jeden Schritt, den ich machte, empfand ich als abtastend und unbehaglich, gleich von Anfang an. Schon das Flugzeug verließ ich mit eingezogenem Kopf – an diesen Moment erinnere ich mich so gestochen scharf wie an einen Scherenschnitt: Der Himmel war pechschwarz, kaum eine Stunde nach Sonnenuntergang, ich stand oben an der Flugzeugtreppe und glaubte, die nachglühenden Motoren würden heiße Luftmassen über mich schütten. Aber unten auf dem Rollfeld war es nicht anders und bei der Gepäckausgabe ebenso wenig. So also war Tropenluft: brütend wie in einem Hallenbad.

In Kingston sollte ich bei einem Landsmann unterkommen, Alexander Hartman, der aus Nimwegen stammte und Nicht-Westliche Soziologie studiert hatte. Ich war ihm einmal während einer Ringvorlesung begegnet, als er – auf Heimaturlaub in den Niederlanden – einen Vortrag über seine Arbeit für die Food and Agricultural Organisation der Vereinten Nationen in

Kingston hielt. Auf zwei eng beschriebenen Luftpostseiten hatte ich ihm erklärt, wer ich war und was ich wollte; er schickte mir eine einzeilige Karte zurück: Sei willkommen; ruf mich an, sobald du da bist.

Während ich bei dem Band wartete, das sich Runde um Runde ohne Gepäck drehte, dachte ich darüber nach, dass ich keine Alternative für den Fall hatte, Alex wäre nicht zu Hause. In der Ankunftshalle wählte ich seine Nummer. Ich hörte ein Klicken, dann eine Frauenstimme – ein einziges zu verstehendes Wort: »Hello?« Ich war mit der jamaikanischen Variante des Englischen nicht vertraut und fragte nach Mister Hartman.

»Me don't hear no-t'ing ...«, erhielt ich zur Antwort.

Alex kam ans Telefon, erinnerte sich an meinen Brief und gab mir ohne Umschweife zu verstehen, ich solle auf dem Flughafen warten: Er käme mich abholen.

Eine Dreiviertelstunde später folgten wir der Küstenstraße in Alex' noch neu riechendem Toyota-Jeep. Wir beschrieben einen weiten Bogen von der Halbinsel aus, auf der sich der Flughafen befand. In der Bucht schaukelten die Lichter der vertäuten Handelsschiffe. »Kingston ist eine Stadt mit Gebrauchsanweisung«, sagte Alex.

Das war zu spüren: Wir fuhren auf der linken Straßenseite, und das Steuer in seinem Wagen befand sich rechts. Jedes Paar Scheinwerfer stellte für mich eine akute Gefahr dar, der ich instinktiv ausweichen wollte, indem ich mich nach rechts neigte.

Aber ich bezweifelte, dass Alex das gemeint hatte. Er war ein wortkarger Mensch, zwölf Jahre älter als ich, besonnen, schnauzbärtig.

»Wenn wir hier aussteigen«, sagte er nach einer Weile, »dann gebe ich uns zehn Minuten, bis wir ausgeraubt sind.«

Meine Augen suchten die Umgebung ab, konnten aber nirgends etwas Beängstigendes entdecken. Ich sah die Umrisse von Kränen und Lagerhallen, einen Schuppen, der als Lebensmittelladen diente, eine Reihe Königspalmen, schlanke, stolze hohe Bäume. Kinder spielten in der Böschung mit leeren Obstkisten. Weil ich mir kaum vorstellen konnte, dass Alex ängstlich veranlagt war (er besaß die Statur eines Basketballspielers), nahm ich an, er übertreibe.

Wir hielten unter dem hell erleuchteten Dach einer Esso-Tankstelle. Alex ließ den Tank füllen und erstand bei einem Straßenhändler ein Päckchen Kaugummi.

»Und hier?« wollte ich wissen, als er wieder eingestiegen war. »Hier werden wir nicht ausgeraubt?«

»Hier nicht.« Alex zog die Mundwinkel hoch. »Ich sagte doch schon: Kingston ist eine Stadt mit Gebrauchsanweisung.«

Trotz der Meeresnähe roch die feuchte Wolke, in die sich die Insel hüllte, nicht salzig, sondern würzig. An diesen intensiven pflanzlichen Geruch gewöhnte man sich sofort; genau wie an ein Bett ohne Decke und an ein Moskitonetz über dem Kopf – nach zwei Nächten konnte man es sich gar nicht mehr anders vorstellen.

Woran ich mich jedoch nicht gewöhnen konnte (nicht gewöhnen *wollte*), war die Anwesenheit von Hauspersonal. Alex Hartman bewohnte eine Villa im Viertel Cherry Gardens, gebaut aus Naturstein und von Bougainvillea überwachsen. Für mich war dies ein Palast, erst recht im Vergleich zu dem zwölf Quadratmeter großen Studentenzimmer in Wageningen, wo er studiert hatte und ich noch immer studierte. Und dann seine Angestellten: Die Vorstellung, dass sie, eine Köchin und ein Gärtner, beide schwarz, sich für ihn abrackerten, befremdete mich.

Marcia erschien morgens pünktlich elf Uhr am Gartenzaun. Ich erschrak, wie sehr sie dem Bild entsprach, das ich mir von ihr gemacht hatte: eine beleibte Frau, die auf den Außenkanten ihrer Füße lief und dadurch ein wenig wackelte. Die Köchin trug ein apfelgrünes Kopftuch aus demselben Stoff wie ihr Kleid. Alex, der schon früh zu seinem Büro aufgebrochen war, hatte mich in groben Zügen in die Regeln und Rituale seines Hauses eingeweiht. Ich könne meinen Jetlag ausschlafen, solange ich wolle, aber um elf käme Marcia mit ihrem Einkaufskorb. Es gäbe eine Eigenheit der Köchin, die ich kennen sollte:

als Siebentagesadventistin würde sie den lieben langen Tag Psalmen singen oder summen. Dem Gärtner würde ich nicht begegnen, der arbeitete nur dienstags.

Ich hatte versucht, mir Marcias Rolle im Haushalt vorzustellen, und sah sie in Gedanken den Frühstückstisch ihres Dienstherrn abräumen. So unverrückbar lagen die Verhältnisse also: Genau wie die Sklaven, von denen sie abstammte, diente auch sie einem weißen Herrn. Ich sagte nichts dazu, schärfte mir aber ein, ich dürfe mich nicht widerstandslos mit dem Status quo abfinden.

Marcia begrüßte mich überschwänglich. »May the Lord bless you« – Gott segne Sie. An der Stimme erkannte ich sie als die Frau, die am Abend zuvor den Telefonhörer abgenommen hatte.

Für meine Begriffe war sie etwas zu fürsorglich und zu nett. Den ganzen Tag klangen Frömmigkeit und Dankbarkeit aus ihrem Mund, gemurmelt oder gesungen. Ich wusste darauf nichts zu erwidern, und je länger ich über ihren Frohsinn nachdachte, desto schlechter ging es mir. Ich fühlte mich an meinen Religionslehrer erinnert, Pfarrer van Woekom, der aus Indonesien vertrieben worden war. Mit seiner kurzatmigen Stimme hatte er einmal eine Unterrichtsstunde der Sklaverei und ihrer Rechtfertigung durch die Christen gewidmet, ihre Berufung auf Genesis 9, der Erzählung über die drei Söhne Noahs. Van Woekom hatte den Abschnitt vorgelesen, in dem Ham, der angebliche Stammvater der schwarzen Rasse, seinen Vater Noah aus Versehen nackt und betrunken vom Wein in dessen Zelt liegen sah. Für diese »Sünde« wurden Ham und seine Nachkommen »seinen Brüdern ein Knecht aller Knechte«.

Mir erschien das als Gipfel der Ungerechtigkeit, aber Pfarrer van Woekom zog eine andere Schlussfolgerung: »So seht ihr mal wieder, dass man in der Bibel nicht alles als Diktat auffassen darf, sondern als Bericht.« Ja, dachte ich, aber wenn Gott es gar nicht so meinte, warum stand es dann falsch in der Bibel? Ohne sich der Verwirrung bewusst zu sein, die er in mir säte, hatte van Woekom hinzugefügt, dass holländische Sklavenhändler die Schwarzen im Schiffsbauch zu taufen pflegten, indem sie ihnen tonnenweise Seewasser über den Kopf schütteten. »Weil sie getauft ein paar Gulden mehr einbrachten.«

Wer mit der Botschaft der Nächstenliebe aufwuchs, konnte solche Geschichten nur schwer verdauen. Das war Wissen, das unter die Haut ging und sich festsetzte, so dass man es sein Leben lang mit sich trug.

Ganz kurz schoss mir der Gedanke durch den Kopf, Marcia davon zu erzählen und sie zu fragen, wie man einen Gott preisen könne, der auch der Gott derjenigen war, die ihre Ahnen wie Vieh gehandelt hatten? Aber kaum war mir diese Idee in den Sinn gekommen, hatte ich sie auch schon wieder verworfen.

Begegneten sich unsere Blicke, lächelte ich gequält – und nach einiger Zeit begann ich, ihr im Haus aus dem Weg zu gehen.

Ich hatte mich nicht unvorbereitet auf die Reise begeben. Im Gegenteil, ein ganzes Jahr lang hatte ich an der Universität von Utrecht alle Kurse des Faches Karibistik belegt. In dem Akademiegebäude zu Füßen des Doms erläuterten abwechselnd Ökonomen, Sozialgeografen, Anthropologen und Historiker ihre Sicht auf die komplexe Welt der Karibik. Aber ungeachtet ihres Faches landeten sie immer wieder bei der Kolonialgeschichte; das war der Stamm, auf den die Gegenwart gepfropft war.

Rund die Hälfte der Studenten war in Surinam oder auf den Antillen geboren; es gab ein paar Hindus und Javanesen, aber auch etwa zehn Kreolen des marxistischen Splitters Redi Doti, was auf Sranang »roter Stoff« bedeutete. Sie sympathisierten mit Desi Bouterse, dem Oberst, der 1981 in Surinam die Macht ergriffen hatte und im kolonialen Fort Zeelandia 15 Meinungsführer ermorden ließ. Aber auch dieses »Ereignis« durfte man nach Meinung der Rotstoff-Studenten nicht ohne den Aspekt der Kolonialvergangenheit betrachten.

Auf unserer Literaturliste standen akademische Abhandlungen mit Titeln wie *Race Relations in the Caribbean*, aber auch der Roman *Wahlkampf auf karibisch* von Vidiadhar S. Naipaul, in dem sich die karibischen Loyalitäten aufgrund von Farbe und Kultur als so knetbar und aalglatt erwiesen, dass man sie zwar spüren, aber nie wirklich fassen konnte. Es war ernüchternd, bei Naipaul zu lesen – auch wenn es nur eine fiktive Geschichte war –, dass voodooartiger Aberglaube den Ablauf der ersten Wahlen auf Trinidad und Tobago diktieren konnte.

Und dann gab es die Erzählungen über die *marrons*, abgeleitet aus dem spanischen Wort *cimarrón*, »verwildert«. In Surinam hießen die *marrons* »Buschneger« – und in den Worten der Rotstoff-Studenten »die ersten Freiheitskämpfer der neuen Welt«. Es ging um weggelaufene Sklaven, die wie aufgejagtes Wild am Rande der karibischen Plantagenwirtschaften zu überleben verstanden. Das lasen wir in einem Bericht für das englische Unterhaus aus dem Jahre 1795 mit dem Titel *Observations on the Disposition, Character, Manners and Habits of Life, of the Maroon Negroes of the Island of Jamaica.* Der Verfasser des Berichts hieß Bryan Edwards, ein Kolonialverwalter, der 1759 als 17-Jähriger aus der englischen Stadt Bristol geholt worden war, um eine Plantage an der Nordküste Jamaikas von seinem Onkel zu übernehmen (600 Hektar Zuckerrohr- und Kokosfelder, inklusive Zuckermühlen, Branntweinbrennerei, Ställen, Schmiede, Sklavenbaracken, Pferden und schwarzen Sklaven). Der Junge taufte seinen Besitz »Bryan Castle«, und je älter er wurde, desto mehr interessierte er sich für Geschichtswissenschaft und nicht für den Zuckerrohranbau oder die Verarbeitung von Melasse zu Rum. Dass er sich mit der Geschichte der *marrons* beschäftigte (eine Gruppe von höchstens ein paar Tausend Menschen), war nicht verwunderlich, da sie den Fortbestand der Kolonie bedrohten. Sie versteckten sich in den Gipfeln der Blue Mountains (und hießen deshalb die »*marrons* über den Winden«) und im Karstgebirge von Cockpit Country (das waren die »*marrons* unter den Winden«). Cockpit Country – allein schon der Name hatte einen erhabenen und überheblichen Beiklang. Die Kolonialregierung durchkämmte von

Zeit zu Zeit den Dschungel, aber so intensiv man auch jagte, die Wälder und Höhlen boten den *marrons* ausreichend Schutz. Mit erbeuteten Gewehren und Macheten, die für die Zuckerrohrernte gedacht waren, stürmten sie von den Bergen herunter und ermordeten einen Plantagenbesitzer nach dem anderen.

Während des Lesens geriet ich immer mehr auf die Seite der *marrons*. Schrieb Edwards über Weiße, die sich nicht mehr als ein paar Kilometer von der Küste zu entfernen trauten, dachte ich: gut so. Insgeheim feuerte ich die *marrons* an, wie bei einem Stierkampf im Fernsehen, bei dem ich immer hoffte, der Stier würde den Matador besiegen.

Doch dann entdeckte ich, dass sich die *marrons* auch gegenseitig nach dem Leben trachteten. Es herrschte große Rivalität zwischen den Mitgliedern der Ashanti (die von der Goldküste kamen, dem heutigen Ghana) und den Yoruba (die aus dem heutigen Nigeria stammten). Gleichzeitig stand die Gruppe der Blue Mountains – mit ihrem für uneinnehmbar gehaltenen Hauptort Nanny Town – auf Kriegsfuß mit der aus Cocpit Country. Nanny Town war nach der legendären Queen Nanny benannt, eine Ashantifrau, die als Priesterin der *obeah*, der jamaikanischen Version des Voodoo, angeblich mit den Ahnen aus Afrika in direktem Kontakt stand. Mit ihrer Magie versetzte sie ihre Mitstreiter in einen Rausch der Unbesiegbarkeit, wodurch diese der Legende nach über ihre körperlichen Grenzen hinauswuchsen und sich, wenn es sein musste, in Vögel verwandeln konnten. »Alle lassen sich von dem düsteren Aberglauben aus Afrika mitreißen«, schrieb Edwards, »und zwar mit so leidenschaftlichem Eifer und ehrfurchtsvoller Glut, dass dieser – so meine ich – nur mit dem Tod von Queen Nanny ausgerottet werden kann.«

Anders als die *marrons* aus der Region »über den Winden«, die lieber bis zum Tod kämpften, als sich zu ergeben, schlossen die *marrons* »unter den Winden« 1738 einen Pakt mit der Inselverwaltung. Im Gegenzug für einen Miniaturfreistaat in Cockpit Country, wo man sie unbehelligt lassen wollte, verpflichteten sie sich, der Kolonialmacht zukünftig jeden entflohenen

Sklaven, der bei ihnen Zuflucht suchte, »gegen eine Vergütung von 30 Schilling pro Kopf, plus Unkosten« auszuliefern. Wer sich mit der Befriedung nicht abfinden wollte, sollte von den *marrons* »getötet oder gefangengenommen« werden (Artikel 6 Vertragstext). Wenn ich Bryan Edwards Glauben schenken konnte, hatten sich die *marrons* »unter den Winden« an fanatischen Treibjagden beteiligt, wie 1760 an der nach einem flüchtigen Schwarzen von der Goldküste, genannt Tackey. »Dieser unglückliche Mann, der schon fast alle seiner Kameraden hatte umkommen sehen, wurde entdeckt, als er unbewaffnet und nackt in den Wäldern umherirrte, und sofort unter lautem Kriegsgejohle von den *marrons* verfolgt.« Edwards beschrieb alle Einzelheiten: Wie die *marrons* ihren Schicksalsgefährten geköpft und sein Herz und seine Eingeweide »gebraten und aufgegessen« hatten.

Für mich war das kaum fassbar. Angenommen, es stimmte – gab es dann eine andere Schlussfolgerung, als dass es sich bei den *marrons* von Cockpit Country um einen Haufen Barbaren handelte? Dass Schwarze ihren weißen Feinden halfen, indem sie auf andere Schwarze Jagd machten und diese sogar aufaßen, war einfach unerklärlich. Aber zu meiner Überraschung hatten die Rotstoff-Studenten, die alles erklären konnten, eine Antwort parat: Die Klasse der Plantagenbesitzer hätte die *marrons* »unter den Winden« so lange und intensiv unterdrückt, dass auch ihr Bewusstsein unterdrückt gewesen sei. Sie seien – mit anderen Worten – nicht mehr zurechnungsfähig gewesen. Die Argumentation beeindruckte mich sehr. Obwohl ich Mühe hatte mit dem Umfang des »Mitredenkönnens«, den die kreolisch-surinamischen Studenten aufgrund der Opferrolle ihrer Ahnen für sich in Anspruch nahmen, war ich für ihre Ansichten durchaus empfänglich. Wer die Welt mit den Augen eines Linken betrachtete, sah sie beneidenswert klar, und es war verlockend, sie ebenso zu sehen.

Unsere Karibik-Dozenten hörten sich unsere Diskussionen geduldig an, spielten den Ball während des Abschlussexamens jedoch gnadenlos zurück. Es bestand aus einer einzigen Frage:

»Angenommen, Sie sind Präsident von Surinam. Welche politischen Pläne haben Sie für die nächsten fünf Jahre? Begründen Sie.«

Auf meiner Karte (*Discover Jamaica* – Entdecke Jamaica, eine von Esso gesponserte Ausgabe der jamaikanischen Touristeninformation) fand ich Cockpit Country als farbloses Herz der Insel. Der Legende zufolge gab es dort keinerlei Infrastruktur, lediglich Höhlen (The Windsor Caves) und ein paar Berggipfel. Um die Nachfahren der *marrons* zu besuchen, musste ich buchstäblich die eingefahrenen Wege verlassen. In der Nähe des Ortes Cambridge entsprang eine gestrichelte Linie (d.h. eine unbefestigte Straße), die bis zur Befestigungsanlage eines früheren Militärpostens führte. Von dort aus sollte ein Pfad in den Dschungel geschlagen sein, der mehrere Siedlungen der *marrons* mit der Außenwelt verband. In meinem Reiseführer waren die Bewohner als »Sehenswürdigkeit Nummer 7« beschrieben. »They can be visited«, hieß es dort. »Nehmen Sie eine Flasche Rum für das Stammesoberhaupt mit, um sicherzugehen, dass Ihr Besuch geschätzt werden wird.«

Das klang einfach. Aber wo sollte ich anfangen?

An meinem ersten Akklimatisierungstag in Alex Hartmans Villa hatte ich schließlich genug Mut gesammelt, um Marcia zu fragen, was sie über Queen Nanny wusste.

»Oh, Nanny!« rief sie aus. »She's our national hero.« Sie hatte die Hände vor die Brust geschlagen und erzählte, es gebe viele Gedichte und Lieder über sie. »No bullet can do her no harm.«

Ich nahm an, dass es sich hierbei um eine Gedichtzeile handelte, aber nein, beschwor sie mich: Queen Nanny habe tatsächlich einmal Auge in Auge einem bewaffneten Engländer gegenüber gestanden. Sie hatte sich geweigert, sich zu ergeben, und forderte ihn heraus, er solle sein Gewehr auf sie anlegen. »Shoot! Shoot!« rief sie. Das tat er, und wenn ich Marcia richtig verstand, hatte Nanny die Kugeln mit bloßen Händen aus der Luft gepflückt und sie ihm zurückgegeben.

»*Obeah?*« vermutete ich.

Marcia zischte und legte einen Finger auf die Lippen: Dieses Wort dürfe man nicht laut aussprechen.

Abends saßen Alex und ich auf der Terrasse unter den tropfenden Tamarinden. Es hatte am Nachmittag wie aus Kübeln gegossen, der Himmel war grau und grün gewesen, während das Gartenmäuerchen zur Straße vom starken Regen wie weggewischt schien oder eher wie durchgestrichen, mit wütenden, fast vertikalen Linien. Aber nach einer halben Stunde hatte sich der Himmel aufgehellt, so dass man wieder draußen sitzen konnte. Der Monsun: auch so ein Begriff, der theoretisch und ungreifbar war, solange er einen nicht wenigstens einmal überrascht hatte.

Wir sprachen über Alex' Arbeit. Er verwaltete einen Fonds, der Bauern zu Krediten verhalf, um sie vor der Gier kommerzieller Geldgeber zu bewahren.

»Hätte nie gedacht, dass ich mal Bankier werden würde.« Alex lächelte und wurde gleich darauf wieder ernst. Er sprach über Abhängigkeiten, die auf allen Ebenen gleich seien, vom geringsten Pachtbauern bis zur Regierung von Jamaika, die ihrerseits wiederum von amerikanischen und kanadischen Bauxitfirmen in die Zange genommen würde. Entwicklung bedeute, diese Muster zu durchbrechen.

Das war gut gesagt, aber galt das nicht ebenso für den persönlichen Lebensstil? Hielt er diese Abhängigkeit denn nicht selbst aufrecht, indem er in einem solchen Traumhaus wohnte?

»Mir blieb kaum eine andere Wahl«, sagte Alex. Die Verstrebungen seines Gartenstuhls knarrten, und er erklärte, der Sicherheitsbeamte der Vereinten Nationen habe bestimmt, wo er wohnen dürfe: Bei Dienstantritt bekam er einen Stadtplan von Kingston mit mehreren »roten« und nur einem »grünen« Viertel. Bei der Suche nach einem Haus im grünen Viertel hatte Alex freie Hand, aber ohne die Einwilligung des Sicherheitsbeamten durfte er keinen Mietvertrag unterzeichnen. Der Beamte kontrollierte zunächst, ob alle Fenster mit massiven Gittern versehen waren. »Danach musste ich mich ins Wohnzimmer stellen, während mich der Sicherheitsmann vom Garten aus beobachtete«, sagte Alex. »Er tüftelte aus, von wo aus ich unter Beschuss genommen werden könnte. Wenn es nicht ausreichend Nischen zum Ducken gegeben hätte, wäre aus dem Deal nichts geworden.«

Was für ein Wahnsinn, dachte ich, und wie absurd eigentlich, dass Alex da einfach mitgemacht hatte. »Irgendwie taugt das System mit den roten und grünen Vierteln nichts«, setzte ich an. »Es arbeitet doch einer Art Apartheid in die Hand, zwar ohne geschriebene Gesetze, aber trotzdem.«

Um keine Insekten anzulocken, saßen wir im Halbdunkel, so dass wir die Körpersprache des anderen kaum erkennen konnten.

»Gewalt ist hier nicht rassistisch, sondern ökonomisch«, sagte Alex, ohne die Stimme auch nur eine Spur zu heben. »Arm ist gegen Reich.« In den Cherry Gardens wohnten die Reichen beieinander, aber darum war das noch lange keine weiße Enklave. Im Gegenteil: Nur wenige Viertel in Kingston waren so gemischt. Sein eigener Vermieter, fügte Alex hinzu, sei der Bruder des Sportministers. »Auch ein Kreole.«

Das überzeugte mich nicht. Es mochte ja sein, dass die Demarkationslinie zwischen Arm und Reich schärfer war als die Rassentrennung, aber diese gab es auch, sie verlief sogar mitten durch dieses Haus. Während ich darüber nachdachte, ob ich Alex auf seine Angestellten ansprechen konnte, sagte er: »Und ein schwarzer Jamaikaner mit einer Rolex wird in den Slums auch beraubt.«

Ich passte und schwieg.

Alex nahm einen Schluck Bier.

Unser Schweigen breitete sich aus. Der Herzschlag der Stadt unten war zu hören, ein dröhnender Hintergrundbeat, ab und zu überstimmt vom Zirpen einer Grille.

Es lag mir auf der Zunge, mich nach den *marrons* zu erkundigen und den Möglichkeiten, bis Cockpit Country vorzudringen. Aber ich befürchtete, Alex würde mich für leichtsinnig oder naiv halten. Stattdessen erzählte ich von einem

Bewässerungssystem, das mit Hilfe unserer Universität in Wageningen ausgebessert wurde. Es handelte sich um eine alte Plantage mit dem Namen George Plain, wo das Zuckerrohr abgeschlagen werden sollte, um Platz für Reis zu schaffen. Niederländische Ingenieure hatten den Entwurf für die Neugestaltung der Felder zu einem Reispolder geliefert – und das war genau die Art praktischer Arbeit, die ich mir aus der Nähe anschauen wollte. Ich fragte Alex, ob er wisse, wer mich dort herumführen könne.

Im Dunkeln sah ich ihn nicken, aber ich konnte nicht erkennen, ob das nun Zustimmung oder Skepsis signalisierte.

»Da musst du dich an den *CDO* wenden«, sagte er, »den *Country Development Officer*. Sein Büro liegt in Spanish Town.«

Einen Termin zu vereinbaren sei nicht üblich, auch zu umständlich. Ich solle am besten einen der »voll ist weg«-Taxibusse nehmen, für die es keinen Fahrplan gab, sondern die allesamt von der South Parade abfuhren, wenn sie voll waren. Als Knotenpunkt für den gesamten Langstreckenverkehr war die South Parade eine sichere Insel in Downtown Kingston, eine Art Fluchthügel, wie mir klar wurde, denn ich sollte mich nicht in die umliegenden Gassen begeben.

Alex bot an, mich am nächsten Morgen auf dem Weg zur Arbeit bei einem Bus Richtung Spanish Town abzusetzen.

Rupert J. Harrison, der *Country Development Officer*, verstaute seine Brille in einem Hartplastiketui und gab mir mein Empfehlungsschreiben zurück.

Ja, natürlich kenne er Professor Horst von der Fachgruppe Tropische Kulturtechnik, der für mich um Unterstützung gebeten hatte bei »whom it may concern« – bei all denen, die dafür in Frage kamen. »Grüßen Sie ihn herzlich von mir.«

Mr. Harrison verstellte die Jalousien, um ein paar Lichtstreifen in sein Arbeitszimmer zu lassen, und überprüfte die Klimaanlage. Was er für mich tun könne, fuhr der *CDO* fort, hinge von der Dauer meines Aufenthalts ab. »Wir warten nämlich auf die Wahlen.«

Diese Erklärung erwies sich als eine Art Refrain von Harrisons Ausführungen, denn sie kehrte in verschiedenen Variationen immer wieder: »abhängig vom Wählerwillen«, »je nach Wahlausgang«, »gemäß dem demokratischen Prozess«. Der *CDO* war offensichtlich ein gesprächiger Beamter (in Hemdsärmeln und einer handbreiten Krawatte), der es schaffte, an einem geräumten Schreibtisch fröhlich zu bleiben. Die Arbeit ruhe, müsse ich wissen. Alle Arbeit ruhe, also auch die Umgestaltung von Zuckerrohr- zu Reisfeldern.

»Solange das Volk nicht gesprochen hat, können keine politischen Entscheidungen getroffen werden«, sagte er.

Aber Dämme aufwerfen und Gräben ausheben, wandte ich ein, sei doch kein heißes Eisen?

Der *CDO* lachte lauthals, den Kopf in den Nacken gelegt und beugte sich dann wieder vor, als wolle er mich in ein Geheimnis einweihen. »Zuckerrohr ist ein Exportprodukt«, klärte er mich auf. »Wer das durch Reis ersetzt, betätigt sich höchst politisch.«

Mr. Harrison drehte den Ring an seiner linken Hand, während er mir darlegte, dass die Reis-für-Zucker-Politik in den 70er Jahren von Premierminister Michael Manley, dem Anführer der People's National Party, eingeführt worden war. Der IWF, der Internationale Währungsfonds, bei dem sich Jamaika in tiefe Schulden gestürzt hatte, war darüber nicht gerade begeistert. »Aber ich muss sagen: Manley bekam viel Unterstützung von linken Regierungen. Auch aus den Niederlanden, ich weiß das noch gut. Euer Premierminister hieß Pronk. Mister Pronk! Ein junger Mann, der damals auch dafür gesorgt hat, dass Surinam unabhängig wurde.«

Ich wusste, dass Jan Pronk als Minister für Entwicklungszusammenarbeit Millionen an Hilfsgeldern nach Jamaika hatte fließen lassen und dass man Manley den »demokratischen Fidel Castro« nannte. 1980 unterlag er bei den blutigsten Wahlen seit Jamaikas demokratischem Bestehen. In Kingston gab es 700 Tote; die Krawalle und Schießereien waren so heftig, dass man den Eindruck hatte, es wüte ein Krieg. Inmitten all dieser Gewalt war ein Rechtsliberaler zum Premier gewählt worden, eine Marionette des IWF, und diesem drohte nun, seine Macht wieder an Manley zu verlieren.

Trotzdem hielt ich es für verrückt, dadurch etwas so Grundsätzliches wie die Nahrungsmittelproduktion aufs Spiel zu setzen.

Wieder lachte Harrison. Nicht wegen der Stagnation in seinem Land, nahm ich an, sondern über meine Fassungslosigkeit. »Wir haben in George Plain natürlich einen Verwalter eingestellt«, sagte er in einem Ton, der alle Sorge aus der Welt nehmen sollte. »Musheer Pahladsingh, einen angehenden Ingenieur. Nennen Sie ihm meinen Namen, und er wird Ihnen die Reisfelder zeigen.«

Auf dem Rückweg meines Besuches bei dem *CDO* und den letzten Kilometern vor der Haltestelle an der South Parade in Kingston hatten mich die Ereignisse eingeholt. Immer wieder sah ich mich hinter der Frontscheibe dieses Minitransporters, wie eine Puppe, die ruckelnd durch eine Jahrmarktsbude gezogen wird. In weniger als 48 Stunden Jamaika hatte ich erfahren, was es hieß, aufgrund der Hautfarbe beurteilt *und* abgewiesen zu werden. Gut, das wusste ich jetzt also. Aber weshalb empfand ich es dann als Niederlage? Auch wenn es wenig gab, das ich hätte tun können, fühlte ich mich als Versager, weil ich völlig widerstandslos kapituliert hatte. Indem ich in ein Taxi zu den Cherry Gardens gesprungen war, hatte ich mich mit erhobenen Händen ergeben: »Okay, okay. Ich akzeptiere diese vergifteten Rassenverhältnisse in eurer Stadt.« Am meisten ärgerte mich dabei, dass ich ein tief verwurzeltes Vorurteil bestätigt hatte: Jemand, der so blond war wie ich, gehöre in ein *uptown*-Viertel. Solange ich dort wohnte, erhielt ich aufrecht, was ich eigentlich durchbrechen wollte. Es gab also nur einen Ausweg: Ich musste aus Alex Hartmans vergittertem Haus ausziehen.

In einer Niederlassung der Bank of Jamaica – an der unvermeidlichen South Parade – wechselte ich Geld bei einer Kassiererin mit goldlackierten Fingernägeln. Amerikanische Dollar gegen jamaikanische. Mit dem kleinen Geldscheinstapel schob sie mir ein Formular zu, das ich ausgefüllt wieder bei ihrer Bank abgeben konnte, falls ich beraubt würde. Zusammen mit einer polizeilichen Erklärung würde mir das Formular Anspruch auf einen Ersatz in Höhe von 100 amerikanischen Dollar verschaffen.

100 Dollar fand ich enorm viel, dennoch beruhigte mich dieses vorgedruckte Papier (einschließlich einer Frageliste nach der »method of the armed / unarmed robber« – der Vorgehensweise des bewaffneten / unbewaffneten Räubers) nicht besonders.

Alex brachte mich in seinem Toyota zur Discovery Bay – der Stelle, an der Kolumbus am 4. Mai 1494 an Land gegangen war. Obwohl die Feriensaison noch nicht begonnen hatte, erwies sich die touristische Nordküste als viel zu teuer für mich. Ich hielt es für einen Skandal, dass man an einigen Stränden Eintritt zahlen musste, gewissermaßen zur eigenen Sicherheit.

Notgedrungen trieb es mich in den preiswerteren Süden. In der Ortschaft Negril schlief ich im Gerippe eines im Bau befindlichen Hotels. In den zwei Wochen, die ich dort verbrachte, erlebte ich einen nicht nachlassenden Kulturschock. Die schwüle Atmosphäre von »Rick's Gamble Go Go«, die Aufdringlichkeit der *herb*-Händler – ich reagierte darauf mit der Lethargie eines Schlafwandlers. Ich wollte nicht rauchen, kein *ganja* für mich. Ich hatte zunächst große Angst, die Kontrolle zu verlieren, dann aber doch etwas von diesem »Gras« gekauft, weil ich nachts häufig wach lag. Drei oder vier Züge reichten völlig aus, um Ruhe zu finden, auch tagsüber – dann rührte ein Löffel Gelassenheit durch meinen Kopf, und ich konnte der Welt wieder entgegentreten.

Mein »Hotelzimmer« auf einem umzäunten Bauplatz mietete ich von Mickey und Renate. Mickey war als Wächter eingestellt, Renate kam aus Osnabrück. Sie war aus Widerwillen gegenüber ihrer Familie und der deutschen Bürgerlichkeit mit *dreadlocks* in ihren blonden Haaren nach Negril Beach, Jamaika, emigriert. Gemeinsam mit Mickey bewohnte sie die

Pförtnerloge des im Bau befindlichen Hotels – offensichtlich schon seit Monaten. Für sieben amerikanische Dollar pro Tag erhielt ich von Mickey eine Öllampe und ein Feldbett sowie das Recht, damit die zweite Etage des Betongerippes (noch ohne Fensterrahmen oder Türen) als Unterkunft auszustatten. Von dort konnte ich auf ein paar übel zugerichtete Kokospalmen und die Karibik sehen. Der Bau stagnierte: Der Investor wollte erst sichergehen, dass Michael Manley die Wahlen nicht gewinnen würde.

Ich führte verworrene Diskussionen mit »Rastaman« Bigroy, der jeden Tag seinen Freund Mickey zum Rauchen aufsuchte. Wenn Bigroy über den Propheten sprach, meinte er damit Marcus Garvey, den Jamaikaner, der davon träumte, alle Exsklaven aus Amerika nach Afrika zurückzuführen. »Der schwarze Moses«, sagte Bigroy.

Ich wusste, von wem er sprach: Wir hatten Garvey und seine Bedeutung für die amerikanische *black-consciousness*-Bewegung in Karibistik besprochen (seine Streitschrift *The Tragedy of White Injustice* aus dem Jahre 1927 gehörte zu den Favoriten der Rotstoff-Studenten). Aber als ich Bigroy einmal andeutete, Garveys Idee von »einem neuen Neger« – ein aufgrund seiner Hautfarbe überlegenes Geschöpf – sei im Grunde auch rassistisch, wurde er wütend. Wir saßen auf abgewrackten Autositzen im Gerümpelgarten hinter der Pförtnerloge. Bigroy begann zu verkünden, Adam und Eva seien schwarz gewesen, ebenso wie ihre Söhne Kain und Abel, aber Kain sei der erste »Leprakranke« gewesen, da er von Gott »mit Weiße geschlagen« worden sei. Mit Aussatz, sollte ich verstehen. Als Strafe für den Mord an seinem Bruder.

»Kain ist der Stammvater der weißen Rasse«, sagte Bigroy. »Der weiße Mann ist ein Aussätziger. Er ist degeneriert.«

»Vielen Dank«, erwiderte ich – aber auch das erregte Anstoß.

Bigroy fand, ich müsse »Respekt« zeigen. Er lief ins Haus, um eine Bibel zu suchen, weil ich seinen Worten keinen Glauben schenkte. Mickey rief, er habe keine, und sein Freund solle nicht so aufgebracht tun.

Aber Bigroy verlangte erneut »Respekt«. Er beruhigte sich erst, als Renate mit einem Pfund gebackener Ackee erschien, einer Frucht mit der Struktur von Kalbshirn.

»Fruits of Sorrow« – Früchte der Trauer, sagte Bigroy. Ob ich wisse, dass der Ackeebaum in einem Sklavenschiff von Afrika nach Jamaika verpflanzt worden sei? Es schien Bigroy etwas zu besänftigen, dass ich die Ackee kannte. Sie ist eine seltsame Frucht, die bei der Reife aufspringt und einen dann mit schwarzen Augen ansieht. Diese Augen, ihre Samen, sind giftig, ein Kind kann daran sterben, aber mit dem gelben Fruchtfleisch ringsum ist alles in Ordnung.

Cockpit Country lag in unerreichbarer Ferne. Mein Vorhaben, die *marrons* zu besuchen, hatte sich in der Anschaffung einer Flasche Appleton (Black Label) als Geschenk für das Oberhaupt erschöpft. Fast hätte ich auch den bewässerten Reispolder Polder sein lassen, aber in einer Aufwallung von Pflichtbewusstsein begab ich mich dann doch nach George Plain.

Aus seinem Namen hätte ich ableiten können, dass Musheer Pahladsingh von indischen Vorfahren abstammte. Aber ich hatte nicht damit gerechnet, weil die Wurzeln aller Jamaikaner, die mir bisher begegnet waren, in Afrika lagen.

Musheer war die Gastfreundschaft in Person. Wir stiegen in seinen Pick-up und fuhren über schmale Deiche, welche die Fläche durchschnitten und in längliche Parzellen teilten. Frauen, die ihre Sarongs bis zu den Knien hochgekrempelt hatten, pflanzten Sämlinge um – gebückt und bis zu den Knöcheln im Schlamm. Die wenigen Männer im Feld häuften mit bloßen Händen kleine Deiche auf oder schöpften Wasserpflanzen aus den Bewässerungskanälen.

»Der Ablauf ist miserabel«, sagte Musheer. »Dadurch haben wir Probleme mit Versalzung.«

Er erzählte, dass hier im Flachland von George Plain vor allem indische Familien beschäftigt waren. Die Grabarbeiten mit Baggern und anderen Maschinen ruhten, aber die Inder saßen nicht tatenlos herum. Sie waren offensichtlich die einzige Bevölkerungsgruppe (eine Minderheit von kaum anderthalb

Prozent) mit einer gewissen Affinität zum Reisanbau. Mein Begleiter war zwei Jahre älter als ich. Als Student am Jamaica College of Agriculture sammelte er hier praktische Erfahrungen und verband dabei Höflichkeit mit flammendem Eifer. Er trug ein hellgelbes Hemd, das trotz des aufwirbelnden Staubes makellos blieb. Ich war froh, dass ich neben ihm im Auto saß; ohne es zu wissen, holte er mich aus meiner Betäubung.

Musheer Pahladsingh zeigte mir alles und verschwieg nichts, auch nicht, dass die Urbarmachung des Polders anarchistisch verlief. Die Vergabe der Pachttitel erfolge chaotisch und korrupt, versicherte er mir. Die Familien, denen wir begegneten (Hindus, deren Eltern oder Großeltern als Vertragsarbeiter aus der Umgebung von Kalkutta geholt worden waren), traten gegen ein Drittel oder manchmal die Hälfte ihrer Ernte als Subunternehmer für die offiziellen, kreolischen Pächter auf. Es war dieser hohe Grundzins – laut Musheer der pure Wucher –, der ihnen das Genick brach. Ich hörte ihm zu und erzählte von Alex Hartman und dessen Kreditprogramm für Kleinbauern. Wenn ich wieder in Kingston sei, würde ich Alex auf diesen Missstand hinweisen; vielleicht könnte er dann seine Bekannten beim Ministerium für Landwirtschaft darauf ansprechen?

»Ja, solltest du machen«, sagte Musheer – ausdrucksloser, als ich gehofft hatte. »Das kann nie schaden.«

Wir fuhren landeinwärts bis zur ersten Hügelkette, der Stelle, an der das Flusswasser mit Hilfe einer Stauanlage aus Beton in den Hauptkanal abgelassen wurde. Dort lag auch die Ruine des Plantagenhauses: ein undeutlicher Grundriss aus bröckeligen Mauerresten, nirgends höher als ein Meter, bedeckt von einem Tarnnetz aus Kletter- und Kriechpflanzen. Als ich ein paar Stufen hinaufstieg und die flachen Steine der Freitreppe betrat, begann Musheer, in die Hände zu klatschen. Ich vermutete, ich solle aus Spaß in die Rolle des Plantagenbesitzers schlüpfen, und weil ich kein Spielverderber sein wollte, nahm ich meinen imaginären Tropenhut ab, führte ihn mit einer eleganten Bewegung vor meine Brust und verbeugte mich. Aber er sagte: »Ich verjage die Schlangen. Da könnten gelbe Boas sein.«

Auf dem Rückweg forschte mich Musheer im Pick-up aus. Ob es stimmte, dass »Polder« ursprünglich ein niederländisches Wort sei?

Ich nickte und fügte hinzu, dass es nur wenige niederländische Worte gebe, die in so viele Sprachen eingeflossen seien. »Apartheid ist ein weiteres Beispiel.«

Musheer schaute amüsiert, aber ich konnte nicht erkennen, ob er es vielleicht nur aus Höflichkeit tat.

Im nächsten Moment brachte er die »Manning-Strickler-Formel« zur Sprache, wir waren schließlich Fachkollegen (oder wollte er nur mein Fachwissen testen?). Ich konnte mich zum Glück erinnern, dass man den Abfluss in Bewässerungskanälen aus Ton mit Hilfe der »Methode Manning« berechnete. Musheer erzählte, er habe den Entwurf der Bewässerungsanlage nachgerechnet, in der Theorie stimme alles, in der Praxis jedoch nicht. »Die Höhenunterschiede sind einfach zu klein«, sagte er, »dadurch sammelt sich das Wasser in den niedrigsten Parzellen in der Nähe des Meeres, und das führt zu Versalzung.«

Ich fragte: »Sind die Probleme der Pächter nicht viel wichtiger als so eine ›Manning-Strickler-Formel‹?«

Musheer ging nicht darauf ein. Im Schneckentempo von ein paar Kilometern pro Stunde hoppelten wir durch die Reisfelder. Die Einsicht, etwas Falsches gesagt zu haben, drang wie ein langsam wirkendes Gift zu mir durch. Hatte ich ihn nicht faktisch zurechtgewiesen, ihm vorgehalten: Also wirklich Musheer, du regst dich über die falschen Dinge auf!? Ich fragte mich, was ich, der seine Wurzeln im kalten Boden hatte (genauer: in einer holländisch-provinzialen und durch den Kalvinismus geprägten Kultur), einem Inder über den *Reisanbau* beibringen konnte. Was wollte ich? Weshalb war ich hier? Sah ich mich im Ernst als zukünftigen Entwicklungshelfer? Es schien, als hätten solche Fragen knöcheltief zwischen den Reishalmen gelauert, um sich nun allesamt gleichzeitig auf mich zu stürzen.

In der verbleibenden halben Stunde versuchte ich, meine Zweifel vor Musheer zu verbergen, aber ich hatte nicht das Gefühl, dass es mir gelang.

Die Rückreise nach Kingston legte ich in dem einzigen Zug der Insel, »The Diesel«, zurück. Jeden Morgen halb sieben verließ er die Küste, um, in allen Schrauben quietschend, die Anhöhen hinter Montego Bay zu erklimmen. Ich lehnte am offenen Fenster und ließ das Sonnenlicht auf meine Arme flackern. Die Aussicht über die tief unter mir liegende Bucht mit Stränden wie Mondsicheln war als »unvergleichlich schön« angepriesen worden, und zum ersten Mal sah ich auch die anmutigen Seiten Jamaikas. Wir kamen an einem Sauersackbaum mit Fruchtsäcken vorbei, aus denen der schaumige Saft tropfte. Die Tropen waren verschwenderisch, maßlos, und das war an sich sehr verführerisch. Vielleicht kam es gar nicht auf Gewöhnung oder Anpassung an, sondern auf Hingabe.

Maison Verreaux

Paris 1831

Auf Höhe des Gare d'Austerlitz hatte ich eine Zeit lang ins Wasser der Seine gestarrt, die genauso schnell und ungestüm fließt wie der Verkehrsstrom auf der Straße. Hundert Meter weiter, im Jardin des Plantes, ist von diesem Tosen nichts mehr zu spüren. Es ist Montag, ein Morgen im Februar. Ich gehe mit hochgeschlagenem Kragen durch einen botanischen Garten, der früher einmal, vor der Revolution, Jardin du Roi hieß. Kies unter meinen Schuhen, eine Arkade aus nassen Ästen über meinem Kopf, darüber der trübe Himmel. Der Weg ist schnurgerade und hätte von mir aus unendlich lang sein können. Aber in der Ferne verflüchtigt er sich schon bald bei Frankreichs Nationalmuseum für Naturgeschichte: ein Koloss mit Glasdach, der eine der umfangreichsten Sammlungen aller möglichen Tierarten beherbergt, die sich auf der Erde tummeln oder einmal getummelt haben.

Am Eingang wartet Piotr Daszkiewicz, ein Pole, der mich begleiten und mir Auskunft über den Handel mit ausgestopften Tieren im Paris des 19. Jahrhunderts geben soll.

Neben ihm steht, zappelnd vor Kälte, seine Tochter Christina. Sie ist elf Jahre alt und genauso groß wie ihr Vater, aber nur halb so breit und außerdem für die Jahreszeit viel zu leicht gekleidet.

»Dann wollen wir mal«, schlägt Piotr vor. Er zückt ein Magnetkärtchen und setzt damit die Drehtür zur Grande Galerie de l' Évolution in Bewegung.

Ich bin wegen El Negro nach Paris gekommen. Es ist genau 20 Jahre her, dass ich ihn in seiner Vitrine gesehen habe. Ich konnte mir seine Gesichtszüge nicht mehr vor Augen holen, und zweifellos wären sie weiter verblasst, wenn El Negro nicht zum Mittelpunkt einer Affäre geworden wäre. Im Frühjahr 1997 hatte ich in einem Bericht gelesen, dass man ihn unter dem Druck afrikanischer Botschafter in Spanien, die seine Zurschaustellung für »unmoralisch« und »rassistisch« hielten, aus dem Museum in Banyoles entfernt (und im Magazin verwahrt) hatte. Bei dem Bericht handelte es sich um einen einspaltigen Zeitungsartikel, höchstens ein paar Zeilen lang, aber bei mir lösten sie viel aus.

Ich schnitt den Bericht aus und hängte ihn an die Pinnwand in meinem Arbeitszimmer. Am selben Tag fand ich auch die Ansichtskarten von Señora Lola in einer Schachtel mit vergessenen Dingen wieder. Ich studierte den Glanz in El Negros Augen, sein eckiges Kinn und seine Wangenknochen. Genau wie damals ärgerte ich mich über die knappe Erläuterung auf der Rückseite: »Bechuana«. Ich steckte beide Karten wie Wächter rechts und links neben den Zeitungsartikel.

Eigentlich wollte ich gern *alles* von ihm wissen. Wer er war, aber auch, wer ihn ausgestopft hatte und mit welcher Absicht. Welche Leute hatten ihn nach Europa geholt, mit ihm Handel getrieben und ihn in Museen ausgestellt? War er als Musterbeispiel für den primitiven Menschen präsentiert worden? Und was hatte sich an der Art und Weise verändert, wie man ihn im Laufe der Zeit betrachtete?

Wir hatten täglich Blickkontakt, und allmählich nahmen die Ideen Gestalt an. Ich sah El Negro als Hauptperson einer »posthumen Biografie« vor mir, einer Beschreibung dessen, was mit ihm geschehen war – von dem Moment an, da er seinem Präparator in die Hände gefallen, bis zu dem Zeitpunkt, als er dem Blick der Öffentlichkeit entzogen worden war. Es konnte nicht anders sein, als dass diese Ereignisse die Entwicklung des europäischen Denkens widerspiegeln würden.

Ich suchte nach der Adresse der Gemeinde Banyoles und schrieb einen Brief an den Bürgermeister, in dem ich ihn fragte, ob er mir bei meinen Nachforschungen behilflich sein wolle.

Es kam keine Antwort, und ich beließ es dabei. Bei näherer Betrachtung fragte ich mich: War eine Erzählung über El Negro, die veranschaulichen konnte, welche Haltung Weiße gegenüber Nicht-Weißen eingenommen hatten, nicht viel zu allgemein und damit unverbindlich?

Eines Nachts wurde mir bewusst, dass ich auch wissen wollte, was El Negro über uns aussagte, heute. Oder, um nur für mich zu sprechen: wo ich selbst stand. Ich stieg aus dem Bett und notierte mir die Situationen, in denen ich mit meiner Hautfarbe konfrontiert worden war: der Moment, als ich El Negro gegenüber stand; der Kleintransporter auf dem Markt in Kingston; das Jahr, in dem ich unter den Indios in Peru wohnte. Ich überlegte, dass ich parallel zur großen Geschichte über El Negro auch von den Erfahrungen berichten wollte, die mich beeinflusst hatten. Beide Geschichten gehörten zusammen, in beiden Fällen handelte es sich um eine ähnliche Suche – die eine gesellschaftlich, die andere persönlich –, nach dem spannungsreichen Umgang zwischen Rassen und Kulturen.

Über das Blatt Papier mit den Gedankenfetzen schrieb ich: »El Negro und ich«.

Über den Dokumentationsdienst der Zeitung, für die ich arbeitete, bestellte ich Hintergrundartikel, die spanische Zeitungen El Negro gewidmet hatten. Unter der Ausbeute befanden sich drei nacheinander erschienene Artikel, geschrieben von einem Anthropologen namens Jacinto Antón, Journalist bei *El Pais*.

Antón hatte offensichtlich schon 1991 herauszufinden versucht, woher El Negro stammte. Vor seinen Nachforschungen hatte die Spur nicht weiter als bis Barcelona geführt: Es existierte ein Schriftstück, aus dem hervorging, dass man El Negro während der Weltausstellung von 1888 besichtigen konnte. Aber Jacinto Antón grub weiter und fand ihn in einem alten Exemplar von *Le Constitutionnel* erwähnt, einer der damals maßgeblichen Pariser Zeitungen. In der Ausgabe vom 15. November 1831 war ein Bericht über die Reise zweier junger Männer erschienen, der Brüder Jules und Édouard Verreaux (24 und 18 Jahre alt), »an das Ende Afrikas, das Kap der Guten Hoffnung«. Die Brüder wurden als unerschrockene Naturforscher gepriesen. »Wie sollen wir uns eine Vorstellung von ihren Entbehrungen machen können? Unsere jugendlichen Landsmänner haben den Gefahren eines Lebens zwischen den ebenso wilden wie schwarzen Eingeborenen dieser afrikanischen Region getrotzt.« Der Artikel spitzte sich im Folgenden auf die Jagdtrophäen der Brüder zu, oder besser gesagt: ihre »wissenschaftlichen Reichtümer«, die unter Édouards Obhut nach Paris verschifft worden und nun der öffentlichen Besichtigung in den Ausstellungsräumen des Barons Benjamin Delessert in der Rue Saint Fiacre Nummer 3 zugänglich seien. »Die Mühen der Jagd haben ihnen Löwen und Hyänen eingebracht, eine rothäutige Antilope von ungeahnter Eleganz, eine Auswahl an sonstigen Mitgliedern derselben Familie, zwei Giraffen, Affen, [...], Strauße und Raubvögel, die nie zuvor beschrieben wurden.« Am meisten beeindruckt aber zeigte sich der Berichterstatter von einem »Individuum des Betjuanavolkes«: »Dieser Mann ist gemäß derselben Technik konserviert, mit der Präparatoren Tiere ausstopfen. Er ist klein von Gestalt, schwarzhäutig, sein Kopf ist von kurzem, wolligem Kraushaar bedeckt, er ist mit Pfeilen und einem Speer bewaffnet und trägt ein Antilopenfell.« Auffällig sei auch seine Schultertasche aus Schweinshaut, gefüllt mit Perlen, Samen und Knöchelchen. Und dann ist da noch ein Detail, für das *Le Constitutionnel* keinen passenden Begriff finden kann (der Autor gibt zu, es habe ihn in Verlegenheit gebracht): ein »Kleidungsstück bescheidenen Ausmaßes«, ein Streifen Leder, womit die Betjuanas ihre Scham bedeckten – und was doch gewiss »das Allerauffallendste« sei an diesem Repräsentanten der menschlichen Art.

Der »Betjouana« der Gebrüder Verreaux war der »Bechuana« von Señora Lola. Allein schon durch seine Attribute hatte ich ihn wiedererkannt: Einige davon begleiteten ihn noch anderthalb Jahrhunderte später in Banyoles. Aber wenn ich wissen wollte, wo er herkam und wie sein Leichnam auf dem Tisch des Präparators gelandet war, musste ich wohl – um irgendwo zu beginnen – dem Leben der Gebrüder Verreaux auf den Grund gehen. Nach einigen Telefonaten kam ich mit der Person in Kontakt, die mir dabei behilflich sein konnte: Der polnische Biologe Piotr Daszkiewicz lebte und arbeitete in Frankreich und hatte eine Studie über das Maison Verreaux, einen Großhandel für ausgestopfte Tiere im Paris des 19. Jahrhunderts, verfasst. Während er sich über die internationale Kundschaft dieses Handelshauses informierte, hatte er alles Notwendige über die Eigentümer erfahren: den Gründer Pierre Verreaux (seit 1803) und dessen Söhne Jules, Édouard und Alexis.

Es sind Ferien, was die Horden schulpflichtiger Kinder erklärt. Christina ist zu ihrer Lieblingsvitrine mit Amazonas-Schmetterlingen vorausgeeilt.

Piotr und ich haben unsere Jacken abgegeben und betreten eine Halle von der Größe eines Hangars. Gleich vor uns, nur eine Armlänge entfernt, zieht eine Schar von Tieren an uns vorbei: eine Elefantenkuh mit ihrem Jungen, ein Nashorn, Löwen und Leoparden, große Antilopen und Giraffen (Männchen, Weibchen). Sowohl Wild als auch kriechendes Getier, ein jedes nach seiner Art – sie verteilen sich jeweils zu zweit über den Ausstellungsboden. Ihre Beweglichkeit ist erstarrt, doch man weiß, dass ihre eigentliche Bestimmung ist, zu »wimmeln auf Erden«. Die Szene wäre komplett, würde sich unter der gläsernen Kuppel zwischen den Adlern und Albatrossen noch ein Regenbogen abzeichnen. Aber die ausschwärmenden Tierarten (hier gezeigt in einer modernen »Inszenierung«, so der Prospekt), erzählen ihre Geschichte maßvoll, ohne Schnörkel.

»Die Arche Noah fehlt«, sage ich zu Piotr.

»Hattest du die denn erwartet?« Mein Gastgeber spricht in einem gedämpften, amüsierten Ton, die Augen auf mich gerichtet. »Vielleicht in der großen Galerie der Evolution ...«

Er sieht sie direkt vor sich: den hölzernen Schiffsrumpf, der aus einem Haufen Sand ragt; oder nur die Luke der Arche, wie ein Laufsteg ausgeklappt. Wenn es an den Kulissenbauern gelegen hätte, wäre der gesamte Raum mit solchen Requisiten ausgestattet worden. Künstler suchen nun mal immer eine Geschichte, aber das wissenschaftliche Team, zu dem auch Piotr gehört, will nicht an alten Legenden festhalten. Folglich wird hier schlichtweg die Verschiedenheit des Tierlebens abgebildet – und nicht sein Ursprung gemäß der Genesis. »Stell dir vor«, sagt er mit vor innerem Vergnügen zuckenden Schultern, »Frankreich würde in einem staatlichen Museum den biblischen Kreationismus verkünden. Wir würden uns zum Gespött unserer Kollegen in London, Berlin und New York machen.«

Piotr ist gerade mal Anfang 40, auch wenn ich ihm durchaus zehn Jahre mehr gegeben hätte. Er ist ein Biologe vom romantischen Schlag. Kahler Schädel, Kinn und Kiefer behaart. Augen, die sich hinter Brillengläsern, rund und dünn wie Petrischalen, verbergen. Mit seiner Leidenschaft für das veraltete Fachgebiet der Naturgeschichte – die (Entstehungs-) Lehre von Pflanzen, Tieren und Mineralien – scheint er irgendwie ein Jahrhundert zu spät geboren zu sein. Und an der verkehrten Stelle: in Poznań hinter dem eisernen Vorhang.

Über den Grund seiner Flucht nach Frankreich im Jahre 1987 sagt er: »Für einen Biologen wie mich mit einem Strafregister wegen Unterstützung der Solidarność gab es in Polen absolut keine Perspektive.«

Er war mit einem Ausreisevisum für Israel nach Paris gekommen. In den ersten Jahren verkaufte er an einer Straßenecke Crêpes, bediente, »tschak, tschak, tschak«, eine Schneidemaschine in einer Kabelfabrik, führte Umfragen für ein Versandhaus durch und arbeitete – ja, auch als Tellerwäscher in einem Restaurant. Über ein Praktikum beim Institut Pasteur gelang es ihm schließlich, eine Stelle beim Muséum national d'Histoire naturelle zu finden. Als ich frage, ob er sich in Paris zu Hause fühle, sagt er, anfangs habe ihn das Monster der französischen Bürokratie immer denken lassen, er befinde sich noch in Polen. »Erst später entdeckte ich den Unterschied: Die polnisch-kommunistische Bürokratie diente der Unterdrückung, während die französische lediglich stumpfsinnig ist.«

Wir nehmen einen gläsernen Aufzug zum Pantheon der *espèces disparues* – der ausgestorbenen Tierarten. Piotr weiß, wo die Handschriften der Gebrüder Verreaux aufbewahrt werden, er weiß auch, wie gern ich sie einsehen möchte, aber bevor wir sie anfordern, will er mir erst Jules Verreauxs fachmännisches Können zeigen. In der Grande Galerie de L'Évolution ist er mit elf Werken vertreten. Sein berühmtestes Stück, erzählt Piotr, während wir an Vögeln und Fledermäusen vorbei nach oben schweben, stehe nicht hier, sondern im Natural History Museum von Pittsburgh: eine Szene mit einem Araber (einer Puppe), den ein Löwe von seinem Kamel zerrt.

Als sich die Aufzugstüren öffnen, steht dort Piotrs Tochter. Sie hat die Treppe genommen und ist doch schneller als wir. Christina kennt jeden Winkel des Museums und führt uns zu zwei Löwen, einem Männchen und einem Weibchen aus der Kap-Kolonie.

»Kaplöwe – ausgestorben zwischen 1860 und 1865« steht auf einem Schild.

»Ausgerottet«, korrigiert Piotr. »Mit Zustimmung der britischen Verwaltung.« Aber dank der Taxidermie, der Präparierkunst, die Jules Verreaux meisterhaft beherrschte, ist ihre Erscheinungsform bewahrt geblieben. Er hat die beiden Löwen im Schleichgang verewigt, mit aufmerksamen, grünen Augen, die den Betrachter lebensecht anschauen. Ihr Fell ist fahl und grau wie der Sand der Karoo-Steppe. Christina streckt ihre Hand in eines der aufgesperrten Mäuler, während sie mit der anderen ein paar Schnurrhaare berührt.

Ich sage zu ihr: »Wenn man dreimal in die Hände klatscht, erwachen die Löwen zum Leben.« Kaum mache ich Anstalten zur Probe aufs Exempel, tritt sie zwei Schritte zurück.

»Das geht gar nicht«, sagt sie, die Hände in die Seiten gestützt. »Sie sind ja innen leer. Da sind nur alte Zeitungen drin.«

»Oder Moos, Stroh, Algen«, ergänzt Piotr, »das weiß man nie.«

Abgesehen von den beiden Kaplöwen, einem ecuadorianischen Parasolvogel, einem tasmanischen Tiger und einer weltberühmten Kolibri-Sammlung sei in Paris nicht mit anderen greifbaren Objekten aus dem Nachlass der Familie Verreaux zu rechnen. Piotr hatte mich gleich gewarnt, die Brüder hätten überhaupt nur wenige Spuren hinterlassen. Fest stand, dass man das Maison Verreaux kurz nach ihrem Tod geschlossen (Édouard und Alexis waren beide 1868 gestorben, Jules starb im Jahre 1873) und das restliche Inventar versteigert hatte. Mit diesem Ausverkauf schien auch die Erinnerung an das einst so berühmte Handelshaus verflogen zu sein. Nachfahren, die mehr wussten, waren in Paris nicht zu finden: Piotr hatte jeden Verreaux aus dem Telefonbuch angerufen oder angeschrieben – ohne Erfolg.

Was jedoch noch existierte, war das Gebäude des Familienunternehmens. Ich hatte es mir am frühen Morgen angesehen. Das Maison Verreaux lag am Place des Vosges, einem der stattlichsten und ältesten Pariser Plätze, eine viereckige Zufluchtsstätte mit der Geschlossenheit eines Kasernenhofes. Die Backsteinfassaden, zu allen Seiten identisch auf Arkaden ruhend, boten seit nunmehr fast vier Jahrhunderten denselben vornehmen Anblick. Mit dem einzigen Unterschied, dass es gegenwärtig von Galerien und Designer-Shops nur so wimmelte und überall Motorroller vom Typ *Executive* standen, normale Motorroller, jedoch von einem futuristisch anmutenden Verdeck überkuppelt. Die Galerien, Designer-Shops und Motorroller musste man sich wegdenken, dann hatte man die authentische Kulisse, in der Jules, Édouard und Alexis aufgewachsen waren.

Die Familie Verreaux hatte das Eckhaus Nummer 9 besessen, wo sich nun ein Restaurant befand: »L'Ambroisie«, eines der sieben Pariser Restaurants mit drei Michelinsternen. Durch die Glastür sah ich ein Stillleben gedeckter Tische. Es war eine seltsame Vorstellung, dass sich auf diesem Boden einmal etliche Zebras, Warane, Erdferkel und Gazellen getummelt hatten und die Brüder dort als Knirpse zwischen den Beinen von Büffeln und Schakalen herumgekrabbelt waren. Oder dass die Küche, wo heute Chefkoch Bernard Pacaud seine Spezialitäten (Milchlamm und Sommertrüffel in Blätterteig) zubereitet, möglicherweise einmal der Arbeitsplatz von Vater Verreaux gewesen war, der dort, bekleidet mit einer Metzgerschürze, die Kadaver verstorbener Zootiere ausgekratzt und wieder gefüllt hatte. Es muss gestunken haben wie im Schlachthaus.

Ich fragte mich, ob die Anwohner des Platzes wohl schockiert gewesen waren, als eines Tages ein ausgestopfter Schwarzer im Schaufenster erschien. Hatte man so etwas als verwerflich, morbide oder, im Gegenteil, vielleicht als ausgesprochen vergnüglich empfunden? Erregte der Schwarze überhaupt Aufsehen? In jedem Reiseführer wurde angemerkt, kein Geringerer als Victor Hugo habe 1832 die Nummer 6 bezogen und dort im zweiten Stock die Eingangsszene von *Les Misérables* geschrieben. Victor Hugo muss das Maison Verreaux gekannt haben – also warum nicht auch den präparierten Afrikaner? Ob er ihm wohl jemals einen Gedanken gewidmet hat?

Und Jules Verreaux: Hatte er mit seiner Lebenserfahrung von knapp 24 Jahren etwas in sich überwinden müssen, damit er statt eines Tieres einen Menschen ausstopfen konnte? Wie gängig war das? Anders gefragt: Waren seine Eltern in Paris erstaunt, in den Schiffskisten mit Klippspringern und Kuhantilopen plötzlich einen schwarzen Mann vorzufinden?

Oder war der »Betjouana« lediglich ein Kuriosum, so wie ihn *Le Constitutionnel* dargestellt hatte?

In Jacques C. Valmont de Bomares *Dictionnaire raisonné universel d'histoire naturelle,* einem französischen Wörterbuch der erörternden Naturgeschichte aus dem Jahre 1769, hatte ich einen Beleg für die herrschende Auffassung über »den Afrikaner an sich« gefunden. Unter dem Stichwort »Neger« wurden die Merkmale »treulos«, »grausam«, »schamlos«, »religionsfeindlich«, »unvernünftig«, »unmäßig« aufgezählt. Und in den Zeilen darunter war zu lesen: »Ihre Gewohnheiten sind so ausgefallen und unvernünftig, dass ihr Verhalten, zusätzlich zu ihrer Farbe, lange Zeit Zweifel nährte, ob sie wesentlich Menschen waren, die, wie wir, von den ersten Menschen abstammten, weil ihre Rohheit und Grausamkeit sie den wildesten

Tieren ähneln lässt.« Es handle sich um eine Menschenrasse, bei der »Reue« und »Gewissen« erloschen seien. »Gefühle von Mitleid sind ihnen unbekannt.«

Das waren unverblümte Worte. Doch gerade in Frankreich geriet dieses festgefügte Bild von »dem Neger« ins Wanken. Mitte des 18. Jahrhunderts stellte Jean-Jacques Rousseau ihm seinen »edlen Wilden« als unverdorbenes und damit hochstehendes Wesen gegenüber. Die Vorstellung vom Primitiven als einem reinen Zustand gewann an Popularität und wurde von den Amis des Noirs voller Nachdruck und Überzeugung verkündet. Diese französische Gesellschaft von Sklavereigegnern, gegründet 1788, hatte als Emblem ein Medaillon mit einem in Ketten gelegten, knienden Sklaven, der mit großen Augen fragt: »Ne suis-je pas ton frère?« – Bin ich nicht dein Bruder? Ich las, dass sich die Amis de Noirs aus einem kleinen Kreis Intellektueller zusammensetzten, die sich auf die Ideale der Aufklärung und insbesondere Rousseau beriefen, der die Sklaverei bereits 1762 als »ungesetzlich, absurd und sinnlos« bezeichnet hatte. Die Gesellschaft hatte dem *Code Noir* den Kampf angesagt, dem Gesetz, das unter anderem die Züchtigung der Sklaven vorschrieb (wie etwa das Abschneiden der Ohren nach einem ersten Fluchtversuch, das Durchschneiden der Kniebänder nach dem dritten). Sie forderten, dass sich »Freiheit, Gleichheit, Brüderlichkeit« bis in die Kolonien erstrecken sollte.

Während der Revolution von 1789 schien man auch tatsächlich in dieser Richtung voranzukommen. In Saint Domingue im Westen der Insel Hispaniola, der reichsten Kolonie von Frankreichs karibischen Besitztümern, wirkten die Kämpfe zwischen den Kolonialisten wie ein Echo auf die Erstürmung der Bastille. Dieser Konflikt lief auf einen Krieg der *grands blancs* (die Elite der weißen Plantagenbesitzer) gegen die *petits blancs* (die weißen Mittelständler und kleinen Beamten) hinaus, und schon bald kämpfte jeder gegen jeden. Beim »Feuernacht«-Aufstand von 1791 entledigten sich die Sklaven von Saint Domingue ihrer weißen Herren. Als kurz darauf das revolutionäre Frankreich die Sklaverei abschaffte, kamen sie auch gesetzlich frei.

Mir wurde klar, dass kaum zehn Jahre später, als Vater Pierre Verreaux sein Handelshaus eröffnete, die Karten neu gemischt wurden. An die Stelle der Revolution traten Terror und Willkür (die beiden prominentesten Mitglieder der Amis des Noirs wurden guillotiniert), Napoleon hatte die Macht ergriffen. 1802 schickte er, um den Ruhm Frankreichs und die koloniale Ordnung wiederherzustellen, 50 000 Soldaten nach Saint Domingue, doch diese wurden – sofern sie nicht dem Gelbfieber zum Opfer fielen – vernichtend geschlagen. Als die ehemaligen Sklaven am 1. Januar 1804 die unabhängige Republik Haiti ausriefen, fühlte sich Frankreich zutiefst in seinem Stolz gekränkt.

Im Jahre 1807, als Jules Verreaux das Licht der Welt erblickt, ist in Frankreich die Kritik an der Sklaverei bereits wieder verstummt. Die Pariser Öffentlichkeit glaubt erneut an die kultivierende Funktion der Knechtung, an »die innere Rohheit der Schwarzen«, die nur durch Versklavung beherrscht werden könne. Ob das auch die Auffassung war, die den Brüdern Verreaux von Haus aus mitgegeben worden war, konnte ich lediglich vermuten.

Um die begehrte Akte mit den Handschriften von Jules Verreaux einsehen zu dürfen, habe ich mich stundenlang in Geduld zu üben.

Ich muss meine Tasche in einem Schließfach einsperren.

Ich muss (gemäß der Regel, dass Schriftstücke aus der Zeit vor 1850 nur mit einem Bleistift bewaffnet betrachtet werden dürfen) meine Kugelschreiber abgeben, als wären es Stichwaffen.

Ich zeige Demut angesichts der französischen Bibliotheksprozeduren.

Aber dann ist es soweit: Ich öffne ein brüchiges Heft – das »Schiffsjournal« der ersten Afrikareise von Jules Verreaux. Er ist noch ein Kind und schreibt mit gleichmäßiger Handschrift, die sich erst in späteren Jahren nach vorne neigen wird. »Wir haben Brest bei schönem Wetter am 23. Mai 1818 verlassen.

Es stand eine leichte Brise, die uns Zeit gab, uns auf die Seekrankheit vorzubereiten.« In Gesellschaft seines Onkels Pierre, dem Bruder seiner Mutter, befindet sich Jules an Bord des Schiffes »Le Golo«, Ziel ist das Kap der guten Hoffnung. »Im Jahre 1652 lässt sich zum ersten Mal eine Gruppe Holländer an dieser Station auf der Route nach Indien nieder.« In groben Zügen erzählt Jules vom Gründer der dortigen Kolonie, Jan van Riebeeck, von den *colons*, die vor Ort »Bauern« genannt werden, und von der Einverleibung der Kap-Kolonie durch die Briten im Jahre 1795. Nach einigen weiteren solcher wissenswerten Informationen geht er zu seinen großen Vorbildern über: den Entdeckungsreisenden, die im Namen der Wissenschaft immer weiter ins Innere Afrikas vordringen, allen voran François Le Vaillant, der französische Ornithologe, Botaniker und fantastische Erzähler, der 1783 als einer der Ersten den Oranjefluss erreichte. Jules zitiert dessen *Histoire Naturelle des Oiseaux d'Afrique*, als wäre dieses Werk seine Bibel.

Aber in Jules »Schiffsjournal«, das so ordentlich begann, zeigen sich schon bald Kratzer und Krakel. Ist das der Seegang im Golf von Biskaya? Oder wird der Schreiber von einem Zuviel an Eindrücken abgelenkt?

»Der Junge war elf, als er sich in dieses Abenteuer begab«, sage ich zu Piotr, der lesend neben mir sitzt und sich ab und zu Notizen macht. »Stell dir mal vor, gerade ebenso alt wie Christina.«

Ich blättere noch eine Seite weiter und sehe Kinderzeichnungen. Obenan eine Festung mit Wachtürmen und massiven Mauern an einer leeren Küste – eines der Sklavenforts Westafrikas? Darunter holländische Fassaden vor der Kulisse eines Felsplateaus – der Tafelberg bei Kapstadt? Ich stoße Piotr an, zeige auf die Abbildungen, er hebt eine Augenbraue ohne weiteren Kommentar. Hier in der Museumsbibliothek, die an die Grande Galerie de l'Évolution grenzt, herrscht Redeverbot; die Bibliothekarin hat mich schon ein paarmal mit Blicken gestraft. Wir sitzen gegenüber der Ausleihe, am einzigen Tisch, wo die Einsicht in seltene Schriftstücke gestattet ist. Als Mitarbeiter ist

Piotr auf Vorzeigen seines Magnetkärtchens berechtigt, Manuskripte anzufragen, die dem gewöhnlichen Volk unzugänglich sind. Genau eine Viertelstunde, nachdem er spezielle Antragsformulare ausgefüllt und abgegeben hat, klappt ein Bote geräuschlos ein Schild mit Piotrs Nummer hoch, woraufhin dieser aufsteht und den Empfang (nicht mehr als ein Schriftstück auf einmal) schriftlich bestätigt. Er legt das Dokument vor sich auf den Tisch, nimmt Platz und schiebt es zu mir hinüber. Im nächsten Augenblick versinkt er wieder in sein eigenes Studienmaterial, den Kopf auf alle zehn Fingerspitzen gestützt.

Onkel Pierre, so lese ich, heißt mit vollem Namen Pierre Delalande. Von Beruf ist er *voyageur naturaliste* im Dienst des Muséum national d'Histoire naturelle, was bedeutet, dass er für die Erweiterung der zoologischen Sammlung des Landes zuständig ist. Der Auftrag für seine afrikanische Reise von 1818 lautet, der französischen Wissenschaft mindestens ein Nashorn und ein Nilpferd zu besorgen. Als ich im Online-Katalog nach Delalande suche, stoße ich auf einen einzigen Treffer: *Précis d'un Voyage au Cap de Bonne-Esperance*. Diese gedruckte Publikation kann ich ohne Piotrs Vermittlung kommen lassen, und eine Viertelstunde später blätterte ich durch einen klaren und lesbaren Bericht, in dem der französische Gesandte seinen Vorgesetzten meldet, dass er am 8. August 1818 nach einer elfwöchigen Reise das Kap der Guten Hoffnung umrundet habe und in Valsbaai »in Gesellschaft meines Neffen, des jungen Jules Verreaux« an Land gegangen sei. Ich erfahre, dass die beiden für ihre Exkursionen einen Planwagen mit 22 Ochsen und drei Hottentotten-Gehilfen benutzen und dass in der Kap-Kolonie die Jagd auf Nilpferde verboten ist (auf den Verstoß dieses Verbotes steht eine Buße von 1000 *rixdollars*). Mit den Empfehlungsschreiben jedoch, die Pierre Delalande vorweisen kann, erhalten sie vom Gouverneur persönlich eine Jagdgenehmigung.

In Jules' handgeschriebenen Notizen finde ich keine einzige Erwähnung eines Jagd- oder Raubzuges. Allerdings gibt es ein gesondertes Heft, in dem er über eine Expedition von Dezember

1819 bis Januar 1820 durch Kaffernland, das heutige Ost-Kap, berichtet. Zu diesem Zeitpunkt ist Jules 13 Jahre alt. Er berichtet von einem britischen Hauptmann, der sie zu »Roastbeef zum Frühstück, Roastbeef zum Mittagessen und Roastbeef zum Abendessen« einlädt.

Aber auch in diesem Dokument folgen schon nach wenigen Seiten nur noch lose, schwer zu entziffernde Fragmente über eine Herde von Springböcken oder den Fund einer Baumschlange. Einmal erwähnt Jules die örtliche Bevölkerung, als er sich über den Argwohn der Hottentotten (die auch Khoi heißen) hinsichtlich der Kaffern (wie die Bantu-Völker im Süden Afrikas abschätzig genannt werden) wundert. Bei jedem Zusammentreffen zeigten die Hottentotten, die als Helfer die Expedition begleiteten, ein »spectacle plus curieux«, ein besonders ungewöhnliches Schauspiel: »Sie formieren sich augenblicklich wie Soldaten der leichten Kavallerie.« Und das, obwohl sie doch sonst einen so »trägen Charakter« hätten, eine Eigenschaft, die laut Onkel Pierres nachdrücklicher Versicherung eine Folge der Hitze sei.

Im Frühjahr 1820 kehrt das Gespann über Natal zum Kap zurück und schifft sich für die Rückreise nach Calais ein. Die wochenlange Reise führt sie an St. Helena vorbei, dem Verbannungsort Napoleons, wo dieser an einer Magenkrankheit leidet, die ihm innerhalb eines Jahres zum Verhängnis werden sollte.

Im Schiffsraum befindet sich eine Sammlung von 13 435 Objekten, eine zoologische Ausbeute, für die Pierre Delalande bei seiner Rückkehr zum Ritter der Ehrenlegion geschlagen wird. Natürlich sind darunter auch das heißbegehrte Nilpferd und das Rhinozeros; Letzteres ist sogar ein seltenes »doppelgehörntes« Exemplar. Zur Ausbeute gehören weiter Robben und Seelöwen aus der Mosselbaai, Eidechsen, Vögel, Schmetterlinge und Libellen. Das Schiff muss eine Art Replik der Arche Noah gewesen sein, seetüchtig, aber mit totem statt lebendem Inventar. An Bord sind 228 Säugetiere, 2205 Vögel, 322 Reptilien, 293 Fische, 387 Weichtiere und rund 10 000 Insekten.

Seine Beschreibung der Ladung beschließt Delalande mit einer makabren Ergänzung. Gemeinsam mit seinem Neffen hat er offenbar auch Material für die *collection anthropologique* gesammelt: Die Neuzugänge in dieser Kategorie bestehen aus »Schädeln von Hottentotten, Namas (Mitglieder eines Hottentottenstamms in Südwestafrika) und Buschmännern« sowie »Skeletten verschiedener Völker der Kap-Kolonie und Kaffernland«. Das steht da so ganz nüchtern mit der einzigen Erklärung, dass diese Gebeine »vom Schlachtfeld bei Grahamstown« und »von einem alten Friedhof bei Kapstadt« stammen.

Frankreich macht mit seiner anthropologischen Sammlung inzwischen nicht mehr groß Werbung. Die Schädel und Gerippe liegen hinter Schloss und Riegel in den Magazinen des Musée de l'Homme, einer der sieben Außenstellen des Nationalmuseums für Naturgeschichte. Das Einzige, was im Musée de l'Homme zu Füßen des Eiffelturms heute noch zur Schau gestellt wird, ist politische Korrektheit. Man bekommt etwas über Bevölkerungswachstum zu sehen, etwas über internationale Zusammenarbeit (also nicht: Entwicklungshilfe), etwas über weltweite Begräbnisrituale; interessant als Spiegel unserer Gesellschaft zu Beginn des 21. Jahrhunderts, das schon.

Piotr erwartet, dass auch die Grande Galerie de l'Évolution – immerhin der Schaukasten für die naturhistorischen Kronjuwelen des Landes – zu einem Anachronismus werden wird. Im Gästebuch ist der Begriff »Plünderermuseum« bereits gefallen, und der einzige, übriggebliebene Lieferant neuer Objekte ist der Zoll der Flughäfen Orly und Charles des Gaulles. »Von ihnen bekommen wir konfiszierte Hörner von Nashörnern«, erzählt Piotr. »Es scheint, als würden die Chinesen damit Handel treiben, als Grundstoff für das eine oder andere Aphrodisiakum.«

Christina, die sich aus Langeweile zu uns gesellt hat, schaut auf. Sie will wissen, was das sei, so ein »Afrodidinges«.

Ihr Vater schiebt die Brille ein Stückchen höher auf die Nase. »Komm«, sagt er. »Wir gehen Mittagessen. Und du darfst entscheiden, was wir essen: Pizza oder Couscous?«

Es wird Couscous, was gut passt: Bei der Grande Galerie wimmelt es nur so von maghrebinischen Lokalen, da sich auf der gegenüberliegenden Straßenseite die größte Moschee von Paris befindet.

Während wir einen Tisch in einem algerischen Restaurant aussuchen – inmitten von asiatischen Touristen, sehr französischen Beamten und arabischen Moscheebesuchern –, fühle ich mich als Immigrant unter Immigranten: ein Niederländer in Gesellschaft eines Polen und einer polnischen Peruanerin, die miteinander in Paris Spanisch sprechen. Verrückt genug, Spanisch ist hier auch unsere gemeinsame Sprache. Christinas Mutter stammt aus Peru; sie ist 1987 vor der maoistischen Guerilla des »Leuchtenden Pfades« geflohen, im selben Jahr, als Piotr aus Poznań aufbrach. Mir kommt es vor wie Ironie des Schicksals: Zwei erbarmungslose Experimente der kommunistischen Heilslehre auf verschiedenen Kontinenten haben einen Mann und eine Frau in Paris zusammengebracht. Sie heirateten und bekamen eine Tochter, die elf Jahre später, tadellos aufrecht sitzend, ihr Besteck mit abgespreizten kleinen Fingern festhält. Christina ist durch und durch Französin.

Ich frage sie, ob sie sich für eine Ausbildung zum *voyageur-naturaliste* für das Museum für Naturgeschichte entschieden hätte, wenn sie zwei Jahrhunderte früher geboren worden wäre, wie Pierre Delalande und auch Jules Verreaux von seinem 13. bis 18. Lebensjahr es getan hatten.

Christina nickt: Das würde ihr gefallen.

»Wirklich?« fragt ihr Vater. »Da lernte man auch, wie man Tiere töten und ausstopfen muss.«

Aber das hält sie für Unsinn, heutzutage sei das nicht mehr notwendig. »Ich habe doch eine Kamera. Ich würde sie einfach fotografieren.«

Die Vorstellung, dass Jules Verreaux schon als Kind menschliche Knochen durch seine Hände hatte gehen lassen, beschäftigte mich. Hatte ihn diese Erfahrung dazu befähigt, kaum zehn Jahre später die noch nicht zersetzte Leiche El Negros zu präparieren? Es erschien mir reichlich bizarr, dass der 13-jährige Jules zusammen mit seinem Onkel in einem Totenacker gegraben haben sollte. Aber Piotr behauptete, so etwas sei zu dieser Zeit nicht ungewöhnlich gewesen. Ich solle nicht vergessen, dass ihre Funde dem hohen Ziel der Wissenschaft gedient hätten und überall in Europa Museen für Naturgeschichte an die Stelle der Raritätenkabinette getreten seien. Das Jahrhundert der Vernunft war angebrochen, und in Schweden, den Niederlanden, in Großbritannien, Deutschland und Frankreich wetteiferten Gelehrte miteinander um die Entdeckung einer Systematik und Hierarchie im Pflanzen- und Tierreich. Um mich zu überzeugen, dass Pierre Delalande und sein Neffe kein exzentrisches, makaberes Gespann waren, kramte Piotr ein Dokument hervor, in dem die ältesten Stücke des Anthropologie-Kabinetts in der Reihenfolge ihres Eingangs aufgelistet waren. Wenn sich etwas aus dieser Übersicht ablesen ließ, dann tatsächlich die Selbstverständlichkeit des Sammelns und Katalogisierens von Homo-sapiens-Überresten. Der Grundstock der anthropologischen Sammlung war offensichtlich 1803 gelegt worden mit einer Serie von 32 Skeletten verschiedenen Alters (»davon 24 antik«), 52 Föten in Spiritus und etlichen einzelnen Köpfen und Skalps (»auf unterschiedliche Weise abgesäbelt«). Nicht lange danach spendete der oberste Wundarzt aus Napoleons Heer »einen prächtigen Neger« von den Ufern des Tschadsees, der zu Lebzeiten als »Cymbalist der ersten Wachkompanie der Grenadiere« gedient hatte. Aus der Beschreibung ließ sich jedoch nicht erkennen, in welchem Zustand diese Schenkung geliefert worden war: getrocknet wie eine Mumie, ausgestopft wie El Negro – oder als kahles Skelett?

Die nächste Eintragung betraf die Posten Schädel und Knochen, die Pierre Delalande und Jules Verreaux aus der Kap-Kolonie mitgebracht hatten.

Ich las, dass der Gründer und erste Kurator dieser Sammlung als »Frankreichs weltberühmter Sohn George Cuvier« bezeichnet wurde. Er hatte die vergleichende Rassenanatomie anhand des gesammelten Materials zu einem eigenen Wissenschaftszweig entwickelt. Es war offensichtlich, dass ich um die Person George Cuvier nicht herumkam, wollte ich etwas von den Umständen verstehen, unter denen El Negro nach Europa gekommen war. Dem hochgelehrten Herrn Cuvier war ich schon früher begegnet: Er war der Auftraggeber der Afrikareise Pierre Delalandes und der Anatomielehrer von Jules Verreaux während dessen Ausbildung zum reisenden Sammler. Zu meiner Überraschung hatte Professor George Cuvier höchstpersönlich den wichtigsten Beitrag zum Anthropologie-Kabinett geliefert, nämlich die Frau, die zu ihren Lebzeiten als »Vénus Hottentot« bekannt war.

Die »Hottentotten-Venus« sagte mir etwas. Das Schicksal dieser afrikanischen Frau kam dem von El Negro noch am nächsten. Obwohl nicht gemäß der Taxidermiekunst ausgestopft, war auch ihr Körper, zumindest teilweise, zu einer Museumsattraktion geworden, an der sich Generationen von Europäern ergötzt hatten.

Ein Vergleich zwischen der »Hottentotten-Venus« und El Negro lag auf der Hand, obwohl vor allem die Unterschiede ins Auge sprangen. Die afrikanische Frau, die 1815 auf dem Präpariertisch von George Cuvier gelandet war, hatte in London und Paris sechs Jahre lang bereits als *lebende* Sehenswürdigkeit Furore gemacht. Sie hatte einen Namen (Sara Baartman), und ihre Lebensumstände waren mehr oder weniger bekannt, auch wenn sie allesamt sehr unwahrscheinlich klangen.

Sara (oder südafrikanisch Saartjie) Baartman war im französischen Revolutionsjahr auf dem Bauernhof eines holländischen Kolonialisten in der Karoo-Steppe geboren. 1810 nahm sie ein britischer Schiffsarzt mit nach London, in der Hoffnung, ihr Äußeres (beziehungsweise ihr weit herausragendes Hinterteil) würde ein großes, zahlendes Publikum auf die Beine bringen. Ein anderes körperliches Merkmal, das Saartjie angeblich mit vielen Hottentottenfrauen gemein hatte (ihre langen, an den Beinen herunterhängenden Schamlippen), brauchte nicht gezeigt zu werden: Die Zuschauer würden allein schon aufgrund des Gerüchts herbeieilen.

Der Schiffsarzt sollte Recht behalten. Die Londoner standen Schlange, um die auf Plakaten als »Hottentotten-Venus« angekündigte Sara Baartman für zwei Schilling zu besichtigen. In den Zeitungen erschienen jedoch auch Protestbriefe der Sklavereigegner, und *The Times* zeigte sich empört, dass man eine Frau vorführte, »als sei sie ein an Ketten gelegter Bär«. Aber ein Versuch, sie aus den Händen ihres Impresarios zu befreien, scheiterte, weil Sara, die man auf Niederländisch befragte, dem Gericht erklärte, sie stelle sich aus freiem Willen und gegen die Hälfte der Einnahmen zur Schau.

1814, nach einer »Tournee« durch die englischen Midlands, setzte sie sich nach Paris ab, wo ihre Erscheinung erneut zu Vergnügen und Ergötzen Anlass gab (diesmal ohne moralische Empörung).

Nach ihren ersten Auftritten in einem Theater an der Rue Neuve des Petits-Champs hatte sie offensichtlich die Aufmerksamkeit von George Cuvier auf sich gezogen. Er nahm sie für einige Tage zur Beobachtung mit ins Muséum national d'Histoire naturelle, wo er sie in allen Einzelheiten beschreiben wollte. In seinem Bericht stellt Cuvier fest, dass Sara Baartman angesichts der Tatsache, dass sie außer Hottentottisch auch Niederländisch, ganz ordentliches Englisch und ein paar Worte Französisch sprach, über eine gewisse Intelligenz verfügen müsse. Ihre brüsken und launischen Bewegungen hatten seiner Ansicht nach allerdings »etwas Affenartiges«, während die Art und Weise, wie sie ihre Lippen nach außen zu stülpen pflegte, dem Verhalten von Orang-Utans ähnele.

»Nie zuvor habe ich ein menschliches Antlitz gesehen, das eine so große Ähnlichkeit mit dem eines Affen aufweist«, notierte er.

Zu Cuviers Enttäuschung hatte sich Saartjie Baartman nicht vor ihm auskleiden wollen, auch nicht gegen Bezahlung, so dass es ihm nicht vergönnt war, die »markantesten Besonderheiten ihrer Anatomie« zu studieren.

Im Dezember 1815, kaum ein halbes Jahr später, sah er jedoch eine neue Chance: Als Sara mit 27 Jahren an einer Lungenentzündung starb, bemächtigte sich Cuvier ihres Leichnams und sezierte ihn. Der Professor für Anatomie präsentierte seine Befunde während einer gut besuchten Vorlesung vor der Akademie der Wissenschaften. Mit großer Nüchternheit stellte er fest, der legendäre Umfang ihres Gesäßes sei eine Folge ganz normaler Fettansammlungen gewesen (und keine Höcker wie bei einem Kamel oder Dromedar). Auch beim Studium des *»sinus pudoris«*, ihrer »Schamschürze«, hatte er sich nicht von der populären Unterstellung blenden lassen, dies sei ein besonderes Lustorgan. Nach seinen Ausführungen handelte es sich lediglich um eine Verlängerung der *labia minora*, der inneren Schamlippen, und um sein Auditorium zu überzeugen, hatte er sie in Spiritus konserviert. »Ich habe die Ehre«, so schloss Cuvier seinen Vortrag, »der Akademie der Wissenschaften die Genitalien dieser Frau anzubieten.«

Seither gehörten diese gemeinsam mit ihrem Skelett und ihrem (ebenfalls in Alkohol konservierten) Gehirn zu den berühmtesten Objekten dieser anthropologischen Sammlung.

Der Betjouana der Gebrüder Verreaux hatte nie zur Kollektion des Museums gehört. Abgesehen von der im *Le Constitutionnel* veröffentlichten Beschreibung schien er keine einzige Spur in Paris hinterlassen zu haben.

Mit Engelsgeduld hatte Piotr Stück für Stück die übrigen Dokumente aus der Akte Verreaux für mich angefordert. Im Index fanden wir einen Eintrag über ein Skizzenbuch von Jules Verreaux aus dem Jahre 1832 mit dem Titel: *Ethnographie du Cap*. Wir sahen uns beide an: *Das* mussten wir haben. Wie hätte Jules in einer Serie von Zeichnungen zum Thema Ethnographie seinen Betjouana übergehen können? Piotr füllte einen Bestellzettel aus, der Bote übernahm ihn und verschwand in den verschlossenen Archiven. Schneller als erwartet kehrte er zurück. Er beugte sich zu unserem Lesetisch, in der Hand eine Karteikarte aus Karton, auf der mitgeteilt wurde, das Archivstück 142405 (413) gelte seit dem 16. März 1977 als vermisst. »Introuvable« – nicht aufzufinden.

Wir steckten diesen Rückschlag ein und widmeten uns schließlich den Inventarlisten aus dem Zeitraum 1826 bis 1832, als Jules von Kapstadt aus Handel mit ausgestopften Wildtieren trieb. Seine Handschrift wirkte nun erwachsener, auch sachlicher. Am Rand seiner endlosen Inventarlisten, die vor dem Versand nach Paris erstellt wurden, fand ich Notizen wie »die Giraffen sind am 16. Februar bei mir eingetroffen« (Jahreszahl unlesbar). Jedes Objekt war mit laufender Nummer nach Namen, wissenschaftlicher Bezeichnung (Genus, Gattung), Geschlecht, Fundort und eventuellen Besonderheiten erfasst. Die meisten Lieferungen hatten als Bestimmung »pour mon père« – für meinen Vater. Diese Worte tauchten immer wieder auf, wie ein eintöniger Refrain. Bis mein Blick auf einen Frachtbrief aus dem Jahre 1831 fiel: »Pour baron B. Delessert« – für Baron B. Delessert. Das war ganz gewiss der Transport, in dem sich der Betjouana befunden hatte, montiert auf seinem hölzernen Podest. Ich ging die Spalten durch und hoffte, dabei auf brauchbare Einzelheiten zu stoßen, einen Fundort, Verweis, irgend etwas, das Licht auf seine Herkunft werfen konnte. Aber ich fand nur Angaben zu einer Kiste voller »canards« und »canaries« und zu einer anderen mit Grasfressern »aus der Umgebung des Oranjeflusses«. Und obgleich ich ihm schon ganz nahe zu sein glaubte, kam der Betjouana in keiner der Listen vor. Dies erschien mir äußerst mysteriös – als wäre er als »blinder Passagier« durch den Zoll geschmuggelt worden.

Was sich jedoch fand, war ein Brief von Jules an seine Eltern, in dem er schreibt, wie froh er über Édouards Kommen sei, der ihm beim Einpacken und Versiegeln der Sammlungen helfe. Aber da keine Schiffe in Richtung Calais, Marseille oder La Rochelle ablegten, lungerten die beiden Brüder »schon seit zwei Monaten in abwartender Nutzlosigkeit« im Hafen herum. »Ich hoffe, dass Baron Delessert mit der Sendung zufrieden sein wird«, schreibt Jules zum Schluss. Der Brief trägt das Datum des 25. Mai 1831. Links oben steht: »South African Institution, Ville du Cap Bonne Esperance«. Diese Adresse bestätigte, was ich in einer anderen Quelle gefunden hatte: dass Jules Verreaux im damals noch brandneuen naturhistorischen Museum von Kapstadt gewissermaßen wohnte. Zumindest waren seine Handelsgeschäfte mit dieser Einrichtung verflochten. So nutzte Jules einen Seitenflügel als Arbeitsplatz, durfte seine Präparate (als Leihgabe) im Hauptgebäude ausstellen und trat abwechselnd als Kurator und stellvertretender Direktor auf (mit den Eintrittsgeldern als Gehalt).

Diese und andere Besonderheiten fanden sich in einer Jules Verreaux betreffenden »notice nécrologique«– einem Nachruf aus dem Jahre 1874. Als einer der Höhepunkte seiner Laufbahn kam darin erneut die Ausstellung in den Räumen von Baron Delessert zur Sprache – der Ort, an dem die Zeitung *Le Constitutionnel* den Betjouana entdeckt hatte. Baron Delessert habe sich als Philanthrop erwiesen, ein Bankier und Zuckermagnat, der, so *Le Constitutionnel*, als »geschätzter Mäzen der Wissenschaften« auch das Werk der Gebrüder Verreaux finanziert hatte. Im Gegenzug durfte er in seinem Haus an der Rue de Saint Fiacre mit den Ausstellungsstücken glänzen.

Und wer war der erste Besucher? George Cuvier. Ich las, dass der Gelehrte, der sich 1831 auf dem Gipfel seines Ruhmes befand, als exklusiver Gast eingeladen worden war, damit er prüfen könne, ob unter den ausgestellten Objekten etwas nach seinem Geschmack für die Nationalsammlung sei.

Ich stieß Piotr an. Cuvier musste zumindest etwas von El Negros Existenz gewusst haben. Hatten wir hier nicht einen Anknüpfungspunkt für die weitere Suche? »Okay«, sagte Piotr, nachdem er selbst gelesen hatte. »Wie lange bleibst du noch in Paris?« Er versprach, Cuviers Korrespondenzarchiv, zu dem ich keinen Zugang bekommen würde, für mich zu durchforsten.

Abends auf dem Weg zu meinem Hotel ging ich die Rue Saint Fiacre entlang. Unter den Bäumen, den Balkonen und Leuchtreklamen sah Paris aus, wie man sich Paris vorstellt. Ich kam an einem Varietétheater und einer Synagoge vorbei und versuchte, mir die Fahrzeuge von 1831 zu vergegenwärtigen, das Zungenschnalzen der Kutscher, den unsicheren Schritt eines Absinthabhängigen. Die Heilige Fiacre war eine kurze Seitenstraße des Boulevard de la Poissonnière, nicht mehr als eine breitere Gasse. Der Verkehr war wegen eines Lastwagens, der ganz profan einen Abfallcontainer vom Boden hob, ins Stocken geraten.

Die Nummer 3 mit den ehemaligen Ausstellungsräumen des Barons Delessert lag ganz am Ende: das vorletzte Haus gegenüber einem Bürogebäude. Stattlich, ja, aber verblichen und angefressen von den Abgasen. Ich hatte ein elegantes Schaufenster erwartet, vielleicht einen Ausstellungsraum für Klaviere und Flügel. Aber die untere rechte Ladenfront wurde von einem Rollladen verunziert, und links befand sich ein kleines Stoffgeschäft: »A. T. B. Textiles – Tissus orienteaux«. Hinter einigen schief abgeknickten Teppichrollen war der Verkäufer gerade dabei, seine Kasse abzuschließen. Während ich einen Schritt zurücktrat, um die Fassade zu fotografieren, zog mich jemand am Arm. Ich drehte mich um und sah in die Augen eines schwarzen Junkies. Sein magerer Kopf zitterte in der Kapuze seines Jogginganzugs wie bei einer Schildkröte. Er bettelte um einen Euro.

Piotr und Christina sollte ich in einem Café gegenüber dem Institut de France wiedersehen. In Erwartung dessen, was Cuviers Briefarchiv preisgegeben hatte, versuchte ich, mir ein deutlicheres Bild von dieser französischen Berühmtheit zu verschaffen. Eine Website der Universität von Berkeley beschrieb ihn als »einen der intelligentesten Köpfe der Geschichte«, der während seiner Laufbahn drei verschiedenen Regimes gedient hatte (der Republik, dem Kaiserreich Napoleons, der Monarchie), ohne dass ihn die Machtwechsel den Kopf (oder das Ansehen) gekostet hätten. Im Gegenteil, nachdem er alle Turbulenzen heil überstanden hatte, war es Cuvier ab 1819 vergönnt gewesen, den Titel Baron vor seinem Namen zu führen. Neben seiner Tätigkeit als Professor für Anatomie war er auch Generalinspekteur des französischen Unterrichtswesens, Mitglied des angesehenen Stadtrates und sogar Kandidat für das Amt des Innenministers gewesen.

Ich war erstaunt über die Selbstverständlichkeit, mit der er in heutigen Kommentaren als »Rassist« bezeichnet wurde. Als

»Pseudowissenschaftler« soll er verwerfliche, voreingenommene Ideen verbreitet haben, und an seinem Interesse für die Geschlechtsteile der »Hottentotten-Venus« könne man seinen perversen Charakter erkennen. »Herr Cuvier hatte die toten Augen eines Schafs«, urteilte eine südafrikanische Künstlerin, nachdem sie sein Porträt studiert hatte.

Ich sah einen wachen Blick, arrogant vielleicht, aber alles andere als dämlich.

Und George Cuvier *war* ein Genie. Ich las, dass er sich als Privatlehrer eines Grafen in der Normandie die Anatomie zu Eigen gemacht hatte, indem er Seesterne, Krabben und Muscheln aufschnitt, die er am Strand fand. Mit 26 Jahren, 1795, hatte man ihn ins Muséum national d'Histoire naturelle geholt, weil er mit seinen Kenntnissen vom Aufbau lebender Wesen alle faszinierte. Aus nahezu jedem Häufchen fossiler Knochen rekonstruierte er das ursprüngliche Skelett, auch wenn sich die Konturen eines bislang unbekannten Geschöpfes ergaben.

Schon seit längerer Zeit hegte man die Vermutung, Tiere könnten aussterben, doch der Gedanke galt durchweg als ketzerisch: Alles, was Odem hatte, war von Gott geschaffen und für gut befunden worden (»und Gott sah, dass es gut war«). Den frommen Bibelexegeten zufolge war die Schöpfung ein Ganzes – da konnte nichts mehr hinzugefügt oder weggenommen werden. George Cuvier war nicht weniger fromm (er setzte sich sein Leben lang für die protestantische Kirche ein), überzeugte aber Freund und Feind davon, dass vorweltliche, inzwischen ausgestorbene Tiere über den Erdboden gekrochen waren. Cuvier vertrat folgende Theorie: Die sibirischen Mammuts und andere verschwundene Tierarten hatten die großen Katastrophen, welche die Erde von Zeit zu Zeit heimsuchten, nicht überlebt. Und eine dieser Katastrophen, von ihm »révolutions« genannt, war möglicherweise die Sintflut. Mit dieser Erklärung schlug er die entscheidende Brücke zu den Bibelgelehrten seiner Zeit. In den Worten eines seiner Biographen hieß das, Cuvier habe einen Pakt »zwischen dem Mikroskop und dem Weihwasserbecken« geschlossen. Obwohl er Entdeckungen über das irdische Leben machte, die dem widersprachen, was die Bibel lehrte, gelang es ihm, eine Konfrontation mit der Kirche zu vermeiden.

Cuvier selbst betonte nachdrücklich, er stütze sich lediglich auf »positive Fakten«, auch wenn er zugeben müsse, dass es Bereiche gäbe, in denen der Glaube und nicht »die positiven Fakten« regiere. So verwarf er grundsätzlich den Gedanken, es könne auch einen prähistorischen Menschen gegeben haben, und er verschloss sich den Ideen seines Fachkollegen Jean-Baptiste Lamarck, der entdeckt hatte, dass sich Organismen ihrer Umgebung anpassen konnten und manche dieser neu entwickelten Eigenschaften von Generation zu Generation übertragbar waren, kurzum, dass es so etwas wie eine Evolution der Arten gab. Im Jahre 1809, als Lamarck seine Erkenntnisse veröffentlichte, fasste man diese Vorstellung als Provokation auf, als Angriff auf den Schöpfergott. Ausgerechnet George Cuvier hatte Lamarcks erwachenden Evolutionsgedanken mit beißendem Spott abgetan. Die Idee, »ein Polyp könne sich stufenweise zu einem Frosch, einem Schwan oder einem Elefanten entwickeln«, so Cuvier, »kann vielleicht nur einen Dichter verführen.« Lamarck habe sich bedauerlicherweise durch seine Phantasie mitreißen lassen.

Mir wurde klar, dass die Idee »Evolution« nicht zu Cuviers Denkwelt passte, weil sie sich nicht in sein Lebenswerk fügte: die Entwicklung einer Rangordnung aller bekannten, von Gott geschaffenen Wesen, von »hoch« bis »niedrig«. Und eine solche Ordnung stand und fiel mit der Unveränderlichkeit der Arten. Um den Jahreswechsel 1815/16, als Cuvier den Leichnam Sara Baartmans sezierte, legte er gerade letzte Hand an sein magnum opus, ein vierteiliges Werk mit dem imposanten Titel *Le règne animal*.

Mit seiner Klassifikation baute George Cuvier weiter am *Systema Naturae*, das der Schwede Carolus Linnaeus 1758 eingeführt hatte. Obwohl verschiedene solcher Gesamteinteilungen mit immer besser ausgearbeiteten Kriterien entstanden (durch die der Orang-Utan den Platz vom »König Löwen« eingenommen hatte), gingen doch alle von einer unverrückbaren Hierarchie der Arten aus. Die verborgene Botschaft lautete, ein jedes Geschöpf, von der einfachsten Amöbe bis zum Menschenaffen und dem Menschen, habe seinen festen, von Gott zugeteilten Platz.

Wer wie Cuvier nach Verfeinerungen suchte, ordnete zudem die Varianten einer jeden Art. Unter dem Homo sapiens hatte Linnaeus bereits zwischen der europäischen (weißen), asiatischen (gelben), amerikanischen (roten) und afrikanischen (schwarzen) Rasse unterschieden, wobei er auch die Charaktereigenschaften erwog. So war er zu einer Hackordnung gelangt, die vom »geistig schwerfälligen Neger« bis zum »innovativen« weißen Europäer reichte, der als natürlicher Führer an der Spitze der langen Kette des Seins (nach Gott und den Engeln) stand.

George Cuvier hatte mit seiner seit 1803 ständig erweiterten anthropologischen Sammlung nur ein Ziel: Er wollte vergleichende Rassenanatomie betreiben. Daher rührte auch sein Interesse am abweichenden Körperbau der »Hottentotten-Venus«. Abgesehen vom Aspekt der Besonderheit, der ihn auch angezogen haben mag, war er auf der Suche nach Merkmalen, die »primitive« Menschenrassen von »entwickelten« unterschieden.

Aus seinen gesammelten Kenntnissen schloss er eine Minderwertigkeit des negriden Afrikaners, den er als den »degeneriertesten Menschentypus« klassifizierte. Das Äußere des schwarzen Menschen käme an »das des Tieres« heran, meinte Cuvier, und seine Intelligenz sei »für reguläre Regierungsformen unzureichend«. Spezielle Aufmerksamkeit widmete er den Hottentotten und Buschmännern, weil sie als Mitglieder der menschlichen Familie (das gerade noch) den Affen seiner Meinung nach am nächsten standen (eine Stufe über dem Orang-Utan).

Hatte Jean-Jacques Rousseau einen jungen Hottentotten als Modell für seinen edlen Wilden genommen, entdeckte George Cuvier ein halbes Jahrhundert später bei Saartjie Baartman eine

Schädeldelle, ein Merkmal, von dem er befürchtete, es habe sie und ihr Volk »zur ewigen Untergeordnetheit« verdammt. Mich faszinierte das Mitgefühl, das er dabei durchschimmern ließ. Der große Gelehrte räumte ein, dass ihm diese Feststellung schwerfiele und Leid täte. Aber es sei eben nicht anders, es ginge hier nun einmal um ein »grausames Gesetz der Natur«.

Piotr hatte einen halben Liter Bier bestellt, Christina Kakao. Während ich las, beobachteten sie mich über ihre Gläser hinweg.

»South African Institution, 12. Mai 1831
Monsieur,

Je profite du retour de mon frère dans notre bonne ville de Paris ..., um Ihnen die Ankunft einer reichhaltigen Sammlung von Objekten aus diesem Teil Afrikas mitzuteilen. Wie ich annehmen kann, finden sich in allen Kategorien neue Objekte, vor allem unter den Fischen und den Reptilien, die in Spiritus konserviert wurden, sowie unter den Säugetieren und Vögeln. Sie werden sehen, dass wir nichts unversucht ließen, uns seltener und in Ihrem umfänglich sortierten Museum ganz fehlender Stücke zu bemächtigen.
Das sicherlich nicht uninteressanteste Objekt unserer Kollektion ist ein ausgestopfter Betjouana, der vortrefflich konserviert ist und der mich fast das Leben gekostet hätte, da ich mich zwecks seiner Erlangung genötigt sah, ihn nachts an einem Ort auszugraben, der von seinen Verwandten bewacht wurde.

Ich habe die Ehre, als Ihr ergebenster Diener zu verbleiben,
Jules Verreaux.«

Ich drehte die DIN-A4-Seite um, die Rückseite war weiß.

»Ist es sicher, dass er sich an Cuvier wendet?«

Piotr zeigte auf den Archivcode: »Lettre de Jules Verreaux à Cuvier – pièce 54, manuscrit 3253, Fonds Cuvier«.

»Das ist das Einzige, was ich finden konnte«, sagte er fast entschuldigend. Er hatte auch gleich nach einer Antwort Cuviers gesucht, aber die fehlte.

Ich las die beiden Abschnitte noch einmal – was konnte man daraus schließen? Offenbar hatte Jules Verreaux den Tod des Betjouana aus der Nähe miterlebt. Kannten sie sich? Hatte Jules sein Begräbnis aus der Entfernung, wie ein Aasgeier, beobachtet?

»Vielleicht war er einer seiner Helfer«, meinte Christina.

Wir nickten – diese Möglichkeit schien realistisch.

»Wenn Jules Verreaux sein Leben für den Betjouana eingesetzt hat«, sagte ich, »dann wollte er ihn auf jeden Fall in seinen Besitz bekommen.«

Piotr schaute abwägend wie ein Krämer. »Er kann sich die Geschichte auch ausgedacht haben, um ihn besser zu verkaufen.«

Da hatte er Recht. Es war noch nicht einmal auszuschließen, dass Jules Verreaux seinen ausgestopften Menschen selbst getötet hatte. Wie auch immer, meinte ich, man hatte George Cuvier den Betjouana angeboten, er hatte ihn in der Rue Saint Fiacre gesehen, aber nicht gekauft. »Warum nicht?«

Piotr zuckte mit den Schultern. »Zu teuer, nehme ich an. Die Gebrüder Verreaux waren echte Händler.«

Ich äußerte die Vermutung, dass der Reiz des Neuen vielleicht schon verblasst gewesen sei, weil sich in der Zwischenzeit die »Hottentotten-Venus« angedient hatte.

»Könnte sein«, meinte Piotr. Seiner Einschätzung nach hatte El Negro in Frankreich kein großes Aufsehen erregt, auch wenn er vermutlich jahrelang als Blickfang im Maison Verreaux gestanden hatte. »Für die weitere Suche müsstest du nach Spanien«, sagte er.

»Oder nach Afrika«, meinte Christina – das schien ihr viel spannender, weil man dort Giraffen in freier Wildbahn begegnen konnte.

Beides hatte ich vor.

Der Leuchtende Pfad

Peru, 1987

Bei meinem Entree in Peru umgab mich unverhoffter Luxus: Breit ausgestreckt auf dem Rücksitz eines cremefarbenen Dodge mit offenem Dach und verchromten Stoßstangen, die Haare im Wind – so schwebte ich über den Circuito de Playas, den See-Boulevard am Fuße der bröckligen Klippen, auf denen sich das Stadtmonster Lima erstreckt.

Die Luft war nebliggrau, nur an der Stelle, wo die Sonne auf die Schleierwolken brannte, gab es einen Hauch helles Licht. Der Spiegel des Stillen Ozeans zeigte dasselbe Grau wie die Atmosphäre darüber, so dass sich der Horizont nicht als Streifen abzeichnete, sondern man ihn nur erahnen konnte.

Ich kam wegen eines Praktikums als Entwicklungshelfer und um Material für eine Feldstudie meiner Abschlussarbeit zu sammeln. In Peru würde ich meine Naivität wieder wettmachen, mit der ich als Zwanzigjähriger in die Karibik gegangen war. Seit Jamaika waren zwei Jahre vergangen, in denen ich mich mit Vermessungskunde, Hydraulik, Bodenchemie und Theorien über die Ursachen von Unterentwicklung vollgesogen hatte. Die Analyse der ungleichen Verhältnisse in der Welt war eine Beschäftigung, die viele Studenten der Tropischen Kulturtechnik in Wageningen zu sehr düsterem und linientreuem Denken anspornte. Die Kompromisslosesten vereinigten sich im »Imperialismus-Kollektiv« (dem »IK«), wo sie verkündeten, Entwicklungshilfe sei die Fortsetzung des Kolonialismus mit anderen Mitteln. Da mache man nicht mit, sonst verkaufe man die Revolution für einen Teller Linsen. Ich war weniger dogmatisch als die »IKler« und wollte – sei es auch nur mir selbst gegenüber – beweisen, dass Entwicklungshilfe etwas Sinnvolles war. Oder zumindest sein konnte.

Natürlich hätte ich nach Nicaragua, Mosambik oder in eine andere sozialistische Tropenrepublik gehen können. Aber ich ging nach Peru – ein Land, das immer stärker unter den Einfluss des »Sendero Luminoso« geriet, des »Leuchtenden Pfades«: der blutigen Guerilla eines Philosophielehrers, der sich »Kamerad Gonzalo« nennen ließ. Doch Peru war auch das Land von Mario Vargas Llosa: einer der wenigen lateinamerikanischen Schriftsteller, der »die verschlissene Hose der Demokratie« der Revolutionsgewalt vorzog.

In allem, was ich zuvor gelesen hatte, war ich gewarnt worden, dass die peruanische Gesellschaft völlig gespalten sei: Es gab das Peru der Küste (mit den europäisch orientierten Städten) und das Peru der Berge (mit den nach innen gewandten Dörfern der Indios), zwei Pole, zwischen denen es knisterte und funkte.

Ich ließ mir meine VIP-Einreise entlang der Strände von Lima im vollen Bewusstsein, dass ich noch genügend Zeit in dem anderen Peru verbringen würde, gern gefallen. Ich verdankte diese Fahrt einer Peruanerin namens Blanca, einer Modedesignerin, mit der ich zehn Stunden Ellenbogen an Ellenbogen im Air-France-Flug ab Paris gesessen hatte. Bei unserer Ankunft hatte sie mir eine Mitfahrgelegenheit in ihrem Dodge angeboten, mit dem ihr Mann auf sie wartete.

Blanca rückte ihre Sonnenbrille zurecht, die sie wie ein Diadem in den Haaren trug, und schlug vor, mich, ihren ausländischen Gast, zu einer *cebiche* einzuladen. »Kennst du *cebiche*?«, fragte sie. »Roher weißer Fisch, mariniert in Zitronensaft, Knoblauch und spanischem Pfeffer.«

»Ein prima Rezept gegen Kater«, ergänzte ihr Ehemann Carlos. Er hatte sich als Oberst der PIP vorgestellt, der Policía de Investigaciones de Peru. Aber er trug keine Uniform, und dies war ganz offensichtlich nicht sein Dienstwagen.

Blanca sog die Ozeanluft ein und meinte: »*Cebiche* aus Seeteufel ist das Herrlichste überhaupt.«

Carlos drosselte die Geschwindigkeit und lenkte seinen Dodge auf einen Pier, eine Landungsbrücke auf Säulen, die 200 Meter ins Meer ragte. Es war Millimeterarbeit. Ohne das Geländer zu schrammen, fuhren wir zu einer Plattform direkt über den Wellen, die als Drive-in-Restaurant diente. »Die Nautische Rose« – allem Anschein nach die peruanische Antwort auf McDonald's. Angestellte mit glattem Haar und indianischen Gesichtern (*Cholos,* wie Blanca sie nannte) liefen hin und her. Sie trugen Kittel mit Nummern auf dem Rücken und hakten in jedes offene Fenster einer Autotür ein Tablett mit Platzdeckchen und Besteck ein.

Blanca genoss. Sie zeigte auf die Klippen des Viertels Barranco, einen Kilometer entfernt. »Da hinten wohnt Mario Vargas Llosa.« Viel mehr als ein Saum von über Mauern hängendem Grün, der Pfahl einer verblühten Agave und hier und da ein Dach mit einer Fernsehschüssel war nicht zu erkennen.

»Früher sah man ihn hier immer joggen«, sagte Blanca. Sie wusste zu berichten, dass Mario Vargas Llosa inzwischen in einem gepanzerten Volvo fuhr und seit kurzem auch einen Leibwächter hatte.

Im Flugzeug hatte ich *Maytas Geschichte* gelesen, ein Buch, in dem der Autor versucht, den Guerillakampf in Lateinamerika von seiner romantischen Aura zu befreien. Der Held der Geschichte, oder eigentlich der Antiheld, war Trotzkist, der in seinem Leben zahllose – missglückte – Anläufe zur Revolution gemacht hatte. Vargas Llosa beschreibt Alejandro Mayta als eine »Röntgenaufnahme der peruanischen Tragik«, als einen der Ersten, die für eine lange Periode charakteristisch sein sollten.

Blanca hatte erzählt, sie sei dem Chaos in Lima für eine Woche entflohen, die häufigen Stromstörungen würden sie verrückt machen. Sobald das Licht ausfiel, käme es zu Plünderungen und Schießereien. »Es hört nicht auf«, sagte sie. »Schon dreimal ist mir der gesamte Tiefkühlvorrat verdorben.«

»Stecken Rebellen dahinter, die Hochspannungsmasten in die Luft sprengen?« fragte ich.

»Rebellen? Banditen! *Cholos*, Terroristen. Wenn wir im Dunkeln sitzen, entzünden sie auf dem Berg San Cristobál Freudenfeuer in Form von Hammer und Sichel.«

Blanca war eine Bewunderin von Mario Vargas Llosa, vor allem seiner politischen Überzeugung. Wie er war sie der Meinung, Peru könne »eine zweite Schweiz« werden, genauso wohlhabend und kultiviert. Während sie zu dem Felsen sah, wo sein Haus lag, zitierte sie noch ein weiteres Glaubensbekenntnis von ihm: »Arme Länder können sich heutzutage dazu entscheiden, reich zu werden.« Die Ausbeutungsgeschichte sei ein hohles Echo aus der Kolonialzeit und eine lahme Entschuldigung, hinter der man sein eigenes Unvermögen verstecken könne.

»Das ist doch einfach eine Tatsache, oder?« meinte Blanca. Ich wollte nicht in eine Diskussion einsteigen und schaute zur Seite, zu den Surfern, die gleich hinter der Brandung auf Wellen lauerten. Wie Seehunde sehen sie aus, dachte ich, wenn sie so in ihren Taucheranzügen herumdümpeln.

Ein Mädchen mit einer 9 auf Brust und Rücken kam, um die Bestellungen aufzunehmen. »Drei *cebiche* und drei pisco«, sagte Blanca.

»Kein pisco für mich«, meinte Carlos zu seiner Frau. »Ich muss gleich zurück zu meiner Arbeit.«

Blanca wollte gerade das dritte pisco durch eine Cola ersetzen, als ihr die Kellnerin ins Wort fiel.

»Nehmen Sie es uns nicht übel, Señora, aber wir haben keine *cebiche*.«

»Keine *cebiche?*

»Es ist nicht unsere Schuld, Señora, aber das Ministerium für Volksgesundheit hat den Verkauf von rohem Fisch verboten.«

»Doch nicht wegen dieser paar Typhusfälle in Callao?« wollte Carlos wissen.

»Doch, Señor«, sagte das Mädchen entschuldigend.

Callao war die Huren- und Hafengegend, ein Vorposten von Lima, wo sich alles nur denkbare Elend häufte. Ausgerechnet jetzt, im Januar 1987, brach diese Eiterbeule auf.

Die Luft auf der Hochebene der Zentralanden fühlte sich dünn und trocken an wie in einer Frostnacht. Wer sich hier, direkt aus dem Tiefland kommend, absetzen ließ, dem war während der ersten 48 Stunden schwindelig wegen der *soroche,* der Höhenkrankheit. Doch es war ein angenehmes Gefühl, das einem ermöglichte, die Umgebung bei einer leichten Kost aus Keksen und Cocatee in aller Ruhe in sich aufzunehmen.

Die Hochebene, auf der ich gelandet war – der Altiplano – lag 4000 Meter über dem Ozean bei Lima. Der tiefste Punkt war der Titicacasee (3812 Meter über dem Meeresspiegel gelegen) – eine Wassermasse, die sich über eine Länge von mehr als 150 Kilometer erstreckte, bis nach Bolivien. Den peruanischen Indios galt der Titicacasee als Nabel der Welt, das Urwasser, dem einst der Schöpfer des Kosmos entstiegen war. Dieser Manco Capac, Gründer des Inkareiches, war an einem Schilfufer an Land gegangen, dort, wo heute die Stadt Puno liegt.

Das Puno des Jahres 1987 besaß einen Bahnhof (von dem aus die Pullmanwagen zur Inka-Ruine Machu Picchu abfuhren), einen Freiluftmarkt für Alpakapullover und chilenische Schmuggelware, eine solide Kathedrale aus der Zeit der Spanier und viele Viertel mit Zinkdächern und ohne Kanalisation, die den Berghang immer höher hinaufkletterten. Im Straßenbild fiel die Dichte der allradgetriebenen Autos auf; an den Kais des Titicacasees, zwischen den Fahrradtaxis und den verstaubten Lastwagen, konnte man die Jeeps der Hilfsorganisationen problemlos herausfischen: stolze Wagen, die hoch auf ihren Reifen thronten, immer sauber und auf den Türen die absonderlichsten Buchstabenkombinationen: GTZ. Arbol Andino. VSO. CARE-Peru. CoDeCAm. Auf der Ladefläche über den Staubwolken saßen lachende Peruaner mit Baseballkappen, die Assistenten der westlichen Entwicklungshelfer. Das war die Welt der NROs, der Nicht-Regierungs-Organisationen. In Puno waren 88 von ihnen registriert, jede mit ihrem eigenen Logo und Spezialgebiet (die Deutschen führten Sonnenenergie ein, die Finnen ein besonders widerstandsfähiges Bäumchen, das auch in 4000 Metern Höhe wachsen sollte).

Während der ersten Hälfte meines Jahres in Peru fiel ich unter die Obhut der SNV, der Stichting Nederlandse Vrijwilligers (Stiftung Niederländischer Freiwilliger). Puno war der Standort der drei Freiwilligen der SNV: ein Soziologe, ein Viehzuchtexperte und ein Kulturtechniker (mein Praktikumsbegleiter). Das V für Vrijwilligers musste man nicht wörtlich nehmen; die Leute von der SNV waren Berufshelfer mit normalem Einkommen, *hardship-* (eine Art Gefahren-)Zulage und alle paar Monate bezahltem Urlaub.

Ich fand es gerechtfertigt, dass Entwicklungshilfe kein Ehrenamt war, musste aber doch erstaunt feststellen, dass der am niedrigsten bezahlte westliche Experte kaum schlechter gestellt war als der reichste Einwohner Punos (der Chef der Coca-Cola-Abfüllstelle).

Ich hatte mir zwar vorgenommen, nicht weiter an die Guerilladrohungen von »Kamerad Gonzalo« zu denken, aber das war unmöglich. Sie drängten sich selbst auf, gleich während der ersten Begegnung mit meinem Praktikumsbegleiter Rik Kaptein.

»Lass uns Folgendes vereinbaren«, sagte Rik. »Verwende nie den spanischen Begriff ›Sendero Luminoso‹. Erst recht nicht im Beisein von Peruanern. Sag immer ›Leuchtender Pfad‹ oder besser noch ›Der Pfad‹.«

Rik sah unerschrocken aus, vor allem durch die Stoppeln seines Zwei- oder Dreitagebarts. Setzte er seinen Filzhut auf, konnte er als *ranchero* durchgehen, als argentinischer Viehbauer. Die Peruaner reichten nicht höher als bis zu seinem Schlüsselbein und schauten so buchstäblich zu ihm auf. Rik, der aus Höflichkeit oder Gewohnheit die Schultern etwas hängenließ, hatte jedoch Grund zur Besorgnis: Eines Abends kurz vor meiner Ankunft war er von einem Jeep ohne Nummernschilder auf einem Sandweg der Hochebene zum Anhalten genötigt worden. Drei bewaffnete Männer in Zivil waren aus dem Auto gesprungen und hatten ihn gezwungen, sich breitbeinig vor sie hinzustellen, die Hände flach auf dem Dach des Toyota Hilux. Während sie ihn durchsuchten, fragten sie: »Arbeitest du für den Staat?«

Das war eine Fangfrage, noch dazu eine hundsgefährliche. Gehörten die Männer zu einem Kommando des Pfades, lautete die richtige Antwort: Nein! Gehörten sie zu den Buffalos oder anderen paramilitärischen Verbänden, welche die Gegend auf »subversive Elemente« durchkämmten, dann war die Antwort natürlich: Ja!

»Nicht direkt«, sagte Rik. Er hatte noch eine ziemlich technische Geschichte drangehängt, über eine Pumpstation, die er gerade baute und die das Wasser für die Bewässerung stauen sollte – und durfte weiterfahren.

Abends zu reisen war von nun an tabu.

Puno und Umgebung waren bislang noch von Gonzalos Guerilla verschont geblieben, und das sollte auch so bleiben. Die Konzentration ausländischer Hilfe war als Alternative zum bewaffneten Kampf gedacht. In diesem Sinn trug jedes Allradfahrzeug eine gleichlautende Botschaft: Entscheide dich für den Aufbau und gegen die Zerstörung.

Ich fragte mich, wie es Gonzalo gelang, Rekruten zu werben, denn als Führer war er vollkommen unsichtbar. Das einzige Foto von ihm war ein Polizeischnappschuss aus dem Jahre 1970 (also inzwischen 17 Jahre alt), das in Postämtern aushing. »Gesucht: Abimael Guzmán Reynoso. Geboren: 3. Dezember 1934. Größe: 1,72 Meter. Personenbeschreibung: breiter Nacken, rundes Gesicht, weit auseinander stehende Augen, schwarze, leicht gelockte Haare.«

Meiner Rechnung nach musste er nun 53 Jahre alt sein. Von Guzmán alias Gonzalo waren, abgesehen von der Tatsache, dass er wie Mario Vargas Llosa aus der Stadt Arequipa stammte, lediglich dunkle Hintergründe bekannt. Der Schriftsteller und der Philosoph waren zwei Kometen aus derselben Geburtsstadt, die in ihrem Denken immer extremere Wege einschlugen und sich auf diese Weise weiter voneinander entfernten. Mario Vargas Llosa war abtrünniger Kommunist, der sich zum Neo-Liberalen mit einer Schwäche für Margaret Thatcher entwickelt hatte, während Abimael Guzmán beim

Maoismus gelandet war, oder besser gesagt: beim »Gonzalismus«, einer von ihm erdachten, von der Inka-Mythologie vage inspirierten Version des Maoismus. Gonzalo sah sich selbst als »das vierte Schwert der Weltrevolution«, nach Marx, Lenin und Mao. Wie Isaac Newton die Schwerkraft entdeckt hatte, so glaubte Abimael Guzmán, den Klassenkampf als kosmische Erscheinung deuten zu können, deren Keim bereits beim Urknall vorhanden gewesen sei. Seither bewege sich alle Materie unaufhaltsam auf die kommunistische Ordnung zu, und das Einzige, was diesen Prozess beschleunigen könne, sei der gezielte Einsatz von »russischem Käse« (Bomben, wie ich verstand, bestehend aus einem explosiven Gelee, gefüllt mit einigen hundert Gramm Nägeln).

Der Ort, an dem Rik das Pumphaus installierte, lag auf einer Halbinsel im Titicacasee. Trotz all des Süßwassers, das sie umspülte, mussten die Bewohner immer häufiger zusehen, wie ihre Kartoffel- und Maisernte verdorrte. Offensichtlich war eine Klimaveränderung eingetreten (Meteorologen gaben der Klimaanomalie *El Niño* die Schuld), wodurch dieser Teil Perus unter größerer Trockenheit litt als zuvor. Riks Vorgänger, Techniker eines niederländischen Ingenieurbüros, hatten deshalb ein Bewässerungssystem angelegt, das von einer schwimmenden Pumpstation aus gespeist werden sollte. Aber diese Pumpe hatte noch nie funktioniert, und so zogen die Männer der Halbinsel zwischen der Saat- und Erntezeit nach Puno oder Lima, um als Träger oder Fahrradtaxifahrer Geld dazu zu verdienen; sie glaubten nicht mehr an die Pumpe.

»Darf ich dich um etwas bitten?« fragte mich mein Praktikumsbegleiter. »Urteile nicht vorschnell.« Entwicklungshilfe war seiner Ansicht nach eine Sache des langen Atems, oft ohne sicht- oder messbare Ergebnisse. Es war etwas, das man tat, weil Nichtstun erst recht zu nichts führte.

Ich fand, dass er die Dinge zu düster sah; schließlich war es doch eine Tatsache, dass man durch Bewässerung Missernten und damit auch Hunger vorbeugen konnte.

»Theoretisch ja«, sagte Rik. »Ich sage ja auch nicht, dass wir unsere Ziele aufgeben sollten. Denn darum geht es doch in der Entwicklungshilfe: um Ziele.«

Er gab mir ein Enduro-Motorrad, eine Yamaha mit 85 Kubik. Damit brauchte ich über sumpfige Wege an den Seeufern entlang zwei Stunden bis zur Spitze der Halbinsel und war so eine Stunde schneller als der Geländewagen, der auf die Makadamwege angewiesen war.

Während unserer Feldarbeit schliefen wir in einer Baubaracke mit Blick auf den Illampu, einen Sechstausender auf der bolivianischen Seeseite. Oft war die Luft dünn und klar genug, um die Gletscherwände vor dem blauen Himmel erkennen zu können, aber sobald sich Wind erhob, veränderte sich ihre Farbe von Grau zu Tiefblau, und der Illampu war verschwunden.

Morgens wuschen wir uns, indem wir schnaubend ins Eiswasser sprangen, abends brieten wir Forellen oder aßen Brot mit Corned Beef, das wir mit chilenischem Wein runterspülten. Ich lernte die Bauern und Bäuerinnen kennen, für die das Wasser aus der Bewässerungsanlage bestimmt war. Sie hatten den Bau an diesem System begrüßt, und auch wir waren willkommen. Manchmal bekamen wir einen Sack Kartoffeln oder zusätzliche Decken aus Lamawolle, wenn es nachts ein paar Grad unter Null war. Ich fühlte mich wohl – so hatte ich mir Entwicklungshilfe vorgestellt.

Die Idylle blieb intakt, bis eines Tages gegen Mittag Elián auftauchte, einer der peruanischen Mitarbeiter der Stiftung. Er war in einem gemieteten Motorboot zu unserer Bauhütte gekommen, um uns zu warnen, dass »Der Pfad« in San Juan de Salinas zugeschlagen hatte, einem Dorf nur wenige Kilometer von unserer Halbinsel entfernt. Mit zugeschnürter Kehle hörten wir uns die Details an: Eine so genannte Vernichtungszelle unter Befehl einer 19-jährigen Studentin war drei Tage zuvor in das Dorf eingefallen, um ein Volkstribunal abzuhalten. Die Studenten schleppten den Bauernführer Zenobio Huarsalla an den Haaren zur Plaza de Armas, weil er sich negativ über den »Pfad« ausgelassen hatte. Sie zwangen ihn auf die Knie und drückten dem Geknebelten einen Gewehrlauf in den Nacken. Die 19-jährige spielte Anklägerin und Scharfrichterin zugleich. Sie beschuldigte Huarsalla des Volksverrats und schoss ihm am Ende ihrer Ausführungen durch beide Schläfen. Ihre Kameraden fingen sein Blut in einer Konservendose auf und schrieben damit »Puka Llacta« – Rote Erde – an die Tür des Gemeindehauses.

Die NROs in Puno beschlossen nach eilig anberaumter Beratung, ihre Mitarbeiter nicht mehr im Wohngebiet der Quechua-Indios übernachten zu lassen. Unsere Halbinsel fiel gerade noch in die Gefahrenzone. Ich fand das ausgesprochen schade, auch wenn ich verstand, dass wir keine andere Wahl hatten.

So zersplittert und klein die »Weltrevolution« von Guzmán alias Gonzalo auch war, schob sie sich dennoch allmählich Richtung Puno. Schätzungen zufolge zählte »Der Pfad« gerade mal ein paar Hundert Kämpfer, aber ihre Taten ließen sich kaum noch als brutale Dummheiten abtun. Den aktiven Kern bildeten Pädagogikstudenten aus Ayacucho, die 1980 auf Anweisung ihres Philosophiedozenten unter dem Motto »Wahlen: Nein! Bürgerkrieg: Ja!« ein paar Wahlurnen explodieren ließen. Zu Beginn beschränkte sich der Kampf auf einige isolierte Täler im Departement Ayacucho. Die Rebellen überfielen eine Mine, stahlen Dynamit und Lunten, und jagten hier und da Hochspannungsmasten in die Luft. Militär- und Polizeipatrouillen kamen ständig zu spät und brachten dann aus Frustration und Verzweiflung ebenso viel Tod und Verderben wie Gonzalos Kämpfer, da sie viele Indios der Unterstützung von Gonzalo verdächtigten und rücksichtslos gegen sie vorgingen.

Das Peru der Küste bekam vom schmutzigen Krieg im Hinterland nichts mit, bis zu dem mysteriösen, fast rituellen Mord an acht Journalisten, davon sieben aus Lima, im Bergdorf Uchuraccay im Jahre 1983. Nach der Version des Militärs, die höchst unglaubwürdig erschien, waren hierfür die Indios verantwortlich gewesen: Sie seien beim Anblick der Kameras, die sie für Gewehre hielten, so außer sich geraten, dass sie den acht Journalisten die Augen ausgestochen, sie gesteinigt und bäuchlings begraben hätten (damit ihre Seelen im Erdinneren verschwänden). Die Regierung in Lima schaltete nach Protesten Mario Vargas Llosa ein, um den wahren Sachverhalt zu untersuchen. Sein Abschlussbericht, in dem zum Entsetzen der Angehörigen der ermordeten Journalisten die Regierungsarmee frei gesprochen wurde, ließ sich kaum als ausgereifter Tatsachenbericht bezeichnen. Er mündete in einem leidenschaftlichen Plädoyer, das *alle* Peruaner für diese Gräueltat verantwortlich machte. Warum? Weil sie gemeinsam vor der Unterentwicklung der Anden die Augen verschlossen hätten, in der die Indios in »archaischen« und »feudalistischen« Verhältnissen lebten.

Das war, so allgemein gesagt, sicher richtig, ging aber völlig an der Realität der Foltermethoden vorbei, die Armee und Polizei unter Berufung auf den Ausnahmezustand anwandten, um »Informationen« von der Bevölkerung zu erhalten. Von Rik hörte ich, dass in Zivil gekleidete Offiziere der Policía de Investigaciones de Peru, der verdeckt arbeitenden Ermittlungspolizei zum Aufspüren von Drogenkriminalität und politischer Subversion, am meisten gefürchtet waren. »Der Pfad« schien auf dem Boden von Gewalt und brutalem Auftreten des Staates zu gedeihen. Wir sahen die Armeekonvois über die Hochebene donnern, auf dem Weg zu immer neuen, von der Guerilla »infizierten« Provinzen. Und doch, als folge er einer Gesetzmäßigkeit, hatte Gonzalo noch nie außerhalb der Gebiete der Quechua-Indios zugeschlagen. Für uns in Puno war dies ein magerer Trost: Die Grenze zwischen den Aymará-Indios im Süden und den Quechuas im Norden verlief mitten durch die Stadt.

Ich ließ die Yamaha stehen und stieg zu Rik in den Geländewagen. Wir wollten unsere Arbeit nicht aufgeben, obwohl wir wegen des Übernachtungsverbots von nun an die Hälfte des Tages mit Hin- und Herfahren verloren.

»Zynismus ist der größte Feind der Entwicklungshilfe«, sagte Rik. »In unserem Fach lauert er immer.«

Um die Löcher und Dellen im Straßenbelag so wenig wie möglich zu spüren, fuhren wir mit einer Geschwindigkeit von

70 Kilometern pro Stunde; wenn man sich umschaute, sah man nichts als Staub.

Als ich meinen Praktikumsbegleiter nach seinen beruflichen Zielen fragte, antwortete er: »Sehr gut werden in der Arbeit, die ich jetzt mache.«

Riks Aufgabe war, den Bauern den Umgang mit dem Bewässerungssystem beizubringen. Solange kein Wasser floss, schraubten wir an den Perkins-Motoren auf dem Floß vor dem Ufer herum. Eine Leistung von 75 PS genügte, um die Pumpe anzutreiben, aber das Wasser kam nicht hoch genug, um in die Bewässerungsrinne auf dem Berghang zu fließen. Die Entwerfer hatten einen Fehler gemacht: Sie waren von der Situation auf Meeresniveau, wie man sie in den Niederlanden erwarten konnte, ausgegangen, dort beträgt der durchschnittliche Gegendruck 1000 Millibar. Aber den Wirkungsgradverlust, der auftrat, wenn man dieselbe Anlage in der dünnen Atmosphäre auf 3812 Metern Höhe einsetzte, hatten die Ingenieure übersehen.

Wir dachten intensiv über eine Lösung nach, doch wir bekamen keine Chance, uns zu beweisen: Ende April 1987 wurden die von den Quechuas bewohnten Ufer des Titicacasees auch tagsüber für unsicher erklärt.

Nachdem mein Praktikum vorzeitig abgebrochen war, lief ich sechs Wochen lang mit Durchfall und Bauchkrämpfen herum. Ich war missmutig, fühlte mich schlapp, und allmählich überfielen mich typische Heimwehsymptome. So träumte ich eines Nachts von einem Flugzeug, das über die Landebahn rollte. In der Abflughalle eines Flughafens kam eine Stewardess auf mich zu: Sie habe mein Jahresrückflugticket Amsterdam-Lima umgebucht, und ich könne jetzt sofort mit. Ob ich freundlicherweise einsteigen wolle?

Ich nahm die Boardingkarte entgegen und suchte die dazugehörige Sitznummer. Aber als ich saß, überkam mich eine Welle übelkeiterregender Panik: Ich *musste* wieder hinaus. Wild mit den Armen rudernd, versuchte ich, mich zum Ausgang zu drängen.

Als ich aus diesem Albtraum erwachte, war ich erleichtert, nicht in einem Flugzeug auf dem Weg nach Hause zu sitzen. Zumindest wusste ich nun, dass ich in Peru offenbar noch nicht fertig war und tat, was ich längst hätte tun sollen: die katholische Caritas-Klinik besuchen. Der Laborant fand *giarda lamblia,* einen einzelligen Darmparasiten, den man mit irgendeiner Rosskur bekämpfen konnte.

Sobald ich wieder Appetit und Energie verspürte, begann ich, Pläne für meine Examensarbeit zu schmieden. Ich nahm mir vor, als Anthropologe in eine *comunidad campesina* einzutauchen, ein Dorf, wörtlich eine »Bauerngemeinschaft«, der Aymará-Indios. Ich wollte ein bereits vorhandenes und am besten jahrhundertealtes Bewässerungssystem beschreiben – und zwar nicht nur in technischen Begriffen. Denn ebenso wichtig wie das Bewässerungssystem waren mir die Traditionen rund um die Wasserverteilung, die Instandhaltung der Kanäle, die Rechtsprechung bei Konflikten. So eine Fallstudie würde Erkenntnisse für den Entwurf neuer Bewässerungssysteme in vergleichbaren Dörfern liefern können, aber natürlich war die gesamte Übung in erster Linie für mich selbst gedacht.

»Ein guter Forscher ist neugierig«, schrieb ich in das Konzept für meine Examensstudie, »aber wer schätzt die Neugier eines Außenstehenden?« Es kam auf Leistungen an – und was hatte ich zu bieten? Fachwissen?

Ein Studienfreund, der ein Bewässerungssystem in einem bolivianischen Dorf untersuchte, kämpfte mit den gleichen Fragen. »Ich habe hier Besuch von ein paar Experten der Universität Utah gehabt«, schrieb er mir aus Bolivien. »Sie fanden die Wasserverteilung sehr kompliziert. Ich finde sie auch kompliziert. Bin ich jetzt ebenfalls ein Experte?«

Wir waren davon überzeugt, dass die Wurzeln unseres Faches, der Tropischen Kulturtechnik, in den Kolonialgebieten von Surinam und Niederländisch-Ostindien lagen. Bis in die 50er Jahre wurden unsere Vorgänger noch in der *Kolonialen* Kulturtechnik ausgebildet, aus der eine jeweils gesonderte französische, britische und niederländische Entwurfschule für

Bewässerungsanlagen entstanden war (sah man Betonwasserrinnen auf Pfosten, wusste man, dass man sich im französischsprachigen Teil Afrikas befand). Anders als früher, werden heutzutage die Prinzipien des Wasserbaus und der Grundmechanik mit Soziologie und Anthropologie verbunden. Aber was die Tropische Kulturtechnik ganz wesentlich von der Kolonialen unterscheidet, ist deren Anwendung: Die gegenwärtige Generation von Studenten und Dozenten verspricht nichts Geringeres, als ihr Wissen und Können für die »Emanzipation der unterdrückten Gruppen in der Dritten Welt« anzuwenden. Diese Zielsetzung klingt heldenhaft, fast idealistisch, aber wie setzt man sie um?

Die meisten Entwicklungshelfer in Puno verstanden nicht, worüber ich mir Gedanken machte. Wenn sie für ihre Geldgeber eine Untersuchung in einem Dorf durchführen sollten, begannen sie sogleich mit dem Kuhhandel: Ihr bekommt einen Lagerschuppen für Saatgut oder eine Impfkur für das Vieh, wenn wir eine Umfrage machen oder eure Äcker vermessen dürfen. Es gab auch welche, die »Motivationsbeton« spendeten (für die Verstärkung von Bewässerungsgräben, die längst fest genug waren), um so ihre »Zielgruppe« zu begeistern.

Aus Widerwillen gegenüber dieser Mentalität suchte ich Anschluss bei einer peruanischen NRO des charismatischen Soziologen Dr. Álvaro Ortiz, der von seinen Mitarbeitern größte Hingabe verlangte. Ortiz war ein Macho, der endlose Monologe halten konnte. Wenn er redete (immer stehend), knickten seine Kniekehlen leicht ein, und er drehte sich auf den Absätzen seiner mexikanischen Stiefel. Er arbeitete prinzipiell nicht mit *gringos*. Ein *gringo* – ein Ausländer – war per definitionem nicht willkommen: Das Wort war eine Verballhornung von »green go home«, das ursprünglich gegen nordamerikanische Marinesoldaten in ihren grünen Uniformen gerichtet war. Aber weil ich weiter drängte, durfte ich mein Forschungsvorhaben auf der wöchentlichen Teamsitzung in seinem kleinen Büro in der Avenida Simón Bolívar erläutern. Ortiz verhörte mich, er höhnte und machte Unterstellungen (»Und nach einem halben

Jahr machst du dich mit einem wahren Schatz an Daten aus dem Staub!«), er fand, dass ich mir zu viel aufhalsen wollte und bezweifelte, dass ich ohne den Luxus von Elektrizität und Wasser auskäme.

»Mir reichen ein paar Kerzen und ein Eimer Wasser, um mich zu waschen«, sagte ich vollmundig.

»Das ist schön«, sagte Ortiz und wechselte auf einmal den Ton. »So jemanden brauchen wir.« Einen Augenblick schwieg er und schaute in den Kreis seiner Mitarbeiter, ob diese noch Fragen hätten.

»Okay«, schlussfolgerte er, »du kannst dich für uns im Dorf Cucho Esqueña an die Arbeit machen.«

Cucho Esqueña war eine *comunidad campesina* in Tarnfarbe: fahlbraun, aus dem Lehmboden hochgezogen, auf dem sie stand. Die 200 Häuser, jeweils mit einem Korral für Vieh, hatten Mauern aus *adobe* (Blöcke aus getrocknetem Lehm mit Stroh) und Dächer aus Schilf. Sie lagen im Schutz eines markanten Granitfelsens, der wie ein Wächter über der Hochebene herausragte. Man konnte problemlos an Cucho Esqueña vorbeifahren, ohne auch nur einen Schimmer von diesem Dorf zu erhaschen. Aber wer den Asphaltweg bei Kilometerpfosten 47 verließ, dem stürmte schon nach wenigen Minuten ein Rudel Dorfhunde entgegen, die bellend nach den Reifen schnappten. Ortiz hatte darauf bestanden, mich persönlich in seinem Nissan Patrol, einem von den Niederlanden gespendeten Pick-up, nach Cucho Esqueña zu bringen. »Wenn ich dich dort nicht einführe, wird das nichts«, sagte er zur Erklärung. Er hatte einen derben Fahrstil, mit hoher Drehzahl fuhr er bis zu einem kleinen Platz aus festgestampfter Erde. Als wir ausstiegen, legten die Hunde die Schnauze in den Staub. Ich sah Jungen mit einem abgetretenen Fußball, sie hatten ihr Spiel unterbrochen. Frauen mit schwarzen Zöpfen, die eingemummte Babys in einem Tuch auf dem Rücken trugen, bremsten ihre Schritte. Auf ihren Gesichtern las ich Respekt vor Álvaro Ortiz, den sie mit »Doktor« ansprachen. Ich dachte daran, dass hier, weit über der Baumgrenze, vor vier- bis fünftausend Jahren die Kartoffelpflanze kultiviert worden war, von den Vorfahren derer, die sich jetzt, mit Sandalen aus zerschnittenen Autoreifen schlurfend, auf dem Dorfplatz versammelten.

Ortiz stellte mich dem eilends zusammengetrommelten Dorfkomitee vor und begann, auf den Absätzen drehend, seine Ausführungen. Ich sei gekommen, so hörte ich ihn verkünden, die Engpässe in ihrem Bewässerungssystem zu lösen. Ich würde auf den *Juez de Aguas* hören, den »Wasserrichter«. Und ich würde die Rinnverluste der Kanäle messen, die Fördermenge des Quellwassers, das am Fuß des Felsblock aufwallte – und was sonst noch alles. Am Ende seiner Rede holte Ortiz ein Formular hervor, das er auf der Motorhaube seines Nissans auszufüllen begann. Es handelte sich um eine Vereinbarung zwischen mir und Cucho Esqueña, in der stand, dass ich mich in der kommenden Bewässerungssaison drei bis vier Tage pro Woche im Dorf aufhalten würde und spätestens am 15. Dezember – also vor meiner Abreise aus Peru – einen Bericht mit Empfehlungen einreichen würde. Álvaro Ortiz garantierte für die Ausführung, ein Versprechen, das er mit Stempel und Namenszeichen bekräftigte. Danach war es an mir, zu unterschreiben. Die dritte und letzte Unterschrift, die des Bürgermeisters, sollte erst unter die Vereinbarung gesetzt werden, wenn die Dorfversammlung meinem Kommen zustimmen würde.

»Und«, fragte ich auf dem Rückweg, »ist es möglich, dass sie mich abweisen?«

»Grundsätzlich ja«, antwortete Ortiz. »Aber ich denke, der Bürgermeister wird die Zweifler überzeugen. Du hast ihn gesehen. Er ist ein junger Bursche, der vorankommen will.«

In der Woche, in der ich auf die Entscheidung von Cucho Esqueña wartete, zog Mario Vargas Llosa, tausend Kilometer entfernt, lautstark in die politische Arena Limas ein. Ich sah ihn im Fernsehen in einer Wolke aus Konfetti, umjubelt von mehr als hunderttausend Gleichgesinnten auf der Plaza San Martín. Der Schriftsteller präsentierte sich als Galionsfigur der von ihm gegründeten politischen Bewegung, die sich zum Ziel gesetzt hatte, zu verhindern, dass Peru »zugrunde geht«. Das Problem der Armut, argumentierte Mario Vargas Llosa, lasse sich nicht lösen, indem man das wenige Vorhandene neu verteile, sondern indem man mehr Reichtum schaffe. Und dafür könne nur das freie Unternehmertum sorgen.

Als habe der Teufel seine Hände im Spiel, sprang fast gleichzeitig der Funke der Guerilla auf Puno über. Schon zuvor war auf dem Markt in Huanta ein Esel explodiert, im Hafen von Chimbote eine Ente, und im Hotel Crillón in Lima hatte sich ein Schuljunge in die Luft gesprengt. In Puno ging ein Molotowcocktail bei der Coca-Cola-Abfüllanlage los. Der Knall hatte mich geweckt, aber ich hatte mich mit dem Gedanken getröstet, Ausländer seien kein Ziel. Die NRO hatten beschlossen, sich nicht von einer Bombe abschrecken zu lassen, richteten aber ihre Aufmerksamkeit fortan nur noch auf die Aymarás im Süden.

Die gute Nachricht war, dass ich meine Unterschrift und dazu noch ein Dach über den Kopf bekam: Die Dorfversammlung hatte mir das »Lehrerhäuschen« zugewiesen, das leer stand, weil es die Lehrerin nicht nutzte. Als ich dort einzog, musste ich mich zunächst an die Vorstellung gewöhnen, zwar eine Bleibe, aber keine Adresse zu haben. Es gab kein Kataster und auch keine topographische Karte des Dorfes, aber ich hatte mir eine Serie Luftbilder besorgt. Die Aufnahme mit der Nummer 176-70 zeigte exakt die wenigen Quadratmeter, auf denen ich mich befand. Die Adobehäuser von Cucho Esqueña, das Bewässerungsnetz, die Äcker – alles war darauf zu sehen.

Auch ohne Lupe konnte ich den Schuppen erkennen, in dem ich meine Abende absaß. Im Muster der Grautöne bildete er einen kleinen dunklen Streifen hinter der Schule und grenzte an das Fußballfeld. Eine Lehmhütte von drei mal zehn Metern mit einem Dach aus Zink. Am Tag fielen ein paar schmale Streifen Licht durch die Fenster im Ziegelsteinformat. Abends entzündete ich eine Gasstrumpflampe, die an eine Butanflasche angeschlossen war. Ich hatte auch einen Gaskocher mit zwei

Flammen, eine Taschenlampe, damit ich draußen die Latrine fand, und einen Eimer, um Wasser aus dem Brunnen zu holen.

Ich legte ein Pausblatt über Foto 176-70 und zog die Umrisse der Landschaft mit meinem Rotring-Stift nach. Das ergab eine Skizze, die als Karte durchgehen konnte und deren Maßstab ich am nächsten Morgen bestimmte, indem ich die Abmessungen des Fußballfeldes auf dem Foto durch die originalen Maße teilte. Ich war gerade dabei, den Abstand zwischen den beiden Toren zu messen, als Eusebio auf mich zukam, der junge Bürgermeister (er war 29).

»*Ingeniero*«, rief er mir zu. »Was machen Sie da? Wenn Sie Hilfe brauchen, hole ich ein paar Jungs.«

Ich sagte, ich nähme die Länge des Feldes auf, um eine Karte anzufertigen.

»Don Fernando hat einen Zollstock«, sagte Eusebio. Er ging zum Haus des Wasserrichters und kehrte mit einem Stock von exakt einem Meter Länge zurück, glatt poliert wie ein Zauberstab.

Die Jungs kamen ungefragt, schüchtern, gekleidet in die blaugrauen Hosen und Pullis ihrer Schuluniform. Als sie anfingen, sich gegenseitig Beine stellend langsam nach vorn zu schieben, sprang Eusebio auf und schwang das Metermaß durch die Luft, woraufhin sie wie Katzen auseinander stoben.

»*Gringo! Gringo!*« riefen sie.

Eusebio schnauzte sie auf Aymará an, und sie trollten sich.

Ich merkte, dass mich der Bürgermeister in allem unterstützte und viel von mir erwartete. Anders als die übrigen Mitglieder des Dorfkomitees, die eine Generation älter waren als er, trug er keinen Poncho, sondern eine Trainingsjacke (mit Reklame für Castrol Motoröl). Seine Frau Maria, die ihr viertes Kind, einen Säugling, bei sich trug, sprach auch Spanisch, was erstaunlich war, weil die meisten Bäuerinnen nur Aymará beherrschten. Die Bürgermeisterfamilie war mit Abstand die modernste von Cucho Esqueña und verfügte als einzige über ein Fahrrad. Vielleicht erschrak ich deshalb so darüber, dass Eusebio keine Karten lesen konnte. Er hielt das Pausblatt mit dem Grundriss seines Dorfes gegen das Licht, aber es erschien kein Zeichen des Erkennens auf seinem Gesicht. Im Gegenteil, es erstarrte. Eusebio nickte, doch seine Augen waren auf etwas gerichtet, das sich hinter dem Papier befand. Ich versuchte es mit der Luftaufnahme, aber auch hier erkannte er keine Äcker oder Häuser. Als ich auf den Felsen wies, der über Cucho Esqueña thronte, meinte er, ich wolle ihn verspotten: Wie könne etwas Hohes plötzlich flach sein?

Ich war ein Zauberer. Mir wurde bewusst, wie rätselhaft meine Arbeit erscheinen musste und wie wenig ich von Menschen wie Eusebio wusste. Das Paradoxe an der Situation war, dass ich den tausend Einwohnern von Cucho Esqueña Ratschläge erteilen sollte, während eigentlich ich bei ihnen in der Lehre war.

Fast täglich schnappte ich Geschichten auf, die ich nicht einordnen konnte: über einen bösen Brunnen, aus dem »Froschwasser« (und kein »Schlangenwasser«) quoll; oder über Nachtfrost in Gestalt einer alten Frau, die mit ihrem Stock die Pflanzen erschlug. Sie hatte bestimmte Vorlieben: Links vom Felsen schlug sie häufig zu, rechts fast nie.

Ich zeigte Respekt vor dem Wissen der Bauern, aber das weckte Argwohn. Die Mitglieder der Dorfgemeinschaft, die *comuneros*, glaubten nicht, dass ich ernsthaft an ihrer »rückständigen« Landbautechnik interessiert sein könnte. Von mir erwartete man die Demonstration überlegener Sachkenntnis; je rationaler, desto besser. Meine Entschuldigung, ich sei noch Student und kein Ingenieur, machte keinerlei Eindruck. Ich war ein ausländischer Experte, und zu dieser Rolle gehörten Requisiten wie Landvermessungsgeräte oder Feldstöcke, die man vorzugsweise auf der Ladefläche eines allradgetriebenen Fahrzeugs transportierte. Ich hatte jedoch nur eine stählerne Parshallrinne zum Messen von Wasserströmen und ein von der Stiftung geliehenes Leichtmotorrad. Wenn ich wie alle anderen zu Fuß und nicht auf der Yamaha auf der Wasserversammlung erschien, erklang Gekicher. »*Ingeniero!* Was ist mit deinem Motorrad? Kaputt?«

Um akzeptiert zu werden, musste ich am besten so viel wie möglich hin und her crossen. Brachte ich von der Fußballmannschaft aus Cucho Esqueña einen nach dem anderen hinten auf der Yamaha in das Nachbardorf Marca Esqueña und wir gewannen, wurden nicht die Spieler, sondern wurde ich auf die Schultern genommen. Auch wenn ich nur ein Maskottchen war – allmählich bekam ich den Eindruck, ich gehöre dazu.

Im Wintermonat August wurden die Bewässerungsgräben für die Saatzeit vorbereitet. Don Fernando schritt sie alle fünf ab (barfuß in seinen Autoreifensandalen), machte eine Liste der notwendigen Reparaturen und schrieb die erste *faena* der Saison aus: einen kollektiven Arbeitstag, an dem man als *comunero* im Austausch für das Recht auf Wasser aus dem Bewässerungssystem teilnahm. Durch die graue Kulisse der Hügel bewegte sich auf einmal ein bunter Zug aus Ponchos und Umschlagtüchern.

Bäuerinnen und Bauern versammelten sich mit geschulterten Spaten am Brunnen, der ausgeschöpft, und bei dem mannshohen Damm im kleinen Fluss, der mit Lehm aus einer nahe gelegenen Grube aufgestockt werden sollte. *Faenas* waren Festtage, an denen die Ältesten Alkohol und Cocablätter für Vater Berg (*Apu*) opferten, der jedes Jahr mit seinem Wasserstrom Mutter Erde (*Pacha Mama*) befruchtete.

Am frühen Morgen trug der Wasserrichter einen *chullo,* eine Mütze aus Alpakawolle mit Ohrenklappen. Dass ich nichts auf meinen Kopf setzte, grenzte für ihn an das Unvorstellbare. Meine Art hatte für ihn offenbar gefühllose Ohren, oder frostständige, anders konnte es nicht sein. »Und Sie?« fragte ich mit einem Blick auf seine Gummisandalen. »Haben Sie denn keine kalten Füße?«

Nachdem Don Fernando mich gemustert und eingeschätzt hatte, begann er von den Rechten und Pflichten der *comuneros* zu erzählen, über die Wasserverteilung und auch über heiklere Angelegenheiten wie die Wasserrechtsprechung, deren Vorsitz er innehatte. Es gab einen Tag- und einen Nachtturnus. Wer illegal Wasser abzapfte, wurde mindestens zweimal von der Bewässerung seiner Felder ausgeschlossen, während jemand, der zum Beispiel seinen Nachbarn im Suff belästigt hatte, damit das Wasserrecht für eine ganze Saison verspielen konnte. Mit seinem polierten Metermaß wies mich Don Fernando auf Details, die ich sonst übersehen hätte.

Während die Bohnen gesät wurden, hatte ich einige Tage in Puno verbracht, um Boden- und Wasserproben zu analysieren. Mit einem Geleit bissiger Hunde an meinen Reifen kehrte ich nach Cucho Esqueña zurück. Es war fast Abend, die Kinderhirten kamen mit den Alpakas von den Weiden zurück. Ich ging zu Don Fernando, um ihm zu sagen, ich wolle auch die Nachtbewässerung mitmachen.

»Nachts wird es nicht gehen«, sagte der Wasserrichter. »Dann gebe ich das Wasser nur den *los más machos*, den Allerstärksten. Nach wenigen Stunden sind sie bis auf die Knochen durchgefroren.«

Ich sagte, das sei es mir durchaus wert. Don Fernando betrachtete mich aufmerksam, zurückgebeugt wie ein Viehhändler. Aber sein Blick war missbilligend. »Morgen ist wieder ein Tag«, sagte er.

Seine distanzierte Haltung befremdete mich, und ich fand keine Erklärung dafür. Vom Fußballfeld aus riefen mir die Schuljungen etwas nach, diesmal nicht *gringo*, sondern etwas in Aymará.

Ich saß drinnen und schälte ein paar Kartoffeln, als es klopfte. Es war Eusebio. Er blieb in der Türöffnung stehen wie ein Ausrufer.

Ich winkte ihn herein, aber ich hatte das Messer noch in der Hand. »Ach,« sagte ich, »wie dumm von mir!«

»Nein, nein, das macht nichts«, erwiderte er, und so standen wir uns gegenüber und drucksten herum.

Eusebio zog die Schultern hoch. Jetzt kommt es, dachte ich, jetzt wird er mir erzählen, dass »Der Pfad« irgendwo in der Umgebung zugeschlagen hatte. Aber er kam, um mich vor einem *karisiri* zu warnen, den man zwei Nächte zuvor gesehen habe. Ganz Cucho Esqueña mache Jagd auf ihn, sie würden versuchen, ihn in dieser Nacht zu umzingeln.

Ich hatte keine Ahnung, was ein *karisiri* sein sollte (ich tippte auf irgendein Raubtier), wollte Eusebio aber nicht unterbrechen.

»Sie können es nicht sein«, fuhr er fort. »Sie waren in Puno.«

»*Was* kann ich nicht sein? Nehmen Sie es mir nicht übel, aber ich weiß nicht, was ein *karisiri* ist.«

»Ein *sacasebo*«, sagte Eusebio, im Ton von »du weißt schon«.

Sacasebo klang Spanisch, das Wort konnte ich zerlegen in *saca* von *sacar* (holen) und *sebo* (Fett oder Schmiere). Aber was war ein Fettholer, und was tat er?

Eusebio erklärte, es handle sich um »einen Menschen, der menschliches Fett sammelt«, um jemanden, der einem unvermutet über den Weg läuft, immer nachts, und einen dann hypnotisiert. Wenn das gelungen ist, zückt er ein Messer oder eine Nadel, womit er die Haut seines Opfers aufschneidet oder durchbohrt, um das darunterliegende Fett in einem Kolben aufzufangen. Das sei nicht unbedingt tödlich, aber bis man wieder zu sich käme, sei man unterkühlt. Einen der *comuneros* hatte es erwischt, der lag nun todkrank in seinem Haus.

»Soll ich ihn auf dem Motorrad nach Puno bringen?«

Das sei nicht notwendig. Das Problem sei, dass der *karisiri* herumgeistere und daher jeder in Gefahr schwebe. Eusebio befahl mir deshalb, im Dunkeln nicht mehr nach draußen zu gehen.

Er verschwand, ohne dass ich ihn hätte fragen können, wofür jemand menschliches Fett brauche.

In den nächsten Tagen war ich intensiv mit Ertragsmessungen beschäftigt. Don Fernando hatte mir erzählt, welche der fünf Abzweigungen vom Hauptkanal am meisten Wasser verlor. Ich machte mich an die Aufgabe, die Verluste pro Verzweigung zu bestimmen, und kam nach viel Geschleppe mit der Parshallrinne zu dem Schluss, dass sie minimal waren. Es war schwere Arbeit und eine einsame dazu. Niemand hatte mir Hilfe angeboten, was ich dem nächtlichen Fettholer zuschrieb: Die *comuneros* hielten Nachtwache und reagierten wegen des fehlenden Schlafs empfindlich.

Am Ende der Woche berichtete ich auf der Teamversammlung von Álvaro Ortiz in Puno über meine Fortschritte. Um nicht den Eindruck zu erwecken, ich stelle mich nur an, wollte ich die Aufregung über den *karisiri* eigentlich nicht zur Sprache bringen. Aber irgendwann hörte ich mich selbst sagen, Cucho Esqueña mache sich mehr Sorgen über einen angeblichen *karisiri* als um die keimenden Bohnenpflanzen.

Ortiz horchte auf: »Ich nehme an, du machst keine Scherze.«

»Nein«, sagte ich. »Sie haben mir sogar eine Art Hausarrest auferlegt. Nach Sonnenuntergang darf ich nicht mehr vor die Tür.«

Ortiz schob sich von der Tischkante weg, so dass die Stuhlbeine über den Boden schrammten. Er stand auf und sagte: »Ist dir eigentlich klar, wie froh wir sind, dass du das erzählen kannst?«

Während er zu einem donnernden Vortrag anhob, drang die beklemmende Vermutung zu mir durch, ich müsse für die *comuneros* der Verdächtige Nummer eins sein. Auf einmal schoss mir durch den Kopf, dass sich die Nachtwache speziell auf mein Lehrerhäuschen konzentriert hatte, um zu kontrollieren, ob ich nachts hinausging. Ortiz erzählte inzwischen, die Figur des »Fettholers« habe ihren Ursprung bei den Quechua-Indios, dort sei er unter dem Namen *ñakaq* – Kopfjäger – bekannt. Dieser Name und die entsprechende Rolle waren in der Inkazeit dem Opferpriester vorbehalten gewesen, der Kinder opferte, indem er sie köpfte und dann kochte. Als die Inkakultur mit dem Kommen der Spanier (1532) zugrunde gerichtet wurde, verschwand auch der *ñakaq* – um später in anderer Gestalt wiederzukehren. Der wiedergeborene *ñakaq*, oder *karisiri* auf Aymará, war ein Fremder, der mit einem karitativen Vorwand auftrat; wie die spanischen Mönche vom Orden der

Bethlehemiten, die beschuldigt wurden, den Indios Fett zu entziehen, um daraus Kerzen zu machen und ihre Heiligenbilder mit Wachs (Menschenfett) zu behandeln.

»Diese Indios werden buchstäblich vom Gott ihrer Kolonialherren leer gesogen«, sagte Ortiz. »Gibt es eine passendere Metapher für Ausbeutung?«

Zu den katholischen Geistlichen hatten sich neue Verdächtige gesellt. Amerikanische Berater der Drug Enforcement Agency und der CIA zum Beispiel (die ihre Waffen angeblich mit menschlichem Fett schmierten), aber auch weiße Apotheker, die, als Entwicklungshelfer getarnt, mit Gesichtscremes handelten, die menschliches Fett enthielten. Die traumatisierte Bevölkerung in den Guerillagebieten sehe immer häufiger *ñakaqs* und reagiere jedesmal kopfloser. In Ayacucho hatten die Bewohner eines Viertels einen Mann auf der Straße gelyncht, weil er keine Antwort auf Fragen geben konnte, die man ihm auf Quechua gestellt hatte. »Er war ein einfacher Handelsreisender aus Lima, den man für einen *ñakaq* hielt«, sagte Ortiz.

Weil die *ñakaqs*-Erscheinungen in der letzten Zeit als Barometer für die Guerilla-Aktivität dienten, fand er es besonders bedenklich, dass diese nun auch in Aymará-Gebieten auftraten.

Mich beunruhigte dabei am meisten, dass man mich für den Fremden mit dem karitativen Vorwand hielt. Die *comuneros* von Cucho Esqueña misstrauten meinen Absichten, sie glaubten verflixt noch mal, ich hätte es auf den Speck auf ihren Rippen abgesehen. Vorsorglich wurde ich also all den anderen Außenstehenden gleichgestellt, die sich in der Vergangenheit als Ausbeuter und Plünderer erwiesen hatten. Das waren zweifellos viele, und sie hatten sich bestimmt auch auf grausame Art danebenbenommen. Aber was hatte ich damit zu schaffen?

Mit hochgeklappter Staubbrille fuhr ich die Avenida Simón Bolívar in südliche Richtung, an der Kaserne vorbei, aus der Stadt hinaus. Die Route war ein einziges Déjà-vu-Erlebnis. Ich wusste bei jeder Kurve, wie scharf sie sein würde und wo die Böschung breit war oder besonders schmal – obwohl ich nie zuvor darauf geachtet hatte. Konzentriert, den Blick auf den stumpfsinnigen Asphalt geheftet, wiederholte ich die Gründe, die ich für mein Verhalten vorbringen konnte (wenn ich nachts hinausgegangen war, musste ich pinkeln).

Álvaro Ortiz hatte mir vorgehalten, ich müsse zurück nach Cucho Esqueña. »Jetzt wegzubleiben wäre fatal. Das würde beweisen, dass du Böses im Sinn hattest, während du jede Anschuldigung entkräften kannst, wenn du einfach zurückkehrst.«

Ich vertraute Ortiz und fand, dass er Recht hatte.

Wieder in meiner Lehmhütte, entdeckte ich, dass man meine Sachen durchsucht hatte. Ich nahm an, dass man keine verdächtigen Attribute (wie Nadeln, Reagenzgläser und Salben) gefunden hatte. Die Stimmung in Cucho Esqueña war unverändert unterkühlt, aber ich meinte, auch Erstaunen über meine Rückkehr zu spüren. Es geschah nichts Besonderes, weder am ersten noch am zweiten oder dritten Tag. Ich sprach nicht mehr von der nächtlichen Bewässerung, und es gab keine neuen »Erscheinungen«.

Álvaro Ortiz' Vorhersage, der *karisiri* würde von selbst wieder in den Kulissen verschwinden, erfüllte sich.

Dem weiteren Verlauf der Bewässerung folgte ich bis zu den Mittsommerfesten Anfang Dezember. Einige Zeit später, eine Woche oder zwei nach der *karisiri*-Affäre, wurde ich wie auf Vereinbarung plötzlich nicht mehr gemieden oder ausgeschlossen. Es war, als hätte ich einen Akzeptanzritus bestanden. Als ein Lama geschlachtet wurde, setzten mich die *comuneros* in die vorderste Reihe, und das Dorfkomitee bat mich, *compadre,* Pate des nächsten Fußballwettstreits zu werden. Ich wusste, dass der *compadre* eines Sportereignisses die Preise vergeben durfte, die er zuvor aus eigener Tasche bezahlt hatte – aber dennoch: Einen Ausgestoßenen würde man nicht darum bitten.

In der zweiten Dezemberwoche präsentierte ich Álvaro Ortiz in Puno meinen Bericht. Unter der Überschrift »Empfehlungen« waren die Tätigkeiten aufgelistet, welche die *comuneros* meines

Erachtens unterlassen sollten. Zum Beispiel: Das jährliche Ausgraben des Tümpels, in dem das Quellwasser aufwallte, sollte unter keinen Umständen mit einem Bagger erfolgen, was Eusebio jedoch schon einige Male als Wunsch geäußert hatte. Mit einer Profilzeichnung der verschiedenen Erdschichten hoffte ich zu verdeutlichen, dass ein Bagger die wasserdichte Lehmablagerung in zwei Meter Tiefe beschädigen könne, so dass die Gefahr bestand, den Brunnen für immer zu verlieren.

Ganz sicher durften auch die Kanäle nicht mit Beton verstärkt werden, denn Beton würde sich katastrophal auf die Dorfstruktur auswirken. Das Verführerische an Betonkanälen war, dass sie nicht zuwuchsen und damit kaum Pflege erforderten. Aber gerade darin bestand eine Gefahr: Die Notwendigkeit für *faenas* entfiele, und damit eine Tradition, die das Dorf zusammenschmiedete.

Eigentlich enthielt mein Bericht nur einen einzigen Rat: Hände weg vom Bewässerungssystem in Cucho Esqueña.

Álvaro Ortiz machte große Augen, aber mir war es ernst mit dem, was ich geschrieben hatte. Die Art und Weise, wie die *comuneros* ihre Äcker bewässerten, war so mit der Dorfkultur verflochten, dass man nicht ungestraft daran herumbasteln konnte.

»Du scheinst mir eher ein Soziologe«, sagte Ortiz – zum ersten Mal mit einem Lächeln. Er fügte hinzu, wir müssten etwas Konkretes bieten, andernfalls würde uns kein *comunero* verstehen.

Aber mir fiel nichts ein. Mit jedem kulturtechnischen Eingriff waren Nachteile verbunden, und wenn man diese gegen die Vorteile aufwog, kam man auf Null. Mir wurde bewusst, dass dieses Ergebnis den Sinn meiner Arbeit in Zweifel zog, aber nicht einzugreifen war nun einmal das Beste.

Zwei Jahre später – im September 1989 – machte ich mein Examen. Ich bekam ein Ingenieursdiplom, mit dem ich mich auf eine Stelle als Entwicklungshelfer bewerben konnte. Im selben Jahr präsentierte sich Mario Vargas Llosa als peruanischer Präsidentschaftskandidat. Indem er sich als Retter der Nation darstellte, als einzige Alternative zum »Bürgerkrieg« des »Leuchtenden Pfades«, nahm er als städtischer Intellektueller indirekt den Kampf auf gegen das Irrlicht der Anden, Kamerad Gonzalo. Mir wurde bewusst, dass das Ergebnis dieses Kampfes das Schicksal der Peruaner wesentlich mehr beeinflussen würde als das gutgemeinte Wirken aller Entwicklungshelfer zusammen. Und diese Erkenntnis trug dazu bei, dass ich mich nicht bei möglichen Arbeitgebern wie SNV oder DGIS oder DHV bewarb, sondern mit einer Zeitung in Amsterdam vereinbarte, die Wahlen von Lima aus zu verfolgen – als Journalist.

Grand Café der Novitäten

Barcelona, 1888

Die Bibliothek, nach der ich suchte, sollte sich unter der Hausnummer 115 an den Ramblas von Barcelona befinden, aber die Nummer 113 war ein Falafelimbiss, und daneben leuchtete die Reklame eines Kinos.

Kaum blieb ich inmitten der flanierenden Menge stehen, sprang eine Wahrsagerin von ihrem Klappstühlchen auf. »Junger Mann, lass mich deine Zukunft vorhersagen!« Sie hielt meine Hände fest, und als ich diese zurückzog, fasste sie mich an den Schultern und versuchte, mich auf ihr Stühlchen zu drücken. Ein Taschenspielertyp befreite mich, indem er mich am Ellenbogen mitführte und mir lispelnd die Innenseite seines Sakkos zeigte. Dort hingen an einer Wäscheklammer Karten für die ausverkaufte Harry-Potter-Vorstellung, die gleich beginnen sollte.

Ich schlug sein Angebot aus, nein, ich wolle auch nicht über den Preis verhandeln. Ich sei, erklärte ich ihm, auf der Suche nach der Zeitschriftenbibliothek der Akademie der Wissenschaften.

»Dann werden Sie doch da hinein müssen«, sagte er. Ich solle mich an den Kinobesuchern vorbeidrängeln, der restliche Weg fände sich von selbst.

Im sicheren Gefühl, von ihm zum Narren gehalten zu werden, folgte ich seinen Anweisungen, aber hinter den Kassen und noch vor der Kartenkontrolle fand ich tatsächlich eine Klingel, die von einem elektrischen Summen beantwortet wurde. Eine Tür sprang aus dem Schloss, und fünf Stufen höher stand eine Bibliothekarin im Türrahmen.

Auf meine Bitte brachte man mir die Sammelmappen mit der Zeitschrift *El Naturalista* zum Lesetisch. Es handelte sich um fünf Jahrgänge (1886–1891) in Einbänden aus marmoriertem Karton, zusammengehalten von grünen Bändern. Bei jedem neuen Band, das ich aufzog, wirbelte eine kleine Staubsäule zur Leselampe empor.

El Naturalista war eine Zeitschrift mit Tipps für die Ausrüstung des Imkers oder die Kastration von Kaninchen. In ihr fanden sich Themen wie Taubenzüchten, Geschlechtsbestimmung bei Küken, Gänsemast, Brutkastenbau und Hinweise zum Ausstopfen von Jagdtrophäen. Auch Anzeigen standen darin (»Zum Verkauf: Fell eines Schimpansen aus dem Kongo – 200 Peseten«; oder: »Balsamierung menschlicher Körper nach einem einzigartigen Injektionsverfahren – ab 500 Peseten«), die ausnahmslos vom Herausgeber und Eigentümer des Blattes stammten, Don Francisco Darder, »Veterinärarzt erster Klasse«.

Jenem Doktor Darder, oder zumindest einem Bildnis von ihm im Profil, war ich 20 Jahre zuvor zum ersten Mal an der Fassade des nach ihm benannten Gemeindemuseums in Banyoles begegnet. »Tierarzt. Gründer des Tiergartens von Barcelona« stand da in Stein gemeißelt. Der energisch aussehende Darder war der Mann, der El Negro nach Spanien geholt hatte; durch ihn war der »Bechuana« (der »Betjouana« der Gebrüder Verreaux) wie eine Schachfigur von Paris nach Barcelona verschoben worden.

Im Januar 1888 hatte Darder die einmalige Öffnung seiner naturhistorischen Privatsammlung für den Publikumsverkehr angekündigt. Ich blätterte durch die Seiten von *El Naturalista* und fand unter der Überschrift »Museo de Historia Natural« folgende Erklärung:

> »Die Abteilung Anthropologie, Ethnologie und Phrenologie wird Schädel verschiedener menschlicher Rassen und das bemerkenswerte und einzigartige Präparat des ›Bechuana‹, eines Kaffers aus dem südlichen Afrika, umfassen.«

Rund ein halbes Jahrhundert, nachdem man ihn auf seinen Sockel genagelt hatte, tauchte er nun also in Spanien wieder auf.

Ich war El Negro in der Hoffnung nachgereist, dass Darder mehr Dokumentationsmaterial über ihn hinterlassen hatte als die Gebrüder Verreaux. Ich wollte wissen, ob man ihn jetzt mit anderen Augen sah als während seines Paris-Debüts im Jahre 1831. Und wer war eigentlich dieser Francisco Darder, der mit einem ausgestopften Afrikaner im Reisegepäck die Pyrenäen überquert hatte? Was hatte Darder dazu gebracht, ihn als Höhepunkt seiner Privatsammlung zu präsentieren?

Aus der Februarausgabe von *El Naturalista,* Jahrgang 1888, erfuhr ich, dass El Negro im obersten Stockwerk des »Gran Café de Novedades« ausgestellt werden sollte. Die Öffentlichkeit wurde darüber informiert, dass es ein »seriöses und elegantes Aushängeschild« geben werde, da der Eingang (der Billardsaal des Cafés) sonst schwierig zu finden sei. Angesichts des Zugangs zum Speicher, wo ich mich befand, schien mir das ein nützlicher Hinweis. In meiner Vorstellung sah ich, wie sich die Besucher von Darders Ausstellung mit eingezogenen Bäuchen an den Billardspielern vorbeimanövrierten, und ich fragte mich, welches Publikum sich wohl 1888 in einem »Novitätencafé« eingefunden hatte. Berichterstatter der Zeitung *El Diario de Barcelona*? Oder eher Herren des Typs, der dank seiner Beteiligung am Tabakhandel auf Kuba angenehm lebte? Hatten die Stammgäste auch einen Blick in die Ausstellung geworfen? Und falls ja, was hatte der Anblick eines präparierten »Kaffers« bei ihnen ausgelöst?

In zierlicher Schrift wurde vermeldet, die Eröffnung dieses »grandiosen Privatkabinetts« falle mit der Weltausstellung von Barcelona am 19. Mai zusammen. Francisco Darder hatte den denkbar besten Moment für die Präsentation El Negros gewählt: Die Weltausstellung sollte in diesem Sommer 2 240 000 Besucher aus 27 Ländern anziehen.

Ich blätterte weiter, offenbar jedoch zu hastig, denn plötzlich war ich im Jahre 1889 gelandet. Ich schlug die Seite zurück: Februar 1888 – und wieder vor: März 1889. Dazwischen nichts als alte Luft. Es fehlten zwölf Ausgaben, für mich die allerwichtigsten. Waren sie verlorengegangen? Falsch archiviert? Gestohlen?

Gerade als ich mich bei der Bibliothekarin beschweren wollte, fiel mein Blick auf eine Mitteilung an die Abonnenten:

»Die Redaktion bedauert, dass die Zeitschrift aufgrund der schwachen Gesundheit des geschätzten Freundes und Direktors Don Francisco Darder während des Jahres der Weltausstellung nicht erscheinen konnte.«

El Naturalista gab nichts weiter über El Negro preis, aber während des Lesens hatte ich mir ein Bild von seinem neuen Eigentümer machen können. Francisco Darder war 1851 in Puerta Nueva, im Viertel der Kutschenmacher und Hufschmiede, geboren. Seine Familie hatte sich schon seit vielen Generationen auf die Tiermedizin verlegt. Lahmende und kranke Pferde konnten bei ihr in überdachten Ställen untergebracht werden; falls notwendig, hievte man die Tiere mit Hilfe eines Haltegurts vom Boden, um sie zu schienen und wieder zusammenzuflicken.

Franciscos Vater, Don Gerónimo Darder, arbeitete außerdem als Fleischbeschauer auf Märkten. Ein ihm gewidmeter Nachruf aus dem Jahre 1889 pries seine Bescheidenheit und Enthaltsamkeit (er verschmähte Alkohol, Tabak und Kaffee) sowie die Hingabe an seine Frau Carmen, die drei Tage nach ihm vor Kummer gestorben war. Sein größtes Verdienst: Gerónimo Darder hatte während der Gelbfieberepidemie von 1870 unter Einsatz des eigenen Lebens die Schlachthäuser betreten, um diese tödlichen Krankheitsherde zu entseuchen.

Im Gegensatz zu seinem Vater zeigte sich Francisco nicht gerade bescheiden. Darder junior eröffnete ein Taxidermie-Atelier an einer teuren Adresse im Herzen Barcelonas und machte aus der Präparierkunst seinen Hauptberuf. Es gab ein Foto von ihm: In einem Arbeitskittel – die Welle in seinem Haar glänzte vor Pomade – stand er an einem Tisch voller Vögel, im Vordergrund ein Eisbärenfell (an dem noch der Kopf hing). Man konnte sich die von Federn und Fellen muffige Luft mühelos dazudenken, ebenso die Läuse, die in diesen ihre Eier abgelegt hatten.

Mit seinem breitkrempigen Hut, eine Spur breiter, als es Mode war, muss Francisco Darder eine exzentrische Erscheinung gewesen sein. Doch er genoss auch Ansehen, denn sonst hätte ihn die Stadtverwaltung nicht gebeten, nach der Weltausstellung auf dem geräumten Gebiet den Tiergarten von Barcelona zu gründen. Den Löwen- und Giraffenpavillon hatte er selbst entworfen, und es waren alles andere als beklemmende Käfige. Darder sorgte dafür, dass seine Tiere mehr Platz hatten als die Fischer des Viertels Barceloneta.

Ich las, dass er sich für alle Bereiche der Tier- und Menschenkunde interessierte, aber vor allem als Händler und Aussteller. Mit den verstaubten, betagten Herren der Akademie der Wissenschaften schien Darder nicht gut zurechtgekommen zu sein. Die Anthropologie war neben der Tiermedizin das einzige Fachgebiet, in das er sich ernsthaft vertieft hatte. Als Amateurkraniologe sammelte er Schädel von möglichst vielen Völkern: von Lappen, Finnen, Russen, Madagassen, Buschmännern, tasmanischen Aborigines, Aymará- und Quechua-Indios, Patagoniern und Mexikanern. Darders Schädelkollektion diente seinem Interesse an der vergleichenden Rassenanatomie – dem Fachgebiet, in dem sich George Cuvier einen Namen gemacht hatte. Plötzlich war mir, als käme es hier unter dem gebogenen Leselämpchen mit dem grünen Schirm zum Kurzschluss einiger historischer Drähte. Selbst die »Hottentotten-Venus« aus Paris tauchte wieder auf: Darder besaß einen Gipsabguss ihres Schädels, auf dem die Delle zu sehen war, die sie und ihre Artgenossen nach Cuvier »zur ewigen Untergeordnetheit« verdammt hatte.

Auch wenn er nur Amateur war, stand Darder in einer Tradition. Er kannte die Kriterien für die Einteilung von Menschenrassen, wie den so genannten »Gesichtswinkel von Camper«: die Gradzahl, mit der die Linie von der Stirn zu den Schneidezähnen von der Vertikalen abweicht (ein Kriterium, das nach Petrus Camper aus Leiden benannt wurde). Darder war auch über die neuen Rassentheorien im Bilde, die in ganz Europa seit Mitte des 19. Jahrhunderts große Verbreitung erlangt hatten und denen zufolge Rasse als Unterscheidungsmerkmal von Menschen über Kultur oder (im Gegensatz zur Behauptung von Karl Marx) auch über Klasse stand. »Rasse ist alles«, verkündete 1850 der schottische Mediziner Robert Knox. Seiner Ansicht nach sei der schwarze Mensch minderwertiger als der weiße, was »sowohl der Historiker als auch der vergleichende Anatom bestätigen« könne. Drei Jahre später kam der französische Diplomat Arthur de Gobineau in seinem *Essai sur l'inégalité des races humaines* zu dem Schluss, dass dem Arier unter den Menschenrassen der Herrenstatus zukäme. Der weiße Mensch habe sich in der Geschichte nach seiner Auffassung nun mal als kultivierter und intelligenter erwiesen als der gelbe oder schwarze. Gobineau begründete dies mit der lakonischen Frage: Wenn Huronen-Indianer von Natur aus ebenso gewieft wären wie Europäer – warum hatten sie dann nicht die Buchdruckkunst oder die Dampfmaschine erfunden?

Welchen Ideen Darder anhing, war schwierig herauszufinden. Er hielt mit seiner Meinung hinter dem Berg, und wenn er einmal Bewunderung durchschimmern ließ, galt diese den Pionieren der Schädelmesskunde. So war der Franzose Paul Broca, der 1859 die Société Anthropologique gegründet hatte, in Darders Augen der »maßgeblichste Kraniologe«. Dieser Arzt und Chirurg aus Paris hatte sein Leben lang Gehirne gewogen und Schädel gemessen, mit dem Ziel, wie er selbst schrieb, »die relative Position der Rassen innerhalb der menschlichen Kette zu bestimmen«. Nach Dr. Broca hatten intelligente weiße Männer die schwersten Gehirne, eine Annahme, die sich durch das Rekordgewicht des konservierten Gehirns George Cuviers zu bestätigen schien: 1830 Gramm. Aber mit seinem eigenen Tod im Jahre 1881 entzog Broca seiner Behauptung jegliche Grundlage: Wie sich zeigte, war sein Gehirn mit einem Gewicht von 1424 Gramm leichter als das manch eines Nubiers.

Darder war jedenfalls stolzer Besitzer eines Schädels, auf dem mit Schräubchen und Linien die Messpunkte nach der »Methode Paul Broca« markiert waren.

Je mehr Gelehrte in *El Naturalista* genannt wurden, desto auffälliger wurde das Fehlen des Namens von Charles Darwin. Wo ich auch suchte – nirgendwo erwähnte Darder den einflussreichsten aller Naturwissenschaftler des 19. Jahrhunderts. Ich fragte mich, wie um Himmels willen das sein konnte. Verwarf Darder etwa die Evolutionstheorie? Oder war sie ihm nicht bekannt? Letzteres erschien mir unwahrscheinlich. Darwin hatte sein Hauptwerk *Über die Entstehung der Arten* bereits 1859 veröffentlicht, und seine Thesen über »natürliche Selektion« und »Survival of the Fittest« – das Überleben der Stärksten – hatten in den akademischen Gewässern heftige Wellen geschlagen. Auch die Anthropologie war durch Darwins Theorien durcheinander geraten: Die Existenz unterschiedlicher Völker wurde fortan vor dem Hintergrund der menschlichen Evolution betrachtet, wobei die Rangordnung von »primitiv« bis »kultiviert« angab, wie weit eine bestimmte Rasse das tierische Stadium hinter sich gelassen hatte. 1871 erklärte Darwin (in seinem Buch *Die Abstammung des Menschen*) den Schimpansen und den Hottentotten zu der Affen- bzw. Menschenart, die auf dem Evolutionspfad am dichtesten beieinander stünden, auch wenn der Abstand immer noch so groß sei, dass es ein bisher unbekanntes Zwischenglied (»the missing link«) gegeben haben müsse.

Ich verstand einfach nicht, wie Francisco Darder mit großem Tamtam die Anschaffung einer Schädelkopie des prähistorischen Neandertalers bekanntgeben konnte, ohne auf die Suche seiner Zeitgenossen nach dem »missing link« zu verweisen. Zweifelsohne waren unter den Besuchern der Weltausstellung auch Leute, die sich El Negro anschauten, als sei er der fehlende Affenmensch aus der Evolution. Und Darder musste doch von den populären Spekulationen gewusst haben, nach denen der negroide Mensch angeblich vom starken, aber dummen Gorilla abstamme, der mongolide vom folgsamen, in sich gekehrten Orang-Utan und der kaukasische (weiße) vom schnell lernenden Schimpansen.

Aber vielleicht schätzte ich Darder falsch ein, und es war ihm nur um das Sammeln gegangen. Er war schließlich kein Stubengelehrter, sondern eher ein Händler, der sich gern und mit großer Regelmäßigkeit in Genua, Genf oder Paris aufhielt. »Unser Direktor wird in den kommenden Wochen wieder die französische Hauptstadt besuchen«, kündigte *El Naturalista* eine seiner Reisen an. »Besondere Wünsche und Bestellungen können der Redaktion durchgegeben werden, Via Diagonal 125.« Ich konzentrierte mich auf die Berichte seiner Frankreich-Reisen, in der Hoffnung, darin könne El Negros Überfahrt beschrieben sein. Ich las, dass Don Francisco Darder fünf Dromedare aus Algier verschifft hatte, dass er zu Fuß mit einem Elefanten namens Aví aus Genua gekommen war (weil sich kein Viehwagen als stabil genug erwiesen hatte) und in Paris das Skelett eines Gorillas gekauft hatte. Aber ich fand kein Wort über seinen ausgestopften Afrikaner.

Von wem hatte er ihn gekauft? Und wie hatte er ihn transportiert? In einem Sarg?

Diese und andere Fragen besprach ich abends mit Miquel Molina, Reporter einer konservativen Zeitung mit dem progressiven Namen *La Vanguardia*. Miquel hatte ebenfalls Untersuchungen nach der Herkunft von El Negro angestellt und war so kollegial, sein Wissen mit mir zu teilen. Er hatte mir eine E-Mail im Telegrammstil geschickt: »20.00 Uhr – Cocktailbar Boadas – Ecke Ramblas und Calle Tallers – Ich bin groß und dunkelhaarig. O.k.?«

Wir betraten im selben Moment die dreieckige Bar; Miquel (40 Jahre, lang und dunkel, Kurzhaarschnitt) kam direkt aus der Redaktion in der Tallers-Straße, ich aus der Speicherbibliothek an den Ramblas. »Das heißt«, sagte ich, »ich habe das Gefühl, geradewegs aus dem Kino zu kommen …«

»Aha, du warst im ›Poliorama‹.« Miquel klemmte seine Journalistentasche zwischen die Fußknöchel und stützte sich mit einem Ellenbogen auf die Theke. »Wusstest du, dass du in einem ganz besonderen Gebäude gewesen bist?« Bevor er sich näher dazu äußerte, erkundigte er sich, ob ich George Orwells *Mein Katalonien* kenne und ob ich von den Straßenkämpfen im Mai 1937 gehört hätte: Kommunisten und Anarchisten, die sich gegenseitig beschossen, während der Durchbruch General Francos bevorstand. Er erzählte, das Kino habe seinerzeit »Poliorama« geheißen, und der Speicher habe als Schützennest der anarchistischen POUM-Miliz, der Miliz der marxistischen Arbeiterpartei, der sich auch George Orwell angeschlossen hatte, gedient. »Vom Dach aus hat er mit ein paar Kameraden das Café ›Moka‹ unter Beschuss gehalten, wo die Kommunisten saßen.«

Miquel ließ diese historische Tatsache (die meiner Archivarbeit dieses Nachmittags rückwirkenden Glanz gab) einen Moment auf mich wirken und fügte anschließend hinzu: »Ich schreibe nämlich an einem Führer über das literarische Barcelona.«

Wir stießen auf unsere Bekanntschaft an, aber nicht mit den empfohlenen *daiquiris* oder *mojadas,* sondern mit Pils vom Fass. Miquel erzählte, dass auch die Bar, in der wir uns befanden, in seinem Reiseführer vorkäme. »Wo wir jetzt stehen, hat auch Hemingway gestanden. Und Gabriel García Márquez ist hier gewesen, und Mario Vargas Llosa, um nur die bekanntesten zu nennen.«

Als wir später am Abend in einem syrischen Restaurant zur Sache kamen, zeigte sich, dass wir in groben Zügen dieselben Fakten und demnach auch dieselben Lücken hatten. Miquel legte ein Ringbuch zwischen die Weingläser, und seine Finger liefen die Trennblätter entlang. Er hatte ein Dokument gefunden, aus dem hervorging, dass Darder 1880 zum ersten Mal in Paris gewesen war, was bedeutete, dass er die Gebrüder Verreaux nicht gekannt haben konnte: Alle drei waren zu dieser Zeit bereits tot. In Frankreich hatte Miquel versucht, El Negro in alten Katalogen des Maison Verreaux aufzuspüren – vergebens.

Ich hatte einen ähnlichen Versuch im Museum für Naturgeschichte in Leiden unternommen, einer der treusten Abnehmer der Firma Verreaux. Blatt für Blatt hatte ich dort die Handelskorrespondenz mit dem französischen Lieferanten durchforstet. 1875 brach diese abrupt ab; nach einem Dreivierteljahrhundert war Europas berühmtester Großhändler für ausgestopfte Tiere lautlos untergegangen.

Ich erzählte Miquel, dass der Briefwechsel mit dem Museum in Leiden, der sich über vier Jahrzehnte erstreckte, indirekt die Geschichte des Maison Verreaux skizzierte: Blüte und Niedergang ließen sich an der Qualität des verwendeten Papiers ablesen. Am Anfang standen dünne Blätter, die mit einem Stempel versehen waren, dann kam eine schwerere Papiersorte mit vorgedrucktem Briefkopf, gefolgt von Blättern derselben Art, nur mit einer hauchzarten Linierung. Am oberen Rand nahm mit den Jahren die Aufzählung von Direktor Édouards Medaillen und Ehrenmitgliedschaften stetig zu, bis sie um 1850 ein Drittel des Deckblatts füllten.

Die Handschrift Jules Verreauxs rollte über den Blattspiegel wie eine Brandung bei ruhigem Wetter, und was er schrieb, handelte vorzugsweise von Kolibris oder der Entdeckung neuer Vogelarten.

Édouard schickte Schreiben im Stil von: »Verstehe nicht, weshalb die Zahlung so lange auf sich warten lässt.«

Ab 1850 wurde der Aufdruck schlichter. Ich vermutete, dass das Maison Verreaux die Konkurrenz der Firmen Boubée und Deyrolle zu spüren bekommen hatte. Ein Umzug folgte: weg vom prestigeträchtigen Place des Vosges in eine Straße »nahe dem Place des Vosges«, so die Ergänzung der neuen Adresse. Nachdem Édouard und Alexis 1868 gestorben waren und Jules zwei Jahre später dem von den Preußen belagerten Paris entflohen war, konnte von Korrespondenz keine Rede mehr sein. Nach der französischen Niederlage und dem Verlust von Elsass-Lothringen kehrte Jules, geschwächt und kränkelnd, in seine Geburtsstadt zurück, wo er 66-jährig am 7. September 1873 verstarb.

Die letzten drei Briefe des Maison Verreaux (aus dem Jahre 1875) hatte Édouards Witwe auf alten Kassenbuchblättern geschrieben. Darin bot sie ihrer Kundschaft eine Bestandsliste dessen an, was von ihrem Geschäft übriggeblieben war. Giraffen, Gazellen und Krokodile gab es zu dieser Zeit noch vorrätig, aber ein ausgestopfter Mensch kam in der Lagerübersicht nicht vor.

Genau wie Miquel fehlten auch mir 50 Jahre. Selbst wenn wir davon ausgingen, dass der Bechuana (als Schaufenstermodell oder als Ladenhüter) bis zum Schluss im Maison Verreaux verblieben war, fehlten uns fünf Jahre, woraus folgte, dass er mindestens noch einen weiteren Besitzer gehabt haben musste.

Aus Mangel an Kaufbriefen oder anderen handfesten Beweisen war Miquel zu folgendem Szenario gelangt:

1. Der Händler Émile Deyrolle aus der Rue du Bac auf der anderen Seite der Seine organisierte 1874 eine Versteigerung naturhistorischer Bücher aus dem Maison Verreaux und bot später auch Objekte an, die aus der Sammlung Verreaux stammten.

2. Darder kannte Deyrolle persönlich und machte regelmäßig Geschäfte mit ihm (er ließ den Franzosen in *El Naturalista* über Giftschlangen und Leguane zu Wort kommen).

Vermutung: Deyrolle hatte den Bechuana von den Gebrüdern Verreaux übernommen und ihn an Darder weiterverkauft, möglicherweise während dessen Reise im Jahre 1886.

Damit mussten wir uns zufriedengeben, es sei denn, wir hatten etwas übersehen. Aber uns fiel nichts ein.

Miquel meinte, die komplette Lebensgeschichte von El Negro liege höchstwahrscheinlich im Wrack der »Lucullus« auf dem Grunde des Atlantischen Ozeans verborgen. Ich nickte, wir kannten beide die Quelle, aus der hervorging, dass Jules Verreaux ausgerechnet diesem Schiff »seine Handschriften der jahrelangen Beobachtungen und über 1200 Zeichnungen« anvertraut hatte. Die »Lucullus« kam vom Kap der Guten Hoffnung, als sie 1838 im Golf von Biskaya unterging.

Wir plauderten noch ein wenig, und Miquel bemerkte, wie enttäuscht er über den Katalog Darders gewesen sei, der hinsichtlich der Lebensgeschichte von El Negro jämmerlich versage.

Ich wusste nicht, von welchem Katalog er sprach.

»Der zu seiner Ausstellung 1888.«

»Wo hätte ich den finden sollen?«

Kopfschüttelnd vor Erstaunen (wie konnte ich diesen Katalog übersehen haben!), begann Miquel durch sein Ringbuch zu blättern. Ich sah, wie er bei der Kopie eines historischen Stiches innehielt, die er mir mit einem »Voilà!« unter die Nase hielt.

Ich schaute auf ein Bild aus dem Jahre 1888. El Negro, unverkennbar. Er wirkte etwas kräftiger, oder besser: fülliger als auf der Ansichtskarte, die ich 1983 in Banyoles gekauft hatte. Außerdem trug er seinen Raphiaschmuck auf dem Kopf, und nicht, wie später, im Nacken (an einer Schnur baumelnd wie ein heruntergerutschter Cowboyhut). Lanze und Schild stimmten exakt überein, ebenso seine leicht gebeugte Haltung und sein Jägerblick.

Der erläuternde Text zu der Abbildung enthielt Allgemeines über das Volk der Bechuana aus einem Reisebericht des Jahres 1805. Ich las, dass die Bechuana zu den Kaffernvölkern des südlichen Afrika gezählt wurden, wolliges Haupthaar und nahezu keinen Bartwuchs hatten und dass ihre Sprache weich und sonor klang, »ohne die Monotonie, die normalerweise die Aussprache von Wilden prägt«. Darder lehrte in seinem Reisebericht, dass die Bechuanas gemeinsam mit ihrem Vieh in einem Kraal wohnten, einem Stammesoberhaupt gehorchten und polygam lebten. An der Anzahl Frauen, die sich ein Mann leisten konnte, erkannte man seinen Wohlstand.

Ich schrieb einige Typisierungen aus dem Katalog ab. »Der Bechuana ist tapfer und verteidigt sich und seinen Besitz unerschrocken, ohne von Natur aus streitsüchtig zu sein.« Und: »Die Bechuanafrau ist außergewöhnlich fruchtbar. Mit der Farbe ihrer Haut ist sie unzufrieden und reibt diese daher oft mit einem Brei aus Ockerpulver und dem Extrakt würziger Kräuter ein.«

Ich notierte, dass Männer *und* Frauen wach und lernbegierig seien. Fremde Worte könnten sie leicht behalten und nachahmen. »Dennoch haben alle Versuche, sie dem Christentum zu unterwerfen, bis heute keine Früchte abgeworfen.«

Erst im letzten Abschnitt wandte sich Darder dem Exemplar in seiner Privatsammlung zu. Die Existenz dieses »erstklassigen Objektes« schrieb er »der Unverfrorenheit der Gebrüder Verreaux« zu, die im südlichen Afrika einem Begräbnisritual eines männlichen Bechuana beigewohnt hatten, »das prunkvoll gefeiert worden war«. Gemeinsam hatten sie verabredet, »ihn mitten in der Nacht auszugraben, wenn sich seine Verwandten zurückgezogen hätten, mit dem Ziel, sobald sie ihn zum Kap der Guten Hoffnung gebracht hätten, ihn so zu präparieren, wie wir ihn heute vorfinden. Die Brüder Verreaux sahen ihr Unterfangen vom denkbar besten Ergebnis gekrönt.«

Das war alles. Es war atemberaubend und doch enttäuschend. Man konnte nichts anderes daraus ableiten, als dass Darder nicht mehr wusste, als Jules Verreaux schon in seinem Brief an Cuvier erwähnt hatte. Ihm war schlichtweg nicht bekannt, wer El Negro war und wo er genau herkam.

Miquel hatte diesen Schluss bereits früher gezogen und seinem Chefredakteur vorgeschlagen, in Kapstadt weiterzusuchen. »Aber du weißt ja«, sagte er, »für eine Zeitung zählt nur Aktuelles.«

Er erzählte, im Augenblick sei er hinter der Geschichte eines Serienmörders her, der immer wieder in einem Parkhaus zuschlug. »Ich kann also nicht klagen, es gibt bestimmt langweiligere Themen.«

Weil es kurz vor Mitternacht war, beschloss Miquel, dass es jetzt an der Zeit sei, sich ins nächtliche Getümmel zu stürzen. Er hielt ein Taxi an und fuhr mit mir im Schlepptau die Höhepunkte seines Stadtführers ab.

Wo ich genau gewesen bin, weiß ich nicht mehr, aber als Andenken an unsere Kneipentour fand ich einen Bierdeckel, auf den Miquel geschrieben hatte: »Prof. Jordi Sabater Pi –

Zoologe – Ethnograph – Afrikanist.« Die konkrete Spur, die El Negro in Barcelona hinterlassen hatte, mochte zwar wenig Sensationelles bieten, aber ich wollte ihn doch gern in seiner Zeit in Spanien einordnen können. »Wenn du jemanden mit Überblick brauchst«, hatte Miquel mir geraten, »musst du versuchen, mit Sabater zu reden.«

Tief in der Nacht, in einer der Gassen hinter der Plaza Real hatte er mir diesen emeritierten Professor als Pendant des 20. Jahrhunderts zu Naturforschern wie Jules und Édouard Verreaux beschrieben. Er erzählte, Jordi Sabater habe jahrelang eine Außenstelle des Tiergartens von Barcelona an der westafrikanischen Küste Spanisch-Guineas, des heutigen Äquatorial-Guineas, geleitet. Diese Außenstelle war eine Art Asyl für Urwaldtiere, die gerade gefangen oder aufgekauft worden waren. Sabater ließ seinen Tieren erst ein bisschen Zeit, sich an das Käfigdasein zu gewöhnen, bevor er sie nach Barcelona schickte, damit weniger Tiere auf der Reise verendeten.

Mit seinem wöchentlichen Nachschub, manchmal per Schiff, manchmal per Flugzeug, hatte Sabater den Tiergarten seiner Stadt zu einer international berühmten Bank für Tierarten gemacht, reich an Tausch- und Handelsmaterial, ungefähr so, wie die Brüder Verreaux einst die Lager ihres Handelshauses in Paris mit den exotischsten – allerdings toten – Spezies gefüllt hatten.

In einer von Sabaters Sendungen aus dem Jahre 1966 hatte sich ein außergewöhnliches Exemplar befunden: ein Gorillajunges mit dem weißen Fell eines Eisbären und dem Namen Copito de Nieve oder Schneeflocke. Miquel meinte, als Entdecker des weltweit einzigen weißen Gorillas genieße Sabater nationalen Heldenstatus, und in dieser Eigenschaft sei dieser auch einmal zu einer Fernsehdebatte über die Zurschaustellung von El Negro in Banyoles eingeladen worden.

Wenn ich Miquel so hörte, musste es sich bei Sabater um eines der letzten Exemplare der aussterbenden Gattung der romantisch gesinnten Naturforscher handeln, und in Gedanken konfrontierte ich ihn schon mit dem gegensätzlichen Paar

Copito – El Negro (weißer Tiergartenaffe contra schwarzer Museumsmensch). Wer weiß, vielleicht würde das zu überraschenden Erkenntnissen führen.

Am Sonntag konnte ich Sabater besuchen. Den Morgen vor unserem Treffen verbrachte ich im Park der Zitadelle, dem Ort der Weltausstellung von 1888. Auf diesen 380 000 Quadratmetern kreuzten sich die Lebensgeschichten von Sabater und Darder. Der Tierarzt hatte die Weltausstellung genutzt, um seinen Bechuana zur Schau zu stellen, und war nicht lange danach mit seinem Elefanten Aví und etwa hundert anderen Tieren auf dem nun geräumten Gelände angekommen. Rund um einen Brunnen in Form einer Dame mit Schirm hatte er die ersten Käfige und Volieren von Barcelonas Stadtmenagerie gruppiert. Viele der späteren Erweiterungen, darunter auch die »Primatenstraße«, gingen dagegen auf das Konto Sabaters.

Mit dem Park, den ich betrat, hatte mich Eduardo Mendoza in seinem Roman *Die Stadt der Wunder* auf sehr anregende Weise vertraut gemacht. Im Jahre 1714, als die Katalanen von der französisch-kastilischen Allianz unterworfen wurden, war auf diesem Boden eine Zitadelle errichtet worden, in der sich Soldaten, die unter dem Befehl Madrids standen, verschanzten. Sie hielten die Barcelonesen im Zaum, indem sie beim geringsten Anzeichen von Rebellion Kanonen abfeuerten und die Leichen Aufständischer wie Wäschestücke von den Festungsmauern hängenließen. Erst 1868, als die Besatzermacht ihre Truppen neu ordnete und auf dem strategisch günstiger gelegenen Mont Juïc zusammenzog, durfte die verhasste Burg abgerissen werden. Aber was sollte man mit dem frei gewordenen Gelände machen? Die Stadtverwaltung Barcelonas veranstaltete ein Preisausschreiben für die beste Idee und den besten Architekturentwurf.

Mendoza beschrieb, wie sich die Katalanen im Laufe des 19. Jahrhunderts dank des Niedergangs Spaniens wieder aufrappelten. Die einstige Großmacht, welche die neue Welt entdeckt und erschlossen hatte, war am Ende: Argentinien ging

1816 seinen eigenen Weg, Chile 1818, Peru 1824, Mittelamerika 1838 – so zerbrach das Reich. Von den überseeischen Reichsgebieten blieben noch Cuba, Puerto Rico, die Philippinen und Spanisch-Guinea an der afrikanischen Westküste. Der seewärts gerichtete Blick der Spanier hatte sich um 180 Grad gedreht und in Nabelschau verwandelt, die schließlich zu endlosem innenpolitischem Gezänk führte (und zu 40 Regierungen innerhalb eines Jahrhunderts). Während Großbritannien, Frankreich, Italien, Deutschland und Belgien ab 1880 eilig und gierig den afrikanischen Kontinent (»ce magnifique gateau« – diesen großartigen Kuchen, so der belgische König Leopold) verteilten, hatte Spanien das Nachsehen. Die Ironie der Geschichte wollte, dass Spanien, als das restliche Europa noch im Mittelalter dümpelte, bereits ein ganzes Imperium errichtet hatte, und nun, während der Rest Europas zum kolonialen Überholmanöver ansetzte, in mittelalterlicher Engstirnigkeit versank.

Ich las, dass Spanien so fest im Würgegriff des Katholizismus war, dass die Werke Charles Darwins auf dem Index landeten und ein Dekret aus dem Jahre 1875 die Verbreitung der Evolutionstheorie explizit als Gotteslästerung unter Strafe stellte. Das erklärte natürlich, warum Darder in *El Naturalista* Darwins Namen unerwähnt gelassen hatte: Er hätte damit seine Lizenz als Herausgeber aufs Spiel gesetzt.

Im Gegensatz zum übrigen Land, so erfuhr ich bei Mendoza, gab es in Katalonien den Drang zu Erneuerung und Fortschritt. Dort wurde die erste Postkutschenverbindung in Betrieb genommen (1818), die erste Dampfmaschine (1836), die erste Eisenbahnlinie (1848), die erste Elektrizitätszentrale (1873). Barcelona fasste genug Selbstvertrauen, um von Madrid abzurücken und erstmals eine Zeitung in Katalanisch zu drucken (1879). Auch die Organisation der Weltausstellung – so das Ergebnis des Preisausschreibens – war dazu gedacht, die Muskeln spielen zu lassen: Madrid mochte zwar die Hauptstadt Spaniens sein, aber Barcelona präsentierte sich sieben Monate lang als Hauptstadt der Welt.

Ein Triumphbogen, von Fries bis Fuß aus Backstein hochgezogen, markierte den Eingang zum Park der Zitadelle. Der Bogen hatte seine Torfunktion verloren und war nun zum Straßenverkehrshindernis geworden, aber offensichtlich gehörte ein solcher Koloss damals einfach dazu. Aus der Steinmasse über meinem Kopf schloss ich, dass sich Barcelona hinsichtlich seiner Architektur mit Paris hatte messen wollen und sich an dieser Gewalttour verhoben hatte. Dabei hätte Barcelona nur seinen natürlichen Charme auszuspielen brauchen: seine Meeresnähe und die wunderbare Tatsache, dass man im Januar im T-Shirt unter Palmen flanieren konnte.

Wie dem Wetterdienst der Zeitung *El Diario de Barcelona* vom 19. Mai 1888 zu entnehmen war, herrschten an diesem Tag 27 Grad in der Sonne und 21 Grad im Schatten. Dem Bericht der Eröffnungszeremonie für die Weltausstellung zufolge war die »Miguel M. Pinillos« am Tag zuvor in den Hafen von Barcelona eingelaufen. Dieser Passagierdampfer aus den Antillen hatte neben der »Isla de Cuba« und der niederländischen »Johan Willem Frisco« angelegt. Vor der Küste hatte sich eine Flotte aus 68 Kriegsschiffen versammelt, die mit einer Gesamtzahl von 538 Kanonen ein wahres Feuerwerk von Salutschüssen veranstalteten. Königinregentin Doña Maria Christina eröffnete die Weltausstellung »majestätisch und imposant« im Namen König Alfonsos XIII., ihres in Satin gekleideten Söhnchens von anderthalb Jahren. Der Berichterstatter konnte es sich kaum anders vorstellen, als dass alle Besucher bei der Rückkehr in ihr jeweiliges Land zu »Aposteln des Fortschritts« würden.

Die Promenade, die am Triumphbogen begann, traf nach einigen hundert Metern auf den eigentlichen Eingang des Ausstellungsparks: zwei Säulen, auf die sich jeweils eine Skulptur, Allegorien für den Handel und die Industrie, stützte – oder besser: gestützt hatte, denn sie waren verschwunden.

Ich dachte darüber nach, dass damals El Negro nur eine Viertelstunde zu Fuß (heute zwei U-Bahnhaltestellen) entfernt zu besichtigen gewesen war. In der Veranstaltungsrubrik von

El Diario de Barcelona hatte wochenlang folgende Ankündigung gestanden: »Gran Café de Novedades: Naturhistorische Ausstellung. Öffnungszeiten: 9 Uhr morgens bis 10 Uhr abends. Schulklassen Eintritt frei.« Das Café hatte offensichtlich auch eine Bühne, auf der die Revuetanzgruppe »Excelsior« im Sommer 1888 eine Show aufführte, die zuvor »500 Abende hintereinander im Eden-Theater in Paris« zu sehen gewesen war. Im Stockwerk über der Bühne des Cafés hatte El Negro also rhythmisch mitgewippt.

Den Zooschildern folgend, kam ich an dem Restaurant vorbei, das seinerzeit eigens für die Weltausstellung gebaut worden war, und reihte mich in die Schlange vor der Zoo-Kasse ein. Das Gorillahaus war leicht zu finden, ich musste nur den rennenden Kindern hinterherlaufen, die vor ihren Eltern nach links in die »Primatenstraße« abbogen. Nicht weit vom Brunnen der Dame mit Schirm hatte sich eine Zuschauermenge versammelt, die eifrig mit zoomenden Kameralinsen beschäftigt war.

Copito besaß Arme wie Baumstämme. Er wurde allmählich kahl, am Scheitel schimmerte seine Kopfhaut rosafarben durch; seine Brust war unbehaart und korpulent. Sehr gefährlich sah er nicht aus, eher trübselig und behäbig. Auch wenn er fast 40 Jahre alt war (was dem Alter eines Menschen von 80 Jahren entspricht), galt Schneeflocke unvermindert als Alphamännchen der Gorillakolonie und als Stern des Tiergartens. Die Souvenirstände führten ein einseitiges Sortiment weißer Plüsch- oder Plastikgorillas (in Form von Schlüsselanhängern) und Ansichtskartensammlungen mit Copito sitzend, Copito liegend, Copito stehend.

Heute lehnte er mit dem Rücken an einem Baumstumpf und kaute. In seinem sexuell aktiven Leben hatte er mit drei verschiedenen Weibchen 21 Nachkommen gezeugt, von denen sechs überlebt hatten. Aber kein Junges hatte seinen Albinismus geerbt, so dass sich das Weiß seines Fells nun besonders deutlich vom Fell seiner Käfiggenossen, die um den Patriarchen schlenderten, abhob.

Die umstehenden Zoobesucher zogen affenartige Grimassen. Bewegte sich der alte Gorilla, rührte sich auch die Menge. Spuckte er, wichen die Kinder zurück. Aber viel Theater wurde uns nicht geboten; Schneeflocke war in letzter Zeit missmutig und matt. Unter seinem rechten Arm hatte er ein Krebsgeschwür, das nicht mehr behandelt werden konnte. Die Presse verfolgte seinen Verfall aufmerksam und notierte exakt, welche Antidepressiva ihm verabreicht wurden. In Erwartung des nahenden Endes bekamen Kinder auf Vorzeigen einer Zeichnung Copitos kostenlosen Zutritt zum Tiergarten.

»Ich bin kein Stadtmensch«, sagte Jordi Sabater Pi.

Ich stand neben ihm auf der Dachterrasse eines zehnstöckigen Apartmenthauses. So von oben betrachtet, ähnelte Barcelona einer Honigwabe, in der Insekten mit Blechpanzern hin und her sausen.

»Meine siebenjährige Enkelin«, fuhr er fort, »kann stundenlang über die Brüstung nach unten starren.« Er selbst schaute lieber in die Ferne zum Mont Juïc oder richtete den Feldstecher auf die Tanker und Containerschiffe, die ein paar Kilometer außerhalb des Hafens vor Anker lagen.

Sabater hatte sich seine Sporen in der Tierverhaltenslehre verdient. Jahrelang hatte er landauf, landab in Baumhütten gelebt, um Schimpansen, Bonobos und Gorillas zu beobachten. Jetzt, da er emeritiert war, bewohnte er das oberste Stockwerk eines schlanken Hochhauses im Nordwesten Barcelonas – hoch über allem menschlichen Gewimmel.

Durch die aufgeschobenen Balkontüren betraten wir sein Arbeitszimmer, in dem die Zeit im Jahre 1966 stehengeblieben zu sein schien. Jordi Sabater pflegte und konservierte die Atmosphäre des spätkolonialen Afrikas. In Jeans und einer weit fallenden Weste nahm er inmitten seiner Trophäen Platz: Masken und Lanzen der westafrikanischen Fang (»der Menschen aus dem Busch«, sagte er ehrfürchtig), Zeichnungen ihrer Gesichtstätowierungen, Fotos von sich, die ihn als muskulösen, vom Scheitel bis zur Sohle gepflegten Expeditionsleiter zeigen.

40 Jahre lang hatte er in Westafrika gewohnt, erst als Kaffeepflanzer, später als Ethnograf, Zoologe und Aufkäufer exotischer Tiere.

Auf meine Frage, was ihn denn nach Afrika gebracht hätte, sagte er: »der Spanische Bürgerkrieg.«

Sabater erzählte, dass seine Eltern eine Druckerei in einer Seitenstraße der Ramblas besessen hatten. Er war damals gerade noch zu jung, um als Soldat an die Front zu müssen, aber er hatte die Brandluft des Krieges dennoch eingeatmet. Fast flüsternd sprach er über den Luftangriff der deutschen Messerschmitts auf Barcelona (»größer als der auf Guernica«) und über das Gefühl der Entwurzelung, das er verspürt hatte: Die Familiendruckerei war verschont geblieben, aber es gab kein Papier mehr und daher auch keine Arbeit.

»1940, ich war 17, bekam ich die Chance, der Nahrungsmittelknappheit zu entfliehen. Meine Eltern haben mich auf ein Frachtschiff nach Spanisch-Guinea gesetzt.« Er konnte dort als Aufseher auf der Kaffee- und Kakaoplantage eines Onkels anfangen.

Ich musste an Jules Verreaux denken, der mit seinem Onkel durch das südliche Afrika gezogen war und sich mit 19 Jahren in Kapstadt niedergelassen hatte.

»Ich hatte ein paar Jahre Mittelschule«, fuhr Sabater fort. »Aber die Geschichten von Stanley und Livingstone kannte ich fast auswendig. *Auf der Suche nach den Quellen des Nils*, das Buch habe ich buchstäblich zerlesen.«

Sabater berichtete, er habe sich mit der Sprache und den Gewohnheiten der schwarzen Plantagenarbeiter beschäftigt und die tätowierten Initiationssymbole der Fang und die Gesichtszüge der Pygmäen in einem Skizzenbuch nachgezeichnet. »Ich bin Autodidakt«, merkte er an. Botanik, Zoologie, Ethnographie – in diesen Disziplinen hatte er sich durch ständiges Üben und Selbststudium ausgebildet. 1954 hatte sich ihm die Chance geboten, im Auftrag der National Geographic Society in Washington ganz in die Naturforschung einzusteigen, und zwar als erster bezahlter Beobachter des Flachlandgorillas.

Ich fragte ihn nach dem 4. Oktober 1966, dem Tag, der ihn für den Rest seines Lebens berühmt gemacht hatte. Aber er hatte keine Lust, darüber viele Worte zu verlieren, weil es sich seiner Ansicht nach um unverdienten Ruhm handelte (»produziert und aufrechterhalten durch die Medien«).

»Was möchten Sie wissen?«

»Wie Sie den weißen Gorilla entdeckt haben.«

»Den habe ich nicht entdeckt. Ich habe ihn *gekauft.*« Daran sei nichts Heldenhaftes. Ein Jäger mit einem vergitterten Korb habe sich bei ihm gemeldet. Darin habe ein Tier in Todesangst gesessen, das vor Pisse und Schweiß nur so klebte. Der Jäger sei ein Fang gewesen, ein Buschbewohner, der einen Gorilla getötet hatte, um seine Kaffee- und Bananenplantage zu schützen. Und dabei habe er das Junge gefunden, das sich unversehrt an den Bauch seiner Mutter klammerte. Der Schütze sei völlig verwirrt gewesen, denn das Kleine war unbestreitbar ein *ngi* (in der Sprache der Fang ein Gorilla), aber *nfumu* – weiß.

Selbstverständlich, sagte Sabater, habe er auf den ersten Blick die Einzigartigkeit dieses Exemplars erkannt. »Schließlich war das Äffchen blond wie ein Kind, mit rosafarbenem Gesicht und blauen Augen. Aber um den Preis runterzuhandeln, durfte ich natürlich keinerlei Aufregung zeigen.«

Sabater lachte mit der Heiserkeit eines alten Mannes. »Er verlangte 20 000 Peseten. Wir haben uns auf 11 500 geeinigt.«

Und seither, stellte ich fest, war Copito Ehrenbürger von Barcelona. Ich wollte wissen, warum er die Phantasie so anregte und als »menschlichster Menschenaffe« gepriesen wurde. Was steckte dahinter?

»Gedankenlosigkeit und Projektion«, sagte Sabater verächtlich. »Gorillas ähneln uns, einverstanden, unsere DNA stimmt zu 96 Prozent überein. Aber zu behaupten, sie besäßen einen bestimmten Grad von Menschlichkeit … Unsinn. Dieser Grad ist gleich Null.«

Ich brachte El Negro zur Sprache und fragte Professor Sabater, für was man diesen vor rund einem Jahrhundert gehalten habe. »Für ein Tier?«

Er dachte einen Augenblick nach und meinte: »Für einen Schimpansen. Oder höchstens für eine unbekannte Tierart, die gerade mal eine Stufe höher stand als der Schimpanse.« Sabaters Meinung nach war das damals die landläufige Auffassung; alle Weltausstellungen in der zweiten Hälfte des 19. Jahrhunderts hatten Eingeborene als Affenartige zur Schau gestellt, manchmal mit ganzen Familien in nachgebauten Dörfern. Und noch im Jahre 1906 habe der Tiergarten von New York einen Pygmäen aus Belgisch-Kongo zu den Schimpansen in einen Käfig gesetzt – zur Belustigung der Besucher.

Sabater sagte, die meisten Spanier betrachteten sogar noch in den 60er Jahren die Pygmäen Guineas auf diese Weise: »Als *subhumanos,* Untermenschen. Und nicht als vollwertige menschliche Wesen.«

Ich wandte ein, Darder dagegen habe seinen Bechuana ja nicht zwischen die Affen gestellt, sondern in die separate Abteilung Anthropologie, und später in Banyoles in den Saal des Menschen.

Aber Sabater glaubte, die Mehrheit des Publikums nähme solche Unterschiede nicht wahr; die Masse sähe doch immer nur die eigenen Vorstellungen, egal, wonach man sie schauen ließe. Das gelte für Schneeflocke ebenso wie für El Negro. Was man sehe, wenn man einen ausgestopften Afrikaner betrachte, sei abhängig von der jeweiligen Zeit und ihrer geltenden Moral. So hatte man El Negro, als wäre er eine Anziehpuppe der herrschenden Sitten, ein Röckchen angepasst, das seinen schmalen Lendenschurz ersetzen sollte.

Und was sollte man von dem Entschluss früherer Museumskonservatoren halten, El Negro mit Schuhcreme zu schwärzen? Hatten sie Angst, er könne ihnen zu nahe kommen, wenn er verblasste?

»Aber wir brauchen gar nicht nur über früher zu sprechen«, sagte Sabater. »Wenn Sie mich fragen, sind die meisten Spanier tief in ihrem Herzen noch immer der Meinung, Schwarze seien weniger wert als Weiße.«

Und er? Was dachte er selbst?

Sabater faltete die Hände um ein Knie und schüttelte kurz den Kopf. »Schauen Sie«, sagte er. »Ich bin unpolitisch und nicht religiös. Ich glaube an Darwin.«

Sabater fügte hinzu, er verstehe nicht, weshalb die halbe Menschheit nach Jerusalem oder Mekka pilgere; sie solle besser nach Afrika gehen und dort die Erde küssen. »In Afrika liegen unsere Wurzeln. Von *dort* kommen wir.«

Der Mensch, fuhr er fort, sei ein Primat mit einem groß gewachsenen Hirn. Seine Tragik sei, dass er zwar nachdenken könne, sich jedoch stets erneut von kollektiven Wahnvorstellungen überfallen ließe, und so etwas könne in solche Grausamkeiten wie Genozid münden, »weil unsere Aggressivität nicht zum Umfang unseres Gehirns passt«.

Die Massenhysterie als *condition humaine* könne sich auch harmloser äußern, wie im Fall von Schneeflocke. Ein weißhaariger Gorilla mit blauen Augen sei etwas Besonderes, legte der Professor dar, aber aus wissenschaftlicher Sicht auch wieder nicht so außergewöhnlich. Ein Albino, ein Geschöpf, das kein Melanin erzeugen könne, sei eine Abweichung, die in der Natur vorkomme, offensichtlich auch beim Flachlandgorilla.

»Und dennoch«, sagte er, »läuft das Volk scharenweise zu ihm. Das ist nun das Eigenartige am Menschen.«

Er berichtete von dem Zirkus, der gleich nach Schneeflockes Entdeckung im Jahre 1966 veranstaltet worden war. »The animal kingdom's newest celebrity« – des Tierreichs neueste Berühmtheit, schrieb seine eigene Zeitschrift *National Geographic*. Ein Fotograf und ein Redakteur hatten unverzüglich das nächste Flugzeug genommen, um das Gorillajunge zu bewundern und unter dem Namen »Snowflake« auf der Titelseite ihres Blattes zu präsentieren. *Life* folgte, *Stern*, und *Paris-Match*. In Guinea erhielt Sabater ein Telegramm von der Direktion der Weltausstellung Expo 1967 in Montreal, in dem man ihm eine Million Dollar für Schneeflocke bot: rund sechstausendmal so viel, wie er dem Jäger gezahlt hatte. Aber als Aufkäufer im Dienst des Tiergartens von Barcelona hatte er das Tier ohne Zögern seiner Geburtsstadt geschenkt.

»Ich hatte ihn Ngi Nfumu nennen wollen, ›weißer Gorilla‹, aus Respekt vor den Fang«, sagte er. »Oder zur Not auch nur Nfumu, ›der Weiße‹, wenn das leichter von der Zunge ging.«

Aber seit seinem Erscheinen in National Geographic hieß das Tier Schneeflocke, daran war nichts mehr zu ändern.

Gerade als Sabater zu erzählen begann, wie er und seine Familie aus Guinea ausgewiesen worden waren (sie wurden kurz nach Erlangen der Unabhängigkeit 1969 genau wie alle anderen »Kolonialisten« rigoros von Diktator Macías verjagt), klingelte es: Sein Sohn und seine Schwiegertochter kamen mit ihrer Tochter zum Sonntagsbesuch. Ich machte Anstalten, mich aus dem Familiengeschehen zurückzuziehen, aber so war das nicht gedacht. »Bleiben Sie doch bitte«, sagte die Schwiegertochter. »Dann erleben wir wenigstens auch noch was.«

Während sie und ihr Mann sich zu uns setzten, wandte sich der Herr des Hauses an mich: »Wir sprachen doch gerade vom Kolonialismus? Nun, die beiden hier sind zwei waschechte Repräsentanten. Mein Sohn Francesc ist katalanischer Kolonialist, meine Schwiegertochter Rosemary ist Britin.«

Den Sohn hatte ich bereits auf einem gerahmten Foto auf dem Büfett gesehen – ich nahm jedenfalls an, dass er der Junge in kurzen Hosen war, der sich lachend von Copito den Kopf kraulen ließ.

»Ja«, sagte Francesc. »Das bin ich, als ich ungefähr acht war.«

Ich fragte, ob er gute Erinnerungen an Afrika habe.

»Ausschließlich. Wir wohnten am Strand und spielten immer zwischen den Tieren. Als Macías die Weißen verjagte, hatten wir das Gefühl, aus dem Paradies verstoßen zu werden.«

Soweit ich verstand, waren die Sabaters nach 1969 nicht mehr in Guinea gewesen, und später hatten sie voller Bedauern mit ansehen müssen, wie sich das Völkerkundliche Museum in Madrid der Masken und Schädel der Fang entledigte.

»Der Nachfolger von Macías hat sie in den 80er Jahren zurückgefordert«, sagte der Sohn, »und die Sozialisten unter

Felipe Gonzalez zeigten natürlich keinerlei Rückgrat. Sie haben alles sofort zurückgegeben.«

Sabater senior konnte dafür noch Verständnis aufbringen, schließlich sei es ihr Erbe gewesen.

Auf meine Frage, ob Macías oder seine Nachfolger denn nie Schneeflocke zurückgefordert hätten, verdüsterte sich Francescs Gesicht. »Das wäre aussichtslos«, sagte er entschieden.

»Warum?« Ich hielt das für gar nicht so hypothetisch.

»Mein Vater hat ihn *gekauft*. Das war eine legale Transaktion, mit der er und später die Gemeinde Barcelona Eigentum erworben haben.«

Aber dann schlug doch der Zweifel zu. »Papa«, fragte er, »du hast doch sicher noch eine Rechnung?«

»Eine Rechnung? Ich weiß nicht, ob ich die habe oder ob ich sie finden könnte.«

»Sie haben keine Chance«, schlussfolgerte Francesc. »Der Jäger, der ihn angeboten hat, ist schon lange tot.«

Rosemary fand, das sei Aufregung um nichts; Schneeflocke habe schließlich nicht mehr lange zu leben. »Ist eigentlich bekannt, was sie mit ihm machen, wenn er tot ist?« wollte sie wissen. »Wird er dann ausgestopft?«

»Nein«, sagte ihr Mann, »er wird eingefroren.«

»Was?« rief der Vater. »Stimmt das? Warum weiß ich nichts davon?«

»Sie wollen ihn klonen«, merkte Francesc an.

»Und wenn ich das verbiete ...«

»Dann erhebt sich halb Barcelona gegen dich.«

Sabater fluchte. »Das Tier ist eine *Anekdote!* Mehr nicht.« Der Professor schaute sich suchend nach weiterer verbaler Munition um. »Jeder, der einen Zoo besucht und sich dann nur für einen weißen Gorilla interessiert, leidet an einer Entwicklungsstörung.« Und wo er schon einmal dabei war, musste er sich auch von der Seele reden, wie sehr ihm seine einseitige Bekanntheit als Entdecker des weißen Gorillas zum Hals heraushing. »Ich habe verdammt noch mal in meinem Leben wichtigere Dinge getan. Ich habe als Erster den Goliathfrosch beschrieben ... Ich bin ein Pionier der Ethnologie ..., ich habe mit Dian Fossey und Jane Goodall zusammengearbeitet ..., ich habe als Erster publiziert, dass der Schimpanse Werkzeuge verwendet ...«

»Und trotzdem«, fiel ihm Rose ins Wort, »wird man sich an dich erinnern als den Entdecker des weißen Gorillas.« Ihr Schwiegervater wollte etwas sagen, aber sie war noch nicht fertig. »Du weißt, dass es so sein wird. Überleg doch mal. Ich halte mich für eine durchaus gebildete Frau, aber wenn mich jemand fragt: ›Was weißt du von Newton?‹ sage ich: ›Dass er eines Tages einen Apfel auf den Kopf bekam.‹ ›Und Archimedes?‹ ›Der saß in der Badewanne.‹ Das ist es, was die Leute behalten.«

Der alte Herr äffte ihr »Das-ist-es-was-die-Leute-behalten« nach. Er starrte vor sich hin, den Mund noch immer halb geöffnet, aber jetzt lautlos. Wir alle warteten auf einen weiteren Ausbruch, doch es kam nichts mehr.

Abends auf den Ramblas ging ich in ein Internetcafé von Easy-Everything, um einen Mietwagen für mein anstehendes Wiedersehen mit Banyoles zu bestellen. Ich musste angeben, ob ich ihn am Triumphbogen oder in einem Parkhaus beim Bahnhof Sants abholen wolle. Die Entscheidung war schnell gefällt.

Ich schickte Miquel eine E-Mail, um ihn zu fragen, wie es um seinen Serienmörder stand.

»Er ist gefasst«, antwortete er umgehend. »Ein 24-jähriger Mann. Arbeitslos. Motiv: Geld.«

Mir schoss noch eine Frage durch den Kopf, die ich ihm auch gleich schickte: War Darder denn nun Darwinist gewesen oder nicht?

»Ganz sicher nicht. Habe ein Zitat für seinen Widerwillen gegen ›neue Töne wie die Evolutionstheorie‹. Suche die Stelle für dich heraus. Miquel.«

Löwe mit zwei Gesichtern

Sierra Leone, 1995

Auf dem Promenadendeck hinter einem Schornstein, der rußige Wolken erbrach, fand ich Schatten und Windstille. Der einzige Sitzplatz hier auf der Leeseite war eine Kiste mit Schwimmwesten, nicht besonders komfortabel, aber mit Aussicht auf eine Flussmündung, die so breit war, dass man sie mit Recht Seearm nennen konnte. Ich schlug das *Sierra Leone Digest* auf, das Magazin, ich zwei Decks tiefer zwischen den Buschtaxis und den gepanzerten Mercedes-Limousinen der Behörden mit ihren unsichtbaren Insassen gekauft hatte. Unten herrschte Gedränge wie in einer Markthalle; die Luft war bläulich von Abgasen.

»Warum stellen sie den Motor nicht ab?« hatte ich den Zeitungsjungen gefragt.

Er schaute mich an, die Wangen voller Initiationszeichen. »Dann funktioniert die Klimaanlage nicht« – das sei doch logisch.

Ich vermutete, er wiederum könne nicht verstehen, dass ich das Oberdeck betrat, um mich in die Sonne zu setzen. Aber ich saß gar nicht in der Sonne, denn der Rauch über meinem Kopf war wie ein Rußglas, durch das man gefahrlos in eine Sonnenfinsternis schauen konnte.

»1995: Das Jahr, in dem Träume wahr werden«, versprach das *Sierra Leone Digest* in einem rot umrandeten Kasten. Ein absurder Neujahrsgruß, eingeklemmt zwischen Spalten voller pessimistischer Meldungen. Der Leitartikel unter der Schlagzeile »Das Rebellenkriegssymptom« begann so: »1963 ratterte die erste Kalaschnikow im unabhängigen Afrika. Heute ist der

Rebellenkrieg ein Phänomen, das durch den Süden, Osten, Westen und die Mitte Afrikas rast und seit kurzem auch Sierra Leone erreicht hat.« Dazu gehörte eine Fotocollage der grausamsten Kriegsherren, deren Köpfe so angeordnet waren, dass sie zusammen die Karte des Kontinents füllten.

Willkommen in Afrika, dachte ich und lehnte mich zurück, mit den Ellenbogen auf der Rettungskiste. Mitten in der Flussmündung zeichnete sich ein grüner Streifen ab: Das mussten die Palmen der Sklaveninsel Bunce sein. Unsere Fähre, die »Fanta«, wich mit dem erforderlichen Geschick zwei Schiffswracks aus, die nicht weit voneinander wie zwei Walfischflossen aus dem Wasser stachen. Aus der griechischen Schrift zu schließen, die auf der Tafel mit den Sicherheitsvorschriften obenan stand, befanden wir uns auf einer griechischen Fähre, vielleicht einer, die jahrzehntelang die Ägäis befahren und dann für die Entwicklungshilfe ausrangiert worden war. Dennoch weckte die »Fanta« keine Urlaubsgefühle, sondern eher die Assoziation von Flüchtlingsschiffen, die während tropischer Stürme unterzugehen pflegen.

Ich kniff die Augen zusammen und spähte in Richtung eines im Morgennebel nur undeutlich zu erkennenden Berges am Horizont, dem Serra Lyoa, einer Navigationsbake, nach der Generationen von Seefahrern Ausschau gehalten hatten. An der gesamten Krümmung Westafrikas besteht die Küste aus Flachland: Sandverwehungen von Casablanca bis Dakar und weiter im Süden die undurchdringlichen Mangrovenwälder von Guinea. Aber ob nun aus Sand oder aus Lehm – die westlichen Ränder Afrikas sind so flach wie ein Cassavebrot. Erst nach Tausenden eintöniger Seemeilen erhebt sich plötzlich ein Felsen aus dem Ozean, die Ausstülpung eines Seerückens, der eine 40 Kilometer lange Halbinsel bildet. 1462 erkannte ein portugiesischer Seefahrer in dieser Silhouette einen liegenden Löwen und nannte das Gebirge Serra Lyoa. Der Kopf dieses Löwengebirges war das Ziel meiner Reise: Versteckt unter Mangobäumen und Kokospalmen lag dort die älteste Universität des schwarzen Afrikas. Aus diesem Grund galt der Löwenberg nicht allein als Erkennungspunkt für die Schifffahrt, sondern auch als Ort der Aufklärung des afrikanischen Binnenlandes. Der spitz zulaufende, oben etwas abgeflachte Berg sah aus wie eine Sphinx mit zwei Gesichtern, das eine seewärts, das andere landeinwärts gerichtet.

Vom kurzen Wellenschlag geschüttelt, steuerte die Fähre direkt auf den Löwenberg zu. Die Universität auf dem Gipfel – mit dem Beinamen »Athen Westafrikas« – war angeblich die Kaderschmiede für einheimische Führungskräfte, die einem Kontinent Wohlstand und Fortschritt bringen sollten, der sie speziell für diese Aufgabe dorthin entsandt hatte. Was war da dran? Und was war übrig von diesen Idealen?

Nichts – wenn man dem *Sierra Leone Digest* Glauben schenken durfte. Das Versagen der souveränen Regenten Afrikas schlug einem hier auf jeder Seite entgegen. »Ruanda – ein Leichenfeld« stand unter dem Foto einer verstümmelten Leiche, und der Artikel dazu auf der Auslandsseite warf die Frage auf: »Ist ein Gemetzel in Burundi noch zu vermeiden?«

Die Anzeigenseite brachte einen Aufruf der Eltern von 50 entführten Kindern an die Rebellen von Sierra Leone: »Gebt uns unsere Söhne zurück, sie sind zu jung zum Kämpfen.« In den Anzeigen darunter bot eine sich zurückziehende Hilfsorganisation ihren Wagenpark zum Kauf an, und ein Sektenführer veröffentlichte einen »last call of the end of the times (part 2)« – einen letzten Aufruf am Ende der Zeiten (Teil 2).

Auch das Schicksal des Jungen, der mir das *Digest* verkauft hatte, war Ausdruck für die Hoffnungslosigkeit Afrikas: Er war als Schüler aus der von Gewalt beherrschten Diamantenregion bei der Grenze zu Liberia geflüchtet. Jetzt campierte er am Kai bei der Landungsbrücke und kletterte jeden Tag an Bord der Fähre, die einzige Verbindung zwischen dem Flughafen und der Hauptstadt, um seine Unterrichtsbücher zu verscherbeln: *Elementare Trigonometrie*, Platons *Verteidigung des Sokrates*, ein zerlesenes Exemplar *Helden van Sierra Leone*.

An der Bar auf dem Zwischendeck kaufte ich ihm eine Cola. Ich blätterte durch die *Helden van Sierra Leone* und sah, dass es sich um eine Ausgabe der Geschichtsfakultät auf dem Berg vor uns handelte.

»Bist du sicher, dass du dieses Buch verkaufen willst?«

Er warf einen Blick auf den Umschlag und sagte: »Two dollars.«

»Da vertust du dich«, sagte ich. »Es ist zehn Dollar wert.«

Während ich seine *Helden van Sierra Leone* kaufte, fragte ich, ob er gerne weiter gelernt hätte, wenn der Krieg nicht dazwischen gekommen wäre.

Er schaute versonnen, als würden seine Gedanken abdriften. »Ich möchte eigentlich gern Anwalt werden, wie ein Onkel von mir.«

Aber die Universität war geschlossen, der Campus geräumt. Die Rebellen krochen langsam über den Bergrücken in Richtung Löwenkopf, und wenn sie dort erst einmal angekommen waren, lag die Hauptstadt Freetown ungeschützt vor ihnen.

Das Drama von Sierra Leone spiegelte das afrikanische Unvermögen wider, Wohlstand und Fortschritt zu erlangen. Abgesehen von Südafrika hatten alle Länder südlich der Sahara seit der Dekolonisation nur Rückschritte gemacht, einem Vierteljahrhundert intensiver Entwicklungshilfe zum Trotz.

Woran lag das? Warum konnten 37 afrikanische Länder mit einer Bevölkerung von insgesamt 550 Millionen Menschen an ökonomischem Wert nicht mehr in die Waagschale werfen als zehn Millionen Belgier?

Während eines Besuches bei Freunden in Guinea-Bissau hatte ich gesehen, wie die Guinesen zu einem Volk von Hilfsabhängigen gemacht worden waren, das lustlos am westlichen Tropf hing. Um sich nicht gegenseitig auf die Füße zu treten, hatten die ausländischen Fachleute das Land untereinander in Sektoren aufgeteilt, so dass sich ein unsichtbares Raster französischer, niederländischer, schwedischer und anderer Einflusssphären über die administrativen Grenzen gelegt hatte, das an die koloniale Aufteilung des Kontinents im 19. Jahrhundert erinnerte. Ein ehemaliger Kommilitone von mir fuhr seit seinem 27. Lebensjahr in einem Sechszylinder-Geländewagen von Nissan herum, nach seinen Worten »eine Zuhälterkarre«, in dem ein Minikühlschrank für Coladosen das Handschuhfach ersetzte. Er schrieb ständig Berichte über »Interventionspakete«, die Umsetzung von »Schwerpunktkonzepten« und »Gender Impact«, aber glaubte er selbst an das, was er da tat?

Das war für ihn eine unwichtige Frage: »Du fragst einen Bäcker doch auch nicht, ob Reis besser schmeckt als Brot!«

Über die Hälfte des Bruttosozialprodukts Guinea-Bissaus bestand aus Hilfsgeldern, aber außerhalb der Hauptstadt beschränkten sich die sichtbaren Zeichen von Wohlstand auf die *compounds* der ausländischen Feldforscher. Alles hatte man versucht: groß angelegte Hilfe, Hilfe in kleinem Maßstab, programmatische, projektbezogene und partizipierende wie technische und soziale Hilfe. Die Hilfe half nicht. Ich war geneigt zu glauben, dass ihre Segnungen die gesellschaftszersetzende, korrumpierende Wirkung nicht aufwogen.

Et si l'Afrique refusait le développement? lautet der Titel eines Buches der Kamerunerin Axelle Kabou. Was wäre, wenn Afrika gar keine Entwicklung wollte?

Diese Frage, fand ich, sollte sich jeder Entwicklungshelfer stellen. Die Idee, die hinter westlicher Hilfe stand, egal, wie uneigennützig, taugte nichts. Das konnte man auch nicht dadurch kaschieren, indem man den Begriff »Entwicklungshilfe« durch »Entwicklungszusammenarbeit« ersetzte, denn der Denkfehler steckte im Wort »Entwicklung«. Entwicklung beinhaltet, dass eine Strecke zurückgelegt werden muss, nach vorn und nach oben. Gemeint war eigentlich: Werde so wie wir. Bauernsöhne aus Brabant, die den Bauernhof ihrer Eltern nicht übernehmen konnten, gingen bis zur Mitte des 20. Jahrhunderts als Missionare nach Afrika. Heutzutage nannten sie sich Entwicklungshelfer – doch wo lag der Unterschied?

Mich stieß immer mehr ab, dass Entwicklungsprojekte rein westliche Überlegungen widerspiegelten, die alle zehn Jahre mit der jeweils herrschenden Mode wechselten: Mal drehte sich alles um Selbstversorgung, dann wieder um Nachhaltigkeit, dann wieder um die Gleichberechtigung von Frauen. Mein Kommilitone im Inland von Guinea-Bissau, wie ich Bewässerungsingenieur, leitete ein *»genderproject«:* Er sollte dafür sorgen, dass islamische Fulahfrauen unabhängiger von ihren Männern wurden. Dies sollte gelingen, indem man dafür sorgte, dass ihre Reisfelder höhere Erträge brachten. Aber in der Praxis hatte dies exakt den entgegengesetzten Effekt, denn kaum war der Reisanbau lukrativ, übernahmen ihn die Männer. Nüchtern und enttäuscht sagte mein Kommilitone: »Der einzige Vorteil, den die Frauen hier aus meiner Anwesenheit ziehen, ist, dass ich sie ab und zu auf der Ladefläche meines Nissans mitnehme. Aber gut, soll ich denn sagen: ›Macht, was ihr wollt?‹ Ich habe Personal, das für mich arbeitet, Dolmetscher, Assistenten, Wachleute und zu Hause einen Koch und ein Kindermädchen. Es gibt bestimmt 20 Familien, die durch mich ihren Lebensunterhalt sichern können. Soll ich die im Stich lassen?«

Es war mir schwergefallen, zuzugeben, dass Entwicklungshilfe aus Motiven entstand, die im Grunde rassistisch waren. Der Drang, anderen »unsere« Technik oder »unseren« Lebensstil oder Glauben beizubringen, setzte voraus, dass »wir« es besser wussten, dass die weiße Zivilisation der nicht-weißen überlegen war. Auch wenn man das nicht mehr so nannte, war es noch unvermindert *the white man's burden* – die Vorstellung, der reiche Westen müsse dem Rest der Welt Kultur beibringen, welche die Hilfsindustrie in Bewegung hielt.

Entwicklung und Fortschritt waren relative Begriffe, davon war ich inzwischen überzeugt. Ich erinnerte mich an eine Diskussion in Wageningen über das Buch *Traurige Tropen* des Meisteranthropologen Claude Lévi-Strauss, der behauptete, Fortschritt für die gesamte Menschheit sei schlichtweg nicht möglich. Die Lektion, die mir im Gedächtnis geblieben war, lautete: Wenn sich ein bestimmtes Land oder Volk stark entwickelt hatte, war das gewöhnlich auf Kosten anderer Länder oder Völker geschehen.

Von dem britischen Schriftsteller Vidiadhar S. Naipaul hatte ich außerdem gelernt, dass die Erniedrigung, sich helfen lassen zu müssen, menschenunwürdiger sein konnte als die Armut, die zum Zuwerfen des Gnadenbrots geführt hatte.

Und dann steckte auch immer noch *poison in the gift*, eine manchmal erstickende Dosis Eigeninteresse. Das Hilfsprinzip »Eine-Hand-wäscht-die-andere« galt nicht ohne Hintergedanken – erzieherische, sachliche oder geopolitische. Warum hatten die Niederlande in den 50er Jahren die Aussendung von Entwicklungshelfern für die Tropen beschlossen? Erstens, um die Altkolonialisten, die man aus Indonesien vertrieben hatte, unterzubringen und zweitens, um rechtzeitig zur Stelle zu sein, »bevor der Sowjetblock die weniger entwickelten Länder mit Geschenken für sich gewinnt« – so stand es wortwörtlich im Regierungsbericht von 1954. Wenn man ehrlich war, musste man zugeben, dass der Idealismus eine willkommene Verpackung aus den 60er Jahren war, eine schöne Entschuldigung beispielsweise auch für John F. Kennedy, der die Freiwilligenlegion seines Friedenskorps als naive Agenten des amerikanischen Kulturimperialismus über die Kontinente aussandte.

Von dem Augenblick an, da ich nicht mehr den Ehrgeiz hatte, die Welt mit Bewässerungstechnologie verbessern zu wollen, meinte ich, überall bestätigt zu sehen, wie richtig meine Entscheidung war. Natürlich waren meine Wahrnehmungen ungenau: Wer gerade einen roten Citroën gekauft hat, sieht plötzlich überall rote Citroëns. Aber dennoch, ich hatte die Statistiken auf meiner Seite – und auch die kraftlosen Hilfe-Aufrufe der Vereinten Nationen, aus denen sprach, dass Hunger und Mangel weiterhin ungreifbar zwischen den Wendekreisen umhergeisterten. Es gab zwar Verschiebungen des Elends, aber in Afrika war die Lage besonders rettungslos. Ein Land wie Sambia war zum Zeitpunkt seiner Unabhängigkeit wohlhabender als Südkorea, aber jetzt, drei Jahrzehnte später, verdiente der durchschnittliche Südkoreaner 27 mal mehr als der durchschnittliche Sambianer.

Auf dem afrikanischen Kontinent breitete sich nun das »Rebellenkriegssyndrom« aus, mit der Folge, dass auch die Entwicklungshelfer die Flucht ergriffen oder mit Hubschraubern befreit werden mussten. In Sierra Leone waren vier britische Mitarbeiter des Voluntary Service Overseas zu spät aufgebrochen; sie wurden von einer Kriegsbande im Landesinneren als Geiseln genommen.

Ich hielt mich nicht für einen Zyniker, sondern für einen Realisten, der verstehen wollte, weshalb das Elend vor allem in Afrika zu einer chronischen Erscheinung geworden war. Lag es an der Kolonialherrschaft, den willkürlich gezogenen Grenzen, dem Kalten Krieg, dem Waffenhandel, den schiefen Weltmarktverhältnissen, Nahrungsdumping und Geldspenden, an unangebrachter oder falsch eingesetzter Entwicklungshilfe, dem Tribalismus – der stammesgebundenen Politik in vielen afrikanischen Staaten –, den Dürren und Überschwemmungen *El Niños*, dem Aids-Virus, dem Empfängnisverhütungstabu des Vatikans oder doch einfach nur an *bad governance*: der Misswirtschaft der afrikanischen Führer selbst?

Ich war froh, dass ich mich dem Journalismus zugewandt hatte. Er bot die Möglichkeit, sich in Dinge zu vertiefen, jedoch ohne das Risiko, den Schutt in bester Absicht nur noch weiter anzuhäufen. Was mich auch anzog: Als Journalist musste ich einen gewissen Abstand wahren und durfte mich niemals, wie in der Entwicklungshilfe, durch das eigene Engagement mitreißen lassen. Gute Berichterstattung war scharf, aber immer unparteiisch – so jedenfalls sah ich es, als ich anfing.

Die Zeitung, für die ich arbeitete, *NRC Handelsblad*, hatte im Mai 1994 den längsten Artikel ihrer Geschichte veröffentlicht. Es handelte sich um einen Essay des amerikanischen Journalisten Robert Kaplan mit dem Titel »The Coming Anarchy«, der übersetzt vier Seiten einnahm. In den schwärzesten Tönen skizzierte er anhand des abschreckenden Beispiels der Nachbarländer Liberia und Sierra Leone den Strudel der Grausamkeit, in dem afrikanische Staaten versanken. Dort, so warnte er, schnitten die Machthaber ihren Feinden vor der Exekution die Ohren ab und ermordeten sie durch *necklacing*: durch Verbrennen, nachdem man sie zuvor gefesselt und ihnen einen Autoreifen um den Hals gelegt hatte. Wie ein Unheilsprophet mit kräftig anfeuerndem Trommelwirbel sagte Kaplan voraus, das afrikanische Chaos werde sich durch die wachsenden Flüchtlingsströme auch im Herzen Europas und der Vereinigten Staaten einnisten: »Dieser Teil der Welt bietet die Einstimmung auf höchst unangenehme Probleme, mit denen unsere Kultur bald konfrontiert werden wird.« Sein Artikel fand große Resonanz, was in erster Linie mit dem Zeitpunkt seines Erscheinens zu tun hatte: Gut einen Monat danach brach in Ruanda die Mordepidemie aus. Der kleinwüchsige und zahlenmäßig starke Stamm der Ackerbauern begann von einem Tag auf den anderen, die Minderheit der stolzen, hochgewachsenen Viehhalter mit Macheten zu ermorden, während die Außenwelt über das Fernsehen zuschaute (oder eher wegsah). Es schien, als habe die übrige Welt Afrika gerade in dem Moment abgeschrieben, da solche blutigen Ausbrüche nach dem Auftakt in Somalia, Liberia und Sierra Leone zur Gewohnheit wurden.

Auf unserer wöchentlichen Redaktionssitzung in Rotterdam schlug ich vor, von Sierra Leone aus eine Reportage zu schreiben: Ein Jahr nach Kaplan. Ich beabsichtigte, ausschließlich vom Löwenberg aus zu berichten, dem Ort, an dem Sierra Leone einst als moralisches Führungsland die »Erhebung« ganz Afrikas auf sich hatte nehmen wollen. Im Brennpunkt dieser Kulturoffensive stand die Missionsschule Fourah Bay College, gegründet 1827 und 1876 zu einer Universität nach britischem Standard ausgebaut. Generationen von Richtern, Wirtschaftswissenschaftlern, Ärzten, Diplomaten und Ministern, die seit der Dekolonisation afrikanische Staaten lenkten, hatten hier studiert. Fourah Bay College – oder kurz FBC – war ein Gütezeichen, eine magische Formel, die Studenten und ehemalige Studenten noch immer benutzten, obwohl die Universität inzwischen in University of Sierra Leone umbenannt worden war. Außer einem Wahlspruch (*Non sibi sed aliis* – nicht für uns selbst, sondern für andere) hatte die Universität auch ein Lied:

»Men of Fourah Bay, arise
Men of Africa
Light of knowledge in your eyes
Men of Africa
Africa shall see the light
Africa shall grow in might.«

Aber seit einigen Wochen hingen auf dem Campus Flugblätter mit der Warnung: »Studenten und Mitarbeiter, macht, dass ihr wegkommt. Jeden, den wir hier antreffen, werden wir töten. Wir verschonen noch nicht einmal die Hunde.« Diesem Zitat war ich in einem englischsprachigen Kommentar im *Sierra Leone Digest* unter dem Titel »Universität unerwünscht?« begegnet. Autor war der Chefredakteur, der die afrikanischen Gewaltausbrüche für die Rache des ungebildeten Afrikaners am »Terror der Akademiker« hielt. Ein Bollwerk wie die Universität von Sierra Leone, wo er selbst als Politologe ausgebildet worden war, riefe blinden Hass hervor: Von dort kamen die Führenden, die ihre Versprechen nicht hielten.

Auch diese Erklärung klang akzeptabel. Und angenommen, sie stimmte tatsächlich? Angenommen, die Rebellen liefen mit ihren Buschmessern und Bazookas in großen Scharen gegen eine *Bildungseinrichtung* Sturm?

Ich hatte es eilig. Ich wollte die Bibliotheken und Hörsäle auf dem Löwenberg besucht haben, bevor die Krieger aus dem Busch plündernd und mordend dort einfielen.

Die »Fanta« drosselte ihre Fahrt und trieb in weitem Bogen auf den Kai zu. Der Hafen von Freetown, der aus der Entfernung modern und unverrückbar ausgesehen hatte, nahm chaotische Züge an: verrostete Fischkutter, ein Pier, von dem die Kinder halsbrecherisch heruntersprangen. Wie in Zeitlupe schoben wir uns an einem Containerlagerplatz vorbei. Über dem Wasser hing der Geruch von Öl und Salz.

Ich war auf dem Oberdeck geblieben und sah, wie sich die Passagiere hinter der Bugklappe drängten; sie schoben sich nervös vorwärts wie Infanteriesoldaten vor einer Küstenlandung.

Nachdem sich die Fähre schürfend an den Kai geschoben hatte, klemmte allerdings der Flaschenzug, der die Klappe herunterlassen sollte. Für die Ungeduldigen war dies jedoch kein Problem: Sie kletterten auf die Reling und sprangen von Bord.

Rund zwei Jahrhunderte zuvor, 1787, hatten sich die Gründer von Freetown vier Tage und Nächte in Geduld üben müssen, bevor sie an Land gehen konnten. Ihre Flottille, bestehend aus der »Vernon«, der »Atlantic« und der »Belisarius«, lag mit eingeholten Segeln in der Bucht zu Füßen des Serra Lyoa. Der Kapitän war an Land gegangen, um die Küste zu erkunden und kehrte mit einem Kaufbrief zurück: Im Tausch gegen 59 Pfund an Schwertern, Musketen, Schießpulver, Perlen, Tabak und Rum (laut seiner Buchhaltung) hatte er vom örtlichen Stammesoberhaupt einen Streifen Land von drei mal 16 Kilometern erstanden. Jetzt erst konnten die 411 Mann der Schiffsbesatzung an den Strand, um die britische Flagge auf einem Hügel über einem imposanten Kapokbaum zu pflanzen.

Die Geschichte der Gründung von Freetown las sich wie ein Epos über das Schicksal aller Afrikaner – und stand an Dramatik der Rückkehr des Volkes Israel aus der ägyptischen Gefangenschaft in nichts nach. Das Gros der Auswanderer bestand aus ehemaligen Sklaven und freien Schwarzen aus Nordamerika. Sie hatten auf britischer Seite, der Verliererseite im Amerikanischen Unabhängigkeitskrieg, mitgekämpft. 1783 waren sie notgedrungen nach Kanada ausgewichen, wo ein Teil von ihnen (im Schnee) auf der Insel Nova Scotia landete. Anderen gelang es, London zu erreichen, aber sie hatten es nicht besser getroffen und litten unter großer Armut. Sie erregten das Mitleid der Abolitionisten, einer gerade in England und Amerika entstehenden Bewegung zur Abschaffung der Sklaverei. Quäker und Methodisten gingen voran; sie predigten, Sklaverei sei mit Nächstenliebe nicht zu vereinbaren. Das Volk Israel habe in Ägypten am eigenen Leib erfahren, was es heißt, geknechtet zu sein, und darum, so lautete die göttliche Botschaft, dürfe es selbst nicht knechten.

Sie stellten Levitikus 25,44 (»die Sklaven und Sklavinnen, die euch gehören sollen, kauft von den Völkern, die rings um euch wohnen«) Jeremia 34 gegenüber (Gottes Anweisungen zur Sklavenfreilassung). Mit dem Argument, Schwarz und Weiß seien »Kinder *eines* Vaters«, bestritten die Evangelisten die gängige Auffassung, Schwarze seien seelenlos wie Tiere und für die Religion unempfänglich. 1783 hatten die Abolitionisten mit Erfolg gegen einen Kapitän geklagt, der 132 kranke Sklaven wie verdorbene Ware über Bord geworfen hatte und diesen Verlust über seinen Versicherungsagenten ausgeglichen haben wollte. Jetzt, vier Jahre später, hatten die Abolitionisten die britischen Behörden so weit, dass diese 15 000 Pfund zur Überfahrt von 400 entwurzelten Schwarzen zurück nach Afrika beisteuerten. Die Abolitionisten verfolgten die Mission, eine *Province of Freedom* mit eigenem Grundgesetz zu schaffen, das Selbstverwaltung, Demokratie und eine unabhängige Justiz vorsah. Damit dieses Unternehmen auch gelang, reisten fünf weiße Ärzte mit, 20 Handwerker, ein Landvermesser, ein Küster, ein Kaplan und ein paar Dutzend Prostituierte, die (unter einem Vorwand) bereits am Ankerplatz an der Themse an Bord genommen worden waren – zur Kompensierung des Männerüberschusses.

Wenige Tage nach der Landung am 15. Mai 1787 an der afrikanischen Küste verdunkelte sich jedoch der Himmel, und in all ihrer tropischen Heftigkeit brach die Regenzeit an. Provisorische Unterkünfte aus Zelttuch stürzten ein, das mitgebrachte Saatgut, das noch keine Wurzeln getrieben hatte, wurde von den Äckern gespült. Innerhalb von drei Monaten war jeder dritte Weiße an Malaria oder Ruhr gestorben.

Dieser Rückschlag hielt die Londoner Philanthropen nicht davon ab, eine zweite Überfahrt in Angriff zu nehmen, diesmal jedoch besser durchdacht. Nun sollten die Kolonialisten vom Handel mit Holz, Elfenbein und Palmöl leben – alles war erlaubt, solange es nicht um Sklaven ging. Dafür wurde die Sierra Leone Company gegründet, eine aus Wohltätigkeit geborene Handelsgesellschaft. Dieses Unternehmen, das von

Londoner Bankiers und Abolitionisten geleitet wurde, hatte sich Kommerz, Christentum und Zivilisation auf die Fahne geschrieben.

Die auserwählten Kolonialisten waren tiefgläubige britische Loyalisten, 1200 Männer, Frauen und Kinder aus der schwarzen Gemeinschaft in Nova Scotia, die schon seit Jahren auf den Ausgleich warteten, den man ihnen für ihre geleisteten Kriegsdienste versprochen hatte. Nach einer auszehrenden Irrfahrt konnte 1792 diese Gruppe aus Nova Scotia endlich, tanzend und Psalmen singend, hinter ihren Predigern zu dem Kapokbaum gehen. »Der Jubeltag ist angebrochen / bringt eure verhandelten Sünder nach Hause.« Sie kamen in der Trockenzeit an und bauten unter Aufsicht des britischen Gouverneurs der Sierra Leone Company eine Siedlung entlang paralleler Straßen: Freetown.

»Our children are free and happy«, schrieb einer von ihnen an die in Nova Scotia zurückgebliebenen Brüder und Schwestern. Aber innerhalb weniger Jahre führte der Versuch der Gründung einer demokratischen Provinz zu Kämpfen mit den Eingeborenen, unter denen Zwietracht und Rebellion gegen die weißen Leiter der Handelsgesellschaft herrschten. Dank einer dritten Rekrutierung von Kolonialisten, die 1880 eintrafen, konnte mit knapper Not die Ordnung wiederhergestellt werden. Dieser Trupp bestand aus *marrons,* die aus Cockpit Country, Jamaika, stammten. Da war es wieder, dieses Sammelsurium weggelaufener Sklaven, die ein Patent für Paradoxe zu besitzen schienen. Auf Jamaika hatten sie innerhalb einer Friedensperiode ein halbes Jahrhundert lang ihre Schicksalsgenossen gejagt und der Kolonialmacht ausgeliefert, aber 1796 waren sie doch wieder in Aufruhr geraten. 550 von ihnen wurden bei einer Treibjagd überwältigt und mit Geleitschutz nach Sierra Leone deportiert (eine Strafe, die sie als Belohnung empfanden). Bei ihrer Ankunft in Freetown ließen sie sich sofort dazu benutzen, die Meuterei der Nova Scotianer im Keim zu ersticken. Als wäre dies noch nicht widersprüchlich genug, entwickelten sich nun in dem afrikanischen Freistaat ehemaliger

Sklaven, der von Londoner Befürwortern einer Bewegung zur Abschaffung der Sklaverei unterstützt wurde, etwa 20 *marrons* gemeinsam mit schwarzen Kolonialisten zu gefürchteten Sklavenhändlern. Sie taten das in aller Offenheit mit dem Argument, dies brächte zumindest Geld ein.

Die Sierra Leone Company steuerte auf einen doppelten Bankrott zu: einen finaziellen und moralischen. Sie stand kurz vor ihrer Auflösung, als 1807 die Vorkämpfer der Sklavenemanzipation zu Hause in London einen Durchbruch erzielten: Mit der Annahme der *Abolition Act* wurde den britischen Untertanen der Handel mit Menschen verboten. Dieses Gesetz, Ergebnis eines jahrelang ausgeübten Drucks, sah eine Buße von 100 Pfund pro gehandeltem Kopf vor und einen Bonus für jeden, der Sklaven aus den Ketten ihrer Händler befreite: 40 Pfund für einen Mann, 30 für eine Frau, 10 für ein Kind. Unmittelbar darauf beschloss die britische Krone, sich Freetown und das dahinter liegende Löwengebirge als überseeisches Reichsgebiet einzuverleiben, damit wurde die *Abolition Act* auch dort wirksam. Die Bucht von Freetown wurde zum Heimathafen einer Flotteneinheit, die Jagd auf illegale Sklavenschiffe machte.

Die mächtigste Nation auf Erden war erleuchtet worden: Von nun an vergaßen die zivilisierten Briten ihre eigene Vergangenheit (mehr als zwei Millionen gehandelte Sklaven in weniger als zwei Jahrhunderten) und errichteten vor der afrikanischen Küste eine Seeblockade. Aufgebrachte Händler wurden in Freetown vor einen »Seegerichtshof« geschleppt, während die *recaptives* (die »Wiedergefangenen«) am *Wharf of the Captured Negro*, dem »Kai des Gefangenen Negers«, an Land gesetzt wurden.

Das Schicksal der Wiedergefangenen war bizarr. Erst kurz zuvor waren sie von feindlichen Stämmen gefangen und an weiße Aufkäufer in den Forts entlang der afrikanischen Küste verkauft worden. Nachdem sie manchmal monatelang eingesperrt gewesen waren, kettete man sie auf den Sklavendecks (den teilweise kaum einen Meter hohen Zwischendecks) der

Brigantinen und Schoner fest. Kaum hatten sie ihre unfreiwillige transatlantische Reise begonnen, fuhren andere Weiße auf schnelleren Schiffen längsseits und enterten den Transport. Wieder zurück an der afrikanischen Küste, in Freetown, standen sie nackt und mittellos am »Kai des Gefangenen Negers«, oft ohne sich untereinander in der gleichen Sprache verständigen zu können.

Ich las, dass sie bei ihrer Registrierung einen neuen, englisch klingenden Namen zugewiesen bekamen. Ich stellte mir einen Kanzleiangestellten vor, der seinen Gänsekiel in die Tinte tauchte, einen Blick in das erwartungsvolle Gesicht eines Ibo oder Hausa warf, »Julius Smith« oder »James Williams« in das Bevölkerungsregister schrieb und dann dem Versorgungsoffizier neben sich mit einem Kopfnicken zu verstehen gab, dass Julius Smith oder James Williams die wenigen ihm zugewiesenen Kleidungsstücke in Empfang nehmen durfte. Eine schlichte bürokratische Handlung, aber dennoch eine, die in das Leben zehntausender Afrikaner eingriff – und in den Lauf der Geschichte.

Anglikanische Missionspater führten die Wiedergefangenen in einer Kolonne zu den Hügeln außerhalb von Freetown. Der Überlieferung nach rissen diese sich unterwegs die Hemden und Hosen vom Leib, weil sie sich von ihnen beengt fühlten. Ihr Ziel waren Siedlungen mit Namen wie Gloucester und Regent – auf englische Bauweise rund um eine Steinkirche errichtet. Wie sollte man diesen Eingeborenen den animistischen Aberglauben nehmen? Aus den Tagebuchaufzeichnungen der Priester wird deutlich, dass das Läuten der aus Birmingham importierten Kirchenglocken ausreichte, sie anzulocken. Die Schar war dankbar und empfänglich für den Glauben ihrer Retter. Anders als die *marrons*, die sich störrisch weigerten, die Vielweiberei aufzugeben, waren die Wiedergefangenen so knetbar wie der Lehm der Halbinsel.

Während das Taufen reibungslos verlief, kämpften die Missionare an anderen Fronten mit schweren Rückschlägen. So sackten Kirchtürme ein, weil sie nicht fachkundig gemauert worden waren, und, alarmierender als das: Die weißen Wohltäter starben zitternd und zähneklappernd am Schwarzwasserfieber. Wegen der erschreckend hohen Todesrate unter den Priestern bekam Sierra Leone den Spitznamen »das Grab der Weißen«. Der einzige Ausweg war, die Wiedergefangenen – die innerhalb weniger Jahre ein zahlenmäßiges Übergewicht gegenüber den *marrons* und den Schwarzen aus Nova Scotia erreicht hatten – so schnell wie möglich anzuleiten. Man brauchte schwarze Priester und Bischöfe, welche die pestilenzialische Tropenatmosphäre besser ertrugen. Zu diesem Zweck wurde 1827 in einem entfestigten Sklavenfort an der Bucht gegenüber der Palmeninsel Bunce die Missionsschule Fourah Bay gegründet.

Nachdem man die Bugklappe mit Vorschlaghämmern gelöst hatte, ging ich als einer der letzten Passagiere von Bord. Der Kai war mit Asphalt verstärkt und bedeckt von Fächern aus rotem Lehm, der aus höher gelegenen Straßen gespült worden war. Auf dem glitschigen Untergrund hielten Obst- und Fischverkäuferinnen die Schalen auf ihren Köpfen mühelos im Gleichgewicht.

Ich dachte daran, dass ich den Spuren von 70 000 Wiedergefangenen folgte. Der *Wharf of the Captured Negro* (Kai des Gefangenen Negers) war 1820 in *Wharf of the Liberated African* (Kai des Befreiten Afrikaners) umbenannt worden, zweifellos eine der frühesten Äußerungen politischer Korrektheit.

Umringt von Jungen, die ihre Dienste als Gepäckträger anboten, ging ich zu meinem Hotel, dem »Paramount«. Die Stadt kletterte wie eine Anhäufung aus Beton, Blech und Holz stufenweise am Löwenberg empor. Am Horizont lagen üppig grüne Hänge. Ich wusste, dass ich am Cotton Tree vorbeikommen würde, dem alten Kapokbaum, der schon seit der Gründung Freetowns als Freiheitsstatue der afrikanischen Exsklaven diente. Das sonnenschirmförmige Totem stand (mit weit auseinander stehenden Ästen und einem Mantel aus Schlingpflanzen um den Stamm) auf einem kleinen Verkehrsplatz. Polizisten mit Trillerpfeifen und weißen Satinhandschuhen begannen gerade damit, die Durchgangsstraße zu sperren; sie machten dem Fahrer eines Minitransporters Zeichen, er solle es ja nicht wagen, die Straße zu queren. Ich hörte den anschwellenden Klang von Pauken und Trompeten und sah, wie sich eine Pfadfinderblaskapelle durch die Straßen schob. War das, was sich hier abspielte, englisch oder afrikanisch? Die Jungen trugen Uniformen mit goldenen Knöpfen und Lackschuhe, wiegten aber zugleich sehr unbritisch ihre Oberkörper. Jetzt erst sah ich, dass sie die Spitze eines Friedensmarsches bildeten. »God bless Allah« – Gott segne Allah, stand auf einem Transparent und: »Let's arrest war and kill death« – Lasst uns den Krieg einsperren und den Tod töten.

Das »Paramount«, direkt gegenüber dem Regierungssitz, war mir wegen seiner Resistenz gegenüber Stromausfall empfohlen worden: Während sich Freetown nach Sonnenuntergang in das Dämmerlicht von Kerosinlampen hüllte, schaltete das Viertel hier auf ein Notaggregat um.

»Diese Hotel liegt ideal«, bestätigte ein Fotograf der *Agence France Press* am Frühstücksbüfett. »Die Balkone an der Vorderseite bieten die beste Sicht bei Staatsstreichen.«

An der Vertäfelung hinter der Rezeption hing das offizielle Porträt des Präsidenten, ein Hauptmann, der durch einen Putsch an die Macht gekommen war. Er war 27 Jahre alt und schaute die Gäste mit einer hochgezogenen Augenbraue entschuldigend an, als wisse er es nicht mehr so genau.

Ich hatte angesichts der Tatsache, dass man in Sierra Leone in den vergangenen drei Jahren keinen Touristen mehr gesichtet hatte, wenig Betrieb erwartet. Der Andenkenladen in der Lobby war geschlossen, aber die Belegung des »Paramount« betrug fast hundert Prozent. Das Hotel wurde von dem Schlag Ausländer bevölkert, der auftaucht, wenn Krieg in der Luft hängt: Katastrophenhelfer von Save the Children und Ärzte ohne Grenzen mit Zipp-off-Hosen; Korrespondenten, die Freetown zu ihrem vorläufigen Standort gemacht hatten; russische

Hubschrauberpiloten, die einen Pendeldienst zwischen Freetown und einer Diamantenmine im Landesinneren unterhielten, die sich noch in Regierungshand befinden sollte. Unter den Gästen war außerdem ein etwa 40-jähriger Südafrikaner, der Johan Breeveld hieß und das Zimmer neben mir bewohnte.

Johan Breeveld war von imposanter Gestalt. Seine Oberhemden spannten sichtbar über seinen Schultern; seine Hände wirkten zu groß und zu grob für Besteck. Wir waren beide flachsblond, aber Johan war mindestens einen Kopf größer als ich, und auch sonst sahen wir uns nicht ähnlich. Dennoch hatte uns der Empfangschef verwechselt: Er hatte mir einen Brief ausgehändigt, der für Mr. J. Breeveld, Zimmer 309, bestimmt war. Offensichtlich sahen alle Weißen gleich aus.

Mein südafrikanischer Nachbar wusste es zu schätzen, dass ich ihm den Umschlag ungeöffnet vorbeibrachte. Normalerweise habe er es nicht so mit den Journalisten, meinte er.

Als es dämmerte, sprachen wir ausführlicher miteinander, ich auf Niederländisch, er auf Afrikaans – aus Neugier nach den Unterschieden in Vokabular und Klang. Aber wenn es passte, streuten wir nebenbei englische Worte und Sätze ein.

Von Johan Breeveld hörte ich, dass die Russen keine normalen Hubschrauber flogen, sondern Kampfhelikopter. »Gunships«, sagte er. »Die haben pro Stück zwei Millionen Dollar gekostet.«

Wir lehnten uns über die Brüstung unserer Balkone und bewunderten die Kapriolen der Fledermäuse, die durch die kreisenden, sich ständig ändernden Wolkenformationen am Abendhimmel schossen. Das »Paramount« lag wie das von einer Mauer umgebene State House auf einem Hügel und wirkte von außen wie ein verwohntes Altersheim; aber so vom Balkon aus und mit dem Rücken zum Zimmer störte das nicht, man hatte freie Sicht über die ganze Stadt.

Unten auf der Straße versammelten sich Mädchen mit Röcken im Leopardenlook und Handtaschen auf den Hüften. Johan Breeveld sagte: »Wenn man sie anschaut, zaubern sie ein Lächeln aufs Gesicht. Dann sieht es so aus, als erschiene das

Wort *LOVE* auf ihrer Stirn, aber täusche dich nicht. Da steht *HIV.*«

Der Südafrikaner aus Zimmer 309 war offensichtlich gut informiert, aber meinen Fragen, was ihn denn nach Sierra Leone geführt habe, wich er aus. Ich erfuhr lediglich, dass er aus Pretoria stammte und bei De Beers gearbeitet hatte, dem großen Diamantenförderer. Dort hatte er Anfang der 90er Jahre gekündigt, als klar wurde, dass Mandela an die Macht kommen würde: Johan Breevelds Ansicht nach hatte der Diamantabbau keine Zukunft. »Jetzt sehe ich, wie du wohl denkst: Aha, da haben wir also so einen afrikanischen Rassisten, der bedauert, dass die Apartheid abgeschafft wurde. Aber der Punkt ist, dass der ANC eine kommunistische Partei ist, die den Minenbausektor früher oder später nationalisieren wird.«

Er sei kein Rassist, versicherte er mir. Er könne beispielsweise prima mit Angolanern auskommen, mit denen er ein Jahr »gearbeitet« habe. »Der Kommunismus ist immer noch die größte Bedrohung für Afrika. Die Russen sind umgefallen, aber die Kubaner nicht. Die bleiben fanatisch.« Ich vermutete, er habe die Angolaner *trainiert*, insbesondere die Rebellen der UNITA (der União Nacional para a Independência Total de Angola), die mit Hilfe der Amerikaner und Südafrikaner seit einem Vierteljahrhundert die von Kuba gestützte Regierung bekämpften. Aber diese Vermutung tat er mit einem »no comment« ab.

Johan Breeveld schnitt ein anderes Thema an, indem er behauptete, »es sei übrigens eine Tatsache«, dass manche Völker oder Rassen bestimmte Dinge besser könnten als andere.

Ich betrachtete sein Profil, seine gewaltigen Schultern und den verhältnismäßig schmalen Nacken. »Zum Beispiel?«

»Juden können am besten Diamanten schleifen.« Als ich nichts sagte, fügte er hinzu: »Und Gurkhas sind die besten *bushfighters.*«

»Gurkhas sind kein Volk«, warf ich ein. »Das sind ausgesuchte und gedrillte Nepalesen.«

»Das stimmt, aber sie haben eine *asiatische* Kämpfermentalität, deshalb sind sie so gefürchtet.«

Die Lichter in den Gebäuden des Regierungssitzes und des umgebenden Viertels gingen an. Diese Insel elektrischen Lichts weckte das unbehagliche Gefühl, die Macht des jungen Präsidenten reiche nachts noch weniger weit als tagsüber.

Breeveld sagte, unsere Sicherheit hinge zurzeit von der Kriegskunst einer Gruppe Gurkhas ab.

»Wieso?« fragte ich.

Er meinte, darauf könne er keine Antwort geben, doch dann erzählte er, die Junta von Sierra Leone habe eine Gurkha-Einheit angeheuert, die den Zugang zur Halbinsel von Freetown verteidigen sollte. »Ihr Kommandant und zwei andere sind in der vergangenen Woche getötet worden. Aber das weißt du nicht von mir.«

Ich gab mir allergrößte Mühe, so unterkühlt wie möglich zu reagieren. »Okay«, sagte ich. »Aber dann sind die Rebellen also auch gute Kämpfer.«

»Es kommt darauf an, was du als gut bezeichnest ... Sie rauchen *djemba* und denken, dass sie es dann mit der ganzen Welt aufnehmen können.«

Mein Nachbar schaute mich an, um sich zu vergewissern, dass ich *djemba* kenne. »Und ein *ronko* – weißt du, was das ist?«

Auch wenn ich es gewusst hätte, er kam mir zuvor. »Eine afrikanische kugelsichere Weste.« Er sagte das, als würde er mir die Pointe eines Witzes erzählen. Ein *ronko,* müsse ich wissen, sei ein Kittel oder ein zerschnittenes T-Shirt, dünn und ärmellos, das während eines geheimen Rituals in Hühnerblut getränkt würde und den Brustkorb des jeweiligen Trägers *bulletproof* machen sollte. Alle Soldaten in Westafrika trügen so ein Teil unter ihrer Uniform, ebenso alle Präsidenten, ob es sich nun um Zivilisten oder Militärs handle.

Es war mir aufgefallen, dass mein Nachbar morgens in Jeans und mittags im Anzug über den Flur gegangen war und seinen Termin offensichtlich zu Fuß erreichen konnte. Ich fragte ihn, ob ich daraus schließen dürfe, dass er sich mit den jungen Offizieren im State House beratschlage?

»No comment«, sagte der Südafrikaner. Aber wieder konnte er sich schlecht beherrschen. »Ich bin nicht im Diamantenbusiness, wenn du das vielleicht denken solltest.«

Ich selbst hatte eine Verabredung mit Dr. Kenday Kamara in einem libanesischen Restaurant, das »Gem« hieß und ebenfalls zu Fuß vom »Paramount« zu erreichen war.

Kenday Kamara war der Chefredakteur des *Sierra Leone Digest* und von Kopf bis Fuß britisch. »Bitte nach Ihnen.« »Achten Sie auf die Stufe.« Wenn man ihm auf die Zehen träte, würde er sich entschuldigen.

Im »Gem« kreisten Ventilatoren, während eine unhörbare Klimaanlage für die eigentliche Abkühlung sorgte. Der Humus, der kalt serviert wurde, rutschte einem nicht vom Messer.

Kamara sprach in Sätzen, die man problemlos einrahmen (oder in der Zeitung abdrucken) konnte. »Sierra Leone ist verwaist«, sagte er, während er die Serviette auf seine Knie legte. Er fügte hinzu, Großbritannien habe sich seit der Unabhängigkeit von 1961 nicht mehr um seine ehemalige Kolonie gekümmert. Bis auf das eine Mal im Jahre 1982, während des Falklandkriegs. Damals war der Tiefseehafen von Freetown plötzlich von großer Bedeutung gewesen, als die britische Marine in südatlantischen Gewässern kreuzte. In Freetown nahmen die Kriegsschiffe Brennstoff und Proviant auf. »Aber seitdem hat uns *daddy* wieder vergessen.«

Ich hatte gelesen, dass Kamara die *Re*-kolonisation befürwortete, aber dennoch erstaunte es mich, dass er Begriffe wie »*daddy*« und »verwaist« in den Mund nahm.

»Warum nicht? Diese Worte suggerieren Paternalismus. Ich erwarte Vorteile von einem gewissen Maß an Paternalismus. Der britische Kolonisator darf von mir aus gern zurückkehren. Vielleicht können wir es dann in 50 Jahren noch einmal allein versuchen.«

Kamara meinte, was er sagte. Neben seiner Arbeit als Chefredakteur war er Direktor des von ihm errichteten Zentrums für Alternative Entwicklungsstrategien, und in dieser

Funktion hatte er ein Jahr zuvor in London dafür plädiert, die Souveränität Sierra Leones rückgängig zu machen. Zu seinem Bedauern hatte kein einziges Parlamentsmitglied ein offenes Ohr dafür. Nicht einmal die Aussendung einer Interventionsmacht war ihnen eine Überlegung wert.

Ich fragte, ob er als Schwarzer keine Angst davor habe, erneut von Weißen kommandiert zu werden.

»Ach«, antwortete er. »Hier herrscht momentan mehr Tribalismus als Rassismus in der Kolonialzeit.«

Kamara brachte seine Statements mit ungezwungener Lässigkeit heraus, direkt und ohne Wenn und Aber. Ich schrieb sie eilig auf und hatte kaum Zeit, darüber nachzudenken, denn mein Gesprächspartner jagte weiter. Er verkündete »das Prinzip der Rassengleichheit«, das beinhaltete, es dürfe nichts ausmachen, ob ein Minister oder hoher Beamter schwarz oder weiß oder was auch immer sei, solange er nur fähig war. »Aber die Praxis in Afrika zeigt, dass immer wieder die falschen Führungskräfte aus den falschen Gründen benannt werden.«

Ich wollte wissen, was die falschen Gründen seien.

»Clan, Stamm, Rasse.« Kamara ließ es so klingen, als liefe seine Stimme eine Treppe herunter. »In dieser Reihenfolge.«

Während mein Tischgenosse seine Lippen benetzte, erschien der Restaurantbesitzer an unserem Tisch, ein gesetzter Libanese, der sich mit einer leichten Verbeugung erkundigte, ob alles nach unseren Wünschen sei.

Das war es ganz sicher – das Ambiente, die Kühle, der Tintenfischsalat. Ich war lediglich versucht zu fragen, wie es denn möglich sei, dass die Libanesen in Freetown, eine Minderheit von höchstens ein paar tausend Seelen, den Handel und die Gastronomie beherrschten. Konnten die Temne oder die Mende (zusammen gut 60 Prozent der Bevölkerung) denn kein Restaurant führen? Oder eine Import-Export-Firma? Aber ich hielt mich zurück. Neben der Geschäftselite aus Libanesen gab es schließlich auch noch die der Krio (Kreolen), das Amalgam, das aus den Wiedergefangenen entstanden war (das heißt, aus mehr als hundert Stämmen). Diese Krio, die nur noch zwei Prozent der Bevölkerung von Sierra Leone stellten, waren Afrikaner *und* erfolgreich, äußerlich schwarz, aber britisch im Charakter: Auf Festen tanzten sie vorzugsweise Foxtrott, zu Hause hatten sie ein Brustbild von Königin Elisabeth, und der eine oder andere Snob ging in dreiteiligem Tweed auf die Straße.

Kamara selbst war von Geburt ein Mende, der sich zur sozialen Klasse der Krio hinaufgearbeitet hatte (das ging also auch), ein Meinungsführer, der Europa von London bis Salzburg bereist hatte. Er hatte 1986 in Fourah Bay sein Examen gemacht und sich danach als Politologe in die sowjetisch-afrikanischen Beziehungen und die Folgen ihrer Auflösung nach dem Sturz des Kommunismus vertieft. Das schwindende Interesse für Afrika bedeutete unendlich viel mehr als nur das Versiegen der Moskauer Hilfe für die »sozialistischen Bruderländer«. Kamara bat um ein Blatt aus meinem Notizheft und skizzierte eine Karte von Afrika, durchbohrt von Pfeilen aus Ost und West.

»Schauen Sie«, sagte er. »Wir sagen, wo zwei Elefanten kämpfen, leidet das Gras darunter.« Während des Kalten Krieges, so verdeutlichte er, hatte man sich unter der Maske der Entwicklungshilfe ein Gefecht um Afrika geliefert, wobei es um Einflussbereiche ging. Afrikanische Regierungschefs hatten daraus ihren Vorteil gezogen, entweder, indem sie sich schamlos ausnutzen und bestechen ließen oder die Schuld ihrer Misserfolge auf die Supermächte schoben. »Aber als die Ost-West-Gegensätze Anfang der 90er Jahre hinfällig wurden, war es vorbei mit dieser Entschuldigung.«

Afrika hatte seinen Sündenbock verloren. Jetzt, da die meisten Länder und ihre Regierungen auf eigenes Können angewiesen waren, wurden sie eindrucksvoll entlarvt. Kamara legte dar, dass die Karte Afrikas seit dem Ende des Kalten Krieges allmählich wieder der aus dem 19. Jahrhundert ähnelte, als der *scramble for Africa*, das große Länderraffen, noch nicht eingesetzt hatte: Nur die Küsten zählten (mit den Häfen und Städten, die wie Saugnäpfe an dem Kontinent saßen), während das Innere in Niemandsland zerfiel.

»Das Problem der Desintegration erstreckt sich bis auf Stamm- und Clanebene. Und sobald die losen Einheiten miteinander in Konflikt geraten, ist es nur noch ein kleiner Schritt bis zu einem Blutbad wie in Ruanda.«

Ich sah eine Landkarte mit weißen Flecken vor mir, worauf man die Angabe »hier sind die *warlords*« (die Herren des Krieges) gedruckt hatte, statt des früheren *»hic sunt leones«* (hier sind die Löwen).

»Zwischen 1958 und 1988«, fuhr Kamara fort, »wurden in Afrika 118 Staatsstreiche verübt.« Als Politologe hatte er deren Merkmale studiert und einen Trend entdeckt: Das durchschnittliche Alter der Putschisten sank. »Es sind auch keine Generäle mehr oder Oberste, auf die man es abgesehen hat, sondern Hauptmänner oder Leutnants.«

Der Präsident Gambias war 29 Jahre alt und Leutnant, der von Sierra Leone ein 27-jähriger Hauptmann. Valentine Strasser hieß er, ein Muskelpaket, das in Freetowns Diskotheken fünfmal einen *breakdance*-Wettbewerb gewonnen hatte. Er war von einer Gruppe noch jüngerer Leutnants zum Präsidenten ernannt worden, unter ihnen der 21-jährige Tom »the Lion« Nyuma – der heutige Vize-Staatssekretär für Verteidigung. Dieser Tom, inzwischen 24, war am Abend des 29. April 1992 mit einigen Mitkämpfern in einen zum Streitwagen umgebauten Jeep gesprungen, auf dem ein drehbares Flugabwehrgeschütz montiert war. Wie in einem Videospiel rasten sie zum State House, um ihren ausstehenden Lohn einzufordern. Der verhasste amtierende Präsident gab auf und floh noch am selben Tag ins Ausland. Tom the Lion mit seiner unvermeidlichen Ray-Ban-Sonnenbrille hatte unbeabsichtigt einen Staatsstreich verübt, aber aus Furcht, er werde als Präsident vielleicht nicht ernst genommen, hatten die jungen Offiziere ihren Hauptmann vorgeschoben. »Vergessen Sie nicht, dass diese Jungs als Befreier empfangen wurden. Halb Freetown ging jubelnd auf die Straße.« Kamara erinnerte sich, dass die Menge rief: »Lasst es die Jüngeren versuchen!« – und dass sich diese Jüngeren von ihrer besten Seite zeigten.

Weil es keine Müllabfuhr gab, riefen sie den Samstag zum kollektiven »Kehrtag« aus und gingen selbst als Beispiel voran, indem sie sich kehrend fotografieren ließen. Die Antwort war ein monatelang andauerndes Volksfest. Künstler hielten die Geschichte des Landes spontan in Wandmalereien fest: die Geschichte der Schwarzen aus Nova Scotia, der *marrons*, der Wiedergefangenen – bis zu Tom the Lion und seinen Mitputschisten in fliegender Fahrt auf ihrem Gefechtswagen.

Das Programm der revolutionären Junta bestand wie überall aus Korruptions- und Armutsbekämpfung, aber durch den aus Liberia überkochenden Rebellenkrieg ergaben sich Komplikationen. Niemand wusste anfangs, um wen es sich bei den Rebellen handelte, wer sie anführte oder was sie wollten. Präsident Strasser versuchte es mit einer Amnestie für alle, die ihre Waffen niederlegten, aber dieses Angebot wurde mit einem Überfall auf eine Diamantenmine beantwortet. Je mehr Soldaten (zunächst noch Freiwillige) er von Freetown ins Landesinnere schickte, desto unübersichtlicher wurde der Konflikt. Schon bald gerieten die Nachschubkonvois in Hinterhalte, so dass die Regierungsarmee, abgeschnitten von Verstärkung und Proviant, anfing, sich mit Plünderungen am Leben zu halten. Die Folge war, dass die massenhaft nach Freetown flüchtende Bevölkerung keinen Unterschied mehr sah zwischen *soldiers* und *rebels* und beide Worte zu *sobels* zusammenzog.

»Und das wiederum führte zu Verstimmung bei Mitgliedern des Staatsrats«, sagte Kamara. Noch bevor das Jahr um war, ließen die Offiziere 29 Oppositionsführer festnehmen. Sie wurden auf dem paradiesischen Hamiltonstrand zusammengetrieben, wo ihnen Hauptmann Solomon »SAJ« Musa (25, Vizepräsident) die Ohren abschneiden ließ, bevor er den Befehl zur Exekution erteilte. Die Grausamkeit »SAJ« Musas war legendär; in Kaplans Zukunftsszenario »The Coming Anarchy« kam der Vizepräsident als Gangster vor, der es den Geschäftsleuten und anderen Mittelständlern, die ihm Geld für seine Ausbildung geliehen hatten, »zurückzahlte«, indem er sie ermordete, um damit »die Erniedrigung auszulöschen«.

Ich fragte Kamara, ob die Rebellen aus derselben Wut nach Fourah Bay strömten.

»Ich fürchte, ja«, sagte er. »Obwohl niemand genau weiß, wer die Rebellen sind, denke ich, dass sie von Frustration getrieben sind.«

Wir hörten das gedämpfte Läuten des Glockenspiels der anglikanischen Kirche. Hier drinnen im »Gem« konnte man die Wirklichkeit der Straße, den Hochdruckkessel, der durch die wachsende Zahl von Flüchtlingen fast explodierte, leicht vergessen. Obwohl, was war die Wirklichkeit? Das Glockenspiel imitierte zu jeder halben Stunde Big Ben, ein »kling klingeling«, in dem man, wenn man wollte, den unbeantworteten Ruf nach einer Vaterfigur hören konnte.

Der Schotterweg, der über den Rücken des Löwengebirges verläuft, heißt New London Road. Zwischen dem Bambusrohr hindurch, das mannshoch in den Böschungen wächst, sieht man auf den Ozean und die Mündung des Sierra-Leone-Flusses. Dort, wo die New London Road aus dem Hinterland bis zu einer kleinen Ficusgruppe emporgekrochen ist, beginnt die Domäne der Fourah Bay Universität. Lässig mit ihren Luftwurzeln winkend, stehen die Bäume auf einem hohen Vorsprung des Serra Lyoa.

Jungen in armeegrünen Lappen hatten diesen Ort für eine Wegsperre aus Ölfässern gewählt. Sie waren vielleicht 15. Die Frontberichte aus ihrem Radio verrauschten zu einem Knacken. Es machte nichts. Ich war froh, dass sie ansprechbar waren.

»We no like killin«, sagte ihr Unteroffizier.

Sie saßen verstreut auf Baumstämmen, die Kalaschnikow flach auf den Knien. Niemand unternahm etwas, niemand sagte etwas. Alle kauten auf Kolanüssen.

Mit einem »yeah« gab der Unteroffizier zu, dass dies nicht der schlechteste Ort für eine Stationierung sei. Vorläufig brauchte er die Zugangsstraße zum Fourah Bay College lediglich zu bewachen und nicht zu verteidigen. Vom Landesinneren aus gesehen, lag der Löwenberg wie ein letzter, natürlicher Puffer vor Freetown, aber so weit waren die Rebellen noch nicht vorgerückt. Vorsorglich hatte man das Universitätsgelände jedoch bereits räumen lassen. Ich war an leeren Betonhäusern vorbeigekommen, an deren Fassaden »Beethoven« (die Kunst- und Literaturwissenschaftliche Fakultät) und »Kennedy« (die Politikwissenschaftliche Fakultät) stand. Zwischen den Gebäuden wechselten Plattenwege und aus dem Felsen gehauene Stufen, überhäuft von Tropenlaub. Alles schien wie ausgestorben. Auch im Wohnheim, einem barackenähnlichen Gebäude an einer offenen Stelle, war kein Student zu entdecken. Die Zimmer hielten nun Soldaten besetzt.

Die handgeschriebenen Zettel (»Studenten und Mitarbeiter, macht, dass ihr wegkommt ...«) waren von den Strommasten entfernt worden. Weil die Drohung so abstrakt war, flößte sie wenig Angst ein. Konkreter – und daher auch erschreckender – war der Wahnsinn in den Augen der Flüchtlinge, wenn sie hier ankamen und von ausgetrockneten Köpfen erzählten, welche die Rebellen auf Stöcken mit sich trugen, und den Perücken, die sie sich während des Mordens überstülpten (um nicht vom Geist ihrer Opfer erkannt und verfolgt zu werden).

Ich hatte das Gefühl, mich auf eine journalistische *hit-and-run*-Mission zu begeben: kommen, sehen und verschwinden. Ich erlag nicht der Versuchung, 40 Kilometer landeinwärts zum Ort Waterloo zu reisen, wo die Gurkhas lagerten. Für die Reportage, die mir vor Augen stand, würde ein Besuch bei der Nachhut völlig ausreichen, der französische Fotograf im »Paramount« hatte mir erzählt, er habe gerade auf der New London Road ein Titelfoto von Kindern gemacht, die mit einem halben Bein angehinkt kamen, das in einem Läppchen um ihre Knie endete.

Auch heute kamen Flüchtlinge. Der Unteroffizier tauschte seine Sonnenbrille gegen ein Fernglas. Mütter erschienen mit ihren Sprösslingen; die Vorderste schleppte eine Matratze auf dem Kopf, die ganz Kleinen trödelten, mit leichterem Kram beladen, hinterher. Am Kontrollposten stellte man ihnen keine

Fragen; Frauen und Kinder durften unbehelligt passieren. Erst als ein Junge auf bloßen schwieligen Füßen zu rufen begann: »Mein Vater ist tot, meine Mutter ist tot, gebt mir Geld!« jagte ihn ein Soldat mit einem Stoß seines Gewehres davon.

Ein Steinwurf hinter dem Ficuswäldchen wohnte der blinde Literaturkritiker Eldred Jones, der von 1974 bis 1985 als Rector magnificus Fourah Bay College geleitet hatte.

Mr. Jones war doppelt so alt wie sein Land, das seit 34 Jahren eine selbständige Republik war. Mit seinem Stock tickend, ging er mir voraus ins Wohnzimmer, wo seine Frau Marjorie einen Stuhl heranschob. Der Bungalow aus Naturstein lag an der »Professorenallee«, einer Seitenstraße der New London Road. Obwohl die meisten Nachbarn schon weg waren, weigerten sich Eldred und Marjorie, ebenfalls zu fliehen.

»Hier sind meine Bücher«, erklärte der Herr des Hauses. Das Wohnzimmer, in dem wir saßen, lag tiefer als die Diele und die Küche, so dass es wirkte, als hätte er sich in einem Bücherbunker verschanzt: Alle Wände waren mit Büchern bedeckt. Die Szenerie konnte man getrost surrealistisch nennen. In diesem Haus auf einem von Mord- und Totschlag umgebenen Berg redigierte Eldred zusammen mit Marjorie die Literaturzeitschrift *African Literature Today*, die in Trenton, New Jersey, herausgegeben wurde. »Meine Schwester in London würde mich am liebsten von hier wegschleppen, aber ich sage: Was soll ich dort ohne meine Bibliothek?« Er hob sein halb geschlossenes Augenlid, als wolle er prüfen, ob die *Gesammelten Werke* von William Shakespeare noch an ihrem Platz waren. Aber man hatte mir erzählt, er könne nur noch Lichtschimmer wahrnehmen.

Es lag mir auf der Zunge zu fragen: Sie können doch gar nicht mehr lesen? – aber ich kam nicht weiter als bis zum obligatorischen: »Haben Sie denn keine Angst?«

»Vor wem?«

»Den Rebellen, den Soldaten ...«

»Die Rebellen sind noch nicht hier, und die Soldaten werden uns kein Haar krümmen.«

»Wir kennen den Kommandanten gut«, sagte Marjorie, die Teegläser auf den Couchtisch stellte und dabei Guinness-Bierdeckel als Untersetzer benutzte. »Alle nennen ihn Tom the Lion.«

»Der Vize-Staatssekretär für Verteidigung?«

Auf Eldred Jones' Gesicht erschien ein Grinsen, das Milde ausdrückte, oder vielleicht auch Spott. »Ja, das ist er zurzeit. Und er hat sich auch zum Oberst befördern lassen.«

Marjorie Jones erklärte, dass Tom als Sohn des Wartungsmonteurs des universitären Wagenparks hier auf dem Gelände aufgewachsen sei. Nur wenige Jahre zuvor habe er noch wie Tarzan an den Lianen der Ficusbäume geschaukelt und wenn er durstig war, sich bei ihr ein Glas Cola geholt.

Ihr Mann ergänzte: »Das einzige Buch, das er je gelesen hat, war *The Third Universal Theory* von Oberst Ghadaffi.«

»Er redete in den letzten Jahren immer nur von Ghadaffi«, sagte Marjorie. Sie erzählte, dass Kommandant Tom regelmäßig seine Truppen auf dem Löwenberg inspiziere. Dann rede er seinen Jungs gut zu und rauche *djemba* mit ihnen.

»Er ist ein Nationalheld«, sagte der ehemalige Rektor. »Weißt du, was sie in Freetown sagen? ›Da hat Fourah Bay College doch mal was Gutes zustande gebracht.‹«

Das Bittere an dieser Bemerkung sei, dass sie nicht als Scherz gemeint war. Eldred Jones stieß Luft aus seinen Lungen und sagte, Zivilisation und Barbarei gingen immer Hand in Hand (»und nicht nur in Afrika«), und jede Generation, auch die seine, könne oder wolle das anfänglich nicht glauben. »Ich habe in den 50er Jahren am ersten Grundgesetz mitgeschrieben, und wirklich, wir glaubten, ein Stück Papier reiche aus, um die Wut der Menschen zu besänftigen.«

Der Literaturprofessor legte sich den Stock quer über die Knie und fragte, ob ich *An der Biegung des großen Flusses* von V. S. Naipaul kenne.

Zufälligerweise (oder vielleicht gerade nicht zufällig) hatte mich dieses Buch sehr erschüttert. Die Geschichte spielte am Oberlauf eines Flusses, tief in der afrikanischen Wildnis.

Naipaul verstand es, dem Leser eindringlich vor Augen zu führen, warum das alles nichts wurde, nichts werden konnte mit Afrika. Aber das Warum ließ sich nicht in einem Satz zusammenfassen oder erkennen, das war das Ergreifende.

Jones begann zu zitieren:

»›Man holte einen Jungen aus dem Busch heraus und lehrte ihn lesen und schreiben; man planierte den Busch und baute ein Polytechnikum und ließ ihn dort studieren.‹«

Ich fragte: »Ist das die Idee, auf der die Universität Sierra Leone gründet?«

Eldred Jones fuhr sich mit der Hand durchs graue Kraushaar. »Ja«, sagte er zögernd. »Auch wir dachten viel zu positivistisch. Dass es reichen könne, jemandem etwas beizubringen und basta.«

Ein anderer Irrtum lag seiner Ansicht nach in der Norm für Dozenten und Studenten, sich so unafrikanisch wie möglich zu verhalten. Sich zu benehmen wie ein *Englishman,* wenn auch ein schwarzer – das war das Ideal. Er selbst hatte ebenfalls zu allem aufgesehen, was englisch war, weshalb er sich nahezu selbstverständlich für englische Sprach- und Literaturwissenschaften entschieden hatte, die Studienrichtung, die neben Theologie (christlicher Theologie) und Geschichte (britischer Geschichte) das höchste Ansehen genoss. 1947 machte er mit 21 Jahren auf dem Fourah Bay College seinen Bachelor. Kurz darauf erhielt er als einer der jüngsten Krio aus Freetown ein Stipendium für das heilige Oxford, wo er mit einer Arbeit über den größten Heiligen, Shakespeare, promovierte (genauer gesagt, über *Othello*, den »edlen Mohren«, der seine weiße Frau tötet und danach sich selbst).

Dass die Krio die englische Kultur anbeteten, war verständlich, verdankten doch ihre Vorfahren als Wiedergefangene alles der Großmut der Briten: ihre Befreiung, ihre Erziehung, ihren Namen. Daher gingen die Krio mit Spazierstöcken über die Straße und aßen Weizenbrot (und Eier mit Speck) zum Frühstück. Tragisch war lediglich, mit welcher Hartnäckigkeit die Verehrung auch dann noch weiterlebte, als die britischen humanitären Bemühungen um Afrika am Ende des 19. Jahrhunderts in aggressiven Imperialismus umschlugen.

Eldred Jones hielt es für besonders ironisch, dass sich die Krio 1887 für das goldene Jubiläum von Königin Victoria ins Zeug gelegt hatten, genau zu dem Zeitpunkt, als sich die europäischen Mächte anschickten, Afrika zu unterwerfen. Es gab unheilvolle Vorzeichen, die man aber ignoriert hatte. In Freetown, wo eine schwarze Hautfarbe schon lange kein Hindernis mehr für Aufstieg war, mussten die Krio zwischen 1860 und 1870 ihre hohen Positionen (als Bischöfe, Richter, Gouverneure) wieder an Weiße abtreten. Dennoch konnten oder wollten sie nicht glauben, dass sich in Europa das Blatt gewendet hatte. Bis dahin hatten sich Europäer nur an den Küsten Afrikas niedergelassen (mit Ausnahme der Volksansiedelung im gesunden Klima Südafrikas). Aber grob gerechnet seit der Begegnung von Stanley und Livingstone 1871 am Tanganyika-See galt das afrikanische Binnenland auf einmal als letzter Flecken auf dieser Erde, der unbedingt für Zivilisation und Handel erschlossen werden musste.

Der Fortschritt in der Medizin (Chinin gegen Malaria) hatte den Weißen das bis dahin unbewohnbare Gebiet zugänglich gemacht. Für die Briten, Franzosen, Belgier, Deutschen und Italiener war nun der Weg frei, um – mit Rückendeckung der »pro rata«-Aufteilung Afrikas während der Kongo-Konferenz in Berlin 1884 – den Kontinent zu besetzen.

Die moralische Rechtfertigung wurde nachträglich erbracht, oft mit Hinweis auf Rudyard Kiplings Gedichtzeilen aus dem Jahr 1899: »Take up the White Man's burden / Send forth the best ye breed …« – Kolonisation als eine von Gott auferlegte Pflicht zur Bekehrung und Zivilisierung mit dem Gewinn von Ansehen und Reichtum. Das Motiv, das für Europa dabei mitspielte, war die schlechte Erfahrung mit der Freilassung der Sklaven, zu der die britische Krone 1833 als erste Kolonialmacht übergegangen war. In Jamaika und anderen westindischen Kolonien hatte dies zu Chaos, Verfall und blutigen Aufständen von Exsklaven geführt. Na bitte, tönte es in vielen

Varianten, ohne weiße Aufsicht fällt der Neger in seinen ursprünglichen, primitiven Zustand zurück! Der aufkommende Sozialdarwinismus bot eine willkommene Untermauerung der weißen Vorrangstellung: Wenn das Prinzip des »Survival of the Fittest« das Geheimnis der Evolution war, dann war klar, dass von allen Menschenrassen die weiße die »fittest« sein musste (dafür brauchte man keine Schädelvermessungen).

Weil sich die Krios von Freetown »innerlich weiß« fühlten, hatten sie mit einer Glanzrolle bei der Christianisierung und Verwaltung des afrikanischen Hinterlandes gerechnet. Aber die britischen Autoritäten entschieden sich für die indirekte Herrschaft: Die Stammesoberhäupter (in Sierra Leone die *paramount chiefs* der Temne und Mende) wurden ab 1895 mit der örtlichen Macht ausgestattet. Sie bekamen einen Stab mit Kupferknauf und durften im Tausch gegen eine Steuerabgabe ihre Untertanen weiter regieren.

Es sollte bis zum Ende des Zweiten Weltkrieges dauern, ehe am Horizont die Hoffnung auf Selbstverwaltung erschien und die Krios ihre Interessen wieder geltend machen konnten. Eldred Jones pries sich glücklich, dass er diese Phase bewusst und aktiv miterlebt hatte. Er pfiff durch die Zähne. »Was haben wir herumdiskutiert! War eine Republik besser oder eine Monarchie? Sollten wir das Westminster-Modell unverändert übernehmen oder der afrikanischen Tradition anpassen? Sollten wir Halbfabrikate ausführen oder Endprodukte, Bauxiterz oder Aluminiumtöpfe?«

Als Dozent am Fourah Bay College hatte er die Aufregung gespürt, im Zentrum der Ereignisse zu stehen. »1957 durften wir zum ersten Mal wählen. Niemand hatte bislang Erfahrung mit der Demokratie, und wir besaßen außerdem nicht die Geduld, eine Opposition ins Leben zu rufen, die man dann auch noch zu Wort kommen lassen musste. Mitbestimmung, so dachten wir, bremst die Entwicklung.« Afrika hatte seiner Ansicht nach überstürzt gehandelt, weshalb sich die meisten afrikanischen Demokratien als Totgeburten erwiesen. Als Treibhauspflänzchen waren sie dem Korruptionsunkraut nicht gewachsen. In Sierra Leone etwa entdeckte man nach der Unabhängigkeit eine Diamantenmine nach der anderen; die Gewinne strömten nur so, aber dadurch war die Gier der gewählten Verwalter angefacht worden. Jones sagte, dass sich in Afrika immer wieder Führer vom Typ *big chief* erheben würden, so modern das Staatssystem auf dem Papier auch aussähe. Und der *big chief*, oder das Stammesoberhaupt, nötige von jeher durch auffälligen Reichtum Respekt ab. Das hatten die Bokassas, die Idi Amins und die Mobutus verursacht. Es gab auch unselbstsüchtige Herrscher, die, ob sie nun von einer afrikanischen Form des Sozialismus' schwärmten oder nicht, ihr Land zu Wohlstand bringen wollten. Aber diese griffen schon bald zu Zwangsmethoden, so dass der beabsichtigte Sprung nach vorne ausblieb.

Auf dem Löwenberg hatte man über alle Staatsformen heftig debattiert. Die Universität war außerdem in den Bann modischer Ideen geraten und hatte ihre eigenen 60er Jahre erlebt. In Nachahmung afrikanischer Stammesoberhäupter, die anfingen, Kopfbedeckungen aus Leopardenfell zu tragen, tauschten die Studenten ihre Jacketts gegen bunte Gewänder. Fourah Bay College warf innerhalb kürzester Zeit seine viktorianische Steifheit ab. Eldred und Marjorie Jones hatten sich noch an dem Kult beteiligt, gestampfte Cassave- und Yamswurzeln zu essen statt Brot oder *fish & chips*.

»Das servierte man einfach in der Mensa«, sagte Marjorie, noch immer mit einem leichten Nachhall von »stell-dir-vor«.

1974, als ihr Mann Rektor wurde, stand der Campus unter dem Bann der Rastafari, die wie ihre jamaikanischen Glaubensgenossen Kaiser Haile Selassie von Äthiopien als Gottheit verehrten. Die Studentengemeinschaft, die aus einem sehr anglophonen Afrika stammte, war mündiger als je zuvor. 1977 stellten rund 50 Studenten die Selbstbereicherung des Präsidenten von Sierra Leone an den Pranger, indem sie ein Transparent mit dem Text entrollten: »Hol unser Geld von den Schweizer Banken zurück!« Daraufhin wurde Rektor Jones wegen nichtgewahrter Ordnung verhaftet und eingesperrt. Sierra Leones *big chief*, ein ehemaliger Gewerkschaftsführer namens Siaka Stevens, hatte schon zuvor die Demokratie abgeschafft und stellte nun die Universität unter Vormundschaft. Eldred Jones durfte nach einigen Wochen als Rektor zurück- kehren, aber Fourah Bay College bekam kaum noch Gelder. Das Honorar der Professoren, die Qualität der Mensa, die Unterhaltung der Gebäude – alles verschlechterte sich rapide. Spöttisch, mit einem Hauch abgeklärten Selbstmitleids, erzählte Eldred Jones von dem Tag, als ein Techniker alle Telefonapparate abholte, angeblich, um sie zu reparieren. »Aber wir bekamen sie nicht wieder zurück, so dass die gesamte Universität ohne Telefon war.«

Im Nachhinein betrachtet, sagte er, könne er durchaus Verständnis für die Verzweiflungstat der Studenten aufbringen, die ihn 1983 – als höchsten Behördendiener von Fourah Bay – »entführt« hatten. Auf die Methode war er weniger gut zu sprechen und erwähnte sie nur, weil ich davon gelesen hatte, sonst hätte er die Einzelheiten übersprungen. Rektor Jones war von seinen Entführern mit Milchpulver bestreut worden und in diesem Zustand, das heißt »weiß vor Erniedrigung«, durch die Straßen Freetowns geschubst worden. Unter lautem Johlen der Studenten musste er den Löwenberg hinabsteigen, über die gewundene Parliament Road bis zum Tor des State House.

Ich war fasziniert von dem Gedanken, dass man in Afrika offensichtlich jemanden *weiß machen* konnte – und fragte nach dem Schmäheffekt von Milchpulver: Was war das für ein Ritual, und was hatte es zu bedeuten?

Aber das Ehepaar ging nicht darauf ein. »Man wurde für etwas festgenommen, an dem man nicht schuld war«, sagte Marjorie. Sie könne mir versichern, dass ihr Mann immer für die Qualität des Unterrichts eingestanden hatte; dessen Vernachlässigung könne man ihm nicht anrechnen. »Nur sahen die Studenten das nicht.«

Von draußen erklang auf einmal Geschrei. Eldred Jones erstarrte; ich auch. Es wurde kommandiert. Erst »stop, stop, stop«, gefolgt von einem zwingenden »go back!« Wir versuchten herauszuhören, ob darin eine akute Bedrohung mitschwang. Marjorie stand auf und lief zum Küchenfenster, während wir in der Nähe einen Lastwagen wenden hörten. Es dauerte eine Weile, bevor sie sich traute, hinauszuschauen; ich sah, wie sie ihren Rücken krümmte und sich halb verdeckt aufrichtete.

»Es ist nichts, my dear«, meldete sie schließlich. »Die Jungs sind mit Ölfässern beschäftigt.«

Wir atmeten auf. Ich sah die beiden an, und es war mir unvorstellbar, wie sie sich in dieser Situation behaupten konnten. In 15 Minuten oder einer halben Stunde war ich hier weg, aber sie blieben. Wer weiß, vielleicht würde Marjorie dann wirklich den neuen Roman von Wole Soyinka weiter vorlesen, der aufgeschlagen auf dem Couchtisch lag, so dass sich ihr Mann an eine Rezension für die nächste Ausgabe der *African Literature Today* setzen konnte. Helden waren sie. All meine journalistische Distanz hatte sich in Luft aufgelöst. Musste ich jetzt meinen Notizblock schließen, »vielen Dank« sagen und ihnen viel Kraft für den Einzug der Rebellen wünschen?

Eldred Jones hob erneut ein Augenlid. Ob ich wisse, an wen ihn »Oberst« Tom und die anderen Jungs vom Staatsrat erinnerten?

Ich hatte keine Ahnung.

»William Golding«, sagte er. »*Herr der Fliegen.* Wenn man ein paar ausgesprochen nette Jungs auf einer Insel sich selbst überlässt, verwandeln sie sich von allein in Barbaren.«

Queda't – Er bleibt!

Banyoles, 2003

Allem Anschein nach war Banyoles weder älter noch jünger geworden, die Stadt atmete noch im selben Rhythmus wie 20 Jahre zuvor. Die Motorrollerjugend war nicht vom Fleck gewichen, und die Aspirintablette aus Beton beim Krankenhaus stand noch immer unverwüstlich inmitten des Kreisverkehrs. Auch die Pension »Comas« existierte noch; ich erkannte die Topfhängepflanzen im Hof und den Speisesaal, wo die Espressomaschine bei jeder Bestellung lawinenartiges Getöse veranstaltete. Nur ich hatte mich verändert: Ich fuhr in einem Easy Car, einem Mietwagen mit Webadresse auf den Seitentüren, und war über die Mautstraßen Kataloniens in Richtung des Vulkanparks Garrotxa gedüst. Bei jeder Ausfahrt hatte ich nach Anhaltern Ausschau gehalten, obwohl ich mir nicht sicher war, ob ich sie mitnehmen würde. Weiterfahren oder Anhalten für jemanden, der für zwei Sekunden im eigenen Blickfeld auftauchte – ich war gespannt auf die unlauteren Kriterien, die ich für diese Entscheidung anlegen würde, aber niemand stellte mich auf die Probe.

Neu in Banyoles waren das Internetcafé »Patagonien« (jedenfalls die Tatsache, dass dort nun zwei Computer standen) sowie der Konkurs der Schokoladenfabrik und die drei Wochen zurückliegende Schließung des naturhistorischen Museums Francisco Darder.

Es war Donnerstag, der 23. Januar 2003, und die Konservatorin hatte mir ein paar Tage zuvor folgende E-Mail geschickt:

»Leider haben wir seit dem 1. Januar geschlossen und bereits mit der Auflösung der ständigen Kollektion begonnen. Wenn Sie dennoch vorbeischauen wollen, klingeln Sie bitte an der Holztür neben dem gläsernen Haupteingang.

Attentamente,
Georgina Gratacós, Konservatorin«

Die Mauern des schachtelförmigen Gemeindemuseums an der Plaza dels Estudis sahen grau und alt aus. Georgina Gratacós öffnete den Diensteingang und ließ mich in eine geflieste Halle ein. Trotz ihrer 36 Jahre hatte sie ein Mädchengesicht, nachdenklich, zurückhaltend und von nassen Locken umrahmt, die im Laufe der nächsten Stunden auch nicht trocknen sollten. In ihrer Arbeiterhose und dem Pullover mit Zopfmuster wirkte sie gedrungen und resolut.

»Die Heizung ist abgeschaltet«, sagte sie. »Behalten Sie Ihre Jacke besser an.«

Georgina betrat den Reptiliensaal. Der Boden war übersät mit Stiften, Klebeband, Mottenkugeln, gefalteten Umzugskartons, Bahnen aus Luftpolsterfolie und einer Heckenschere. Leguan für Leguan, Kaiman für Kaiman, Schildkröte für Schildkröte wurden mit Etiketten versehen, nummeriert und eingepackt. Nur das Nilkrokodil lag noch unberührt da, weil es zu groß war für Georgina und den Biologiestudenten Andrés, der als Einziger beim Verstauen der 5000 Objekte der Kollektion Darder half.

Wie war es, eine Ausstellung nach über 80 Jahren abbrechen zu müssen?

»Es macht einen nicht gerade fröhlich«, sagte Georgina. Sie sei sozusagen mit diesem Museum aufgewachsen, denn sie sei mit Señora Lola, der früheren Hausmeisterin, verwandt und habe auch noch Unterricht in den Räumen der oberen Etage gehabt. Während sie von den bezaubernden, fast gruseligen Museumssälen erzählte und den Drohungen der Lehrerin, ihre Schüler zur Strafe dort einzusperren, rechnete ich zurück:

Konnte sie eines der Schulmädchen gewesen sein, die mir damals auf dem kleinen Platz zugerufen hatten, El Negro sei »echt«? Aber es ging nicht auf: Die Mädchen in ihren Uniformen, die ich getroffen hatte, waren zehn oder elf, während Georgina 1983 bereits 16 gewesen war.

Sie hatte in Gerona und Barcelona Biologie mit Schwerpunkt Botanik studiert, bis sie Heuschnupfen bekam und zur Zoologie überging. Dieser Wechsel hatte dafür gesorgt, dass sie vor zwölf Jahren als Konservatorin bei den ausgestopften Tieren gelandet war; ihre erste und bislang einzige Stelle, fünf Minuten zu Fuß von ihrem Haus entfernt.

Die Auflösung des Museums sei eine traurige Angelegenheit, aber weniger traurig als der Verlust von El Negro in der Nacht vom 8. auf den 9. September 2000.

»Das war der Todesstoß«, sagte Georgina. Während sie weiter erzählte, verhakte sie ihre Fingerspitzen ineinander: »Ich war dabei und habe es zugelassen. Andererseits musste ich dabei sein, denn ich hatte die Schlüssel.«

Der Bürgermeister hatte sie darüber informiert, dass der Transport nachts stattfinden würde und die Vorbereitungen dazu an einem Freitagabend nach Schließung beginnen sollten. Georgina hatte das Haus verlassen, als es noch hell war und gesehen, wie sich kurz hintereinander zwei Störche auf einem Schornstein niederließen. »Für mich war das der einzige tröstliche Moment«, sagte sie. »Ich habe dann ständig versucht, an die Störche zu denken.«

Der Rest des Abends verlief sachlich. Anwesend waren eine Inspekteurin des Anthropologischen Museums Madrid und zwei Männer mit einem Lieferwagen für den Transport von Museumsstücken. Die beiden Umzugsmänner hatten El Negro mitsamt Sockel aus seiner Vitrine gehoben und ihm Schild, Speer, Schmuck und Lendenschurz abgenommen.

»Auch ich habe ihn mal gehalten, und das Verrückte war: Der Speer war fast genauso schwer wie der gesamte Körper.« Sie wolle damit sagen, meinte sie, dass ein ausgestopfter Mensch eigentlich überhaupt nichts wiegt.

Um elf Uhr hatten sie ihn durch die Hintertür auf die Ladefläche des Lieferwagens geschoben. Als Zeugen aus Banyoles waren lediglich der Bürgermeister und sie selbst anwesend. »Er hat uns nackt verlassen, aber vollkommen intakt«, sagte Georgina.

Ich hörte ihr zu und musste daran denken, dass El Negros Leichnam 170 Jahre zuvor aus seinem Grab irgendwo im südlichen Afrika geraubt worden war. Jules Verreaux war im Dunkeln zu Werke gegangen, um nicht von trauernden Familienmitgliedern erwischt zu werden; und jetzt, an diesem Nachsommertag im Jahr 2000, mied der Bürgermeister von Banyoles aus Angst vor seinen eigenen Mitbürgern das Tageslicht. Letztere – so erzählte Georgina – hatten gedroht, die »Auslieferung« El Negros um jeden Preis zu verhindern.

Ich fragte sie, was denn geschehen wäre, wenn die Operation vorher angekündigt worden wäre – hätten sich die Einwohner von Banyoles wie Umweltschützer an die Museumstüren gekettet?

»Das weiß man nie«, meinte sie. »Der Stimmung nach hätte es schon sein können. Eine allein lebende Frau habe sogar mit ein paar Müllsäcken und dem Angebot bei ihr angeklopft, El Negro in ihrem Haus zu verstecken.

200 Kilometer weiter im Süden Kataloniens wohnte ein Mann, für den die nächtliche Entfernung El Negros die Krönung seiner Arbeit darstellte. Ich hatte ihn tags zuvor in seiner Hausarztpraxis im Badeort Cambrils, unterhalb von Barcelona, aufgesucht. Am Boulevard Miramar Nummer 6 hing zwischen den Restaurantfassaden und dem monumentalen Hafenturm ein Aushängeschild mit einem roten Kreuz.

»Dr. Alphonse Arcelin – Arzt
On parle français
Il parle italiano
We speak English
Se habla español«

Cambrils lag im Winterschlaf. Am Strand ein zugenagelter Windsurfverleih, auf dem Boulevard nordeuropäische Rentner, die hinter ihrem Rollator herschlurften. Und ein einziger echter Fischer auf einer Kiste bei seinen ausgebreiteten Netzen (als würde er posieren).

Alphonse Arcelin meldete sich über die Gegensprechanlage und ließ mich in sein Sprechzimmer. Der 67-jährige Hausarzt trug einen Anzug mit diagonal gestreifter Krawatte und hatte einen von grauen Flocken durchzogenen Bart. Er lächelte ständig, warnte mich aber, ebenfalls mit einem Lächeln, er werde im Gespräch über El Negro möglicherweise seine Tränen nicht bezwingen können.

Arcelin setzte sich und sagte, er kämpfe bereits sein Leben lang gegen »the insanity of racism« – den Wahnsinn des Rassismus'. Er machte eine kurze Pause, um sicherzugehen, dass ich dies notieren würde. »Oder sprechen Sie lieber Spanisch?«

Während er sprach, massierte er mit der Sohle des einen Fußes den Spann des anderen. Unter seinem Schreibtisch stand ein rotglühender Heizstrahler. Er erzählte, wie er im Herbst 1991 seine Einmannkampagne gegen die Zurschaustellung El Negros in Angriff genommen hatte: mit einem in den Zeitungen publizierten Aufruf an den neuen Bürgermeister von Banyoles, den Sozialisten Joan Solana. Dieser hatte kurz zuvor in einem Interview mit *El País* erklärt, seine Stadt von ihrem einseitigen Ruhm erlösen zu wollen, »den *ramonas* (einer Art Riesenkarpfen) im See und dem ausgestopften Schwarzen im Gemeindemuseum«. Arcelin, selbst Gemeinderatsmitglied für die Partido Socialista, spornte seine Parteigenossen an, den Worten Taten folgen zu lassen, indem er El Negro einfach aus der Ausstellung entferne. Er schrieb: »Es ist mir unbegreiflich, wie Sie diese Darbietung, die eine Beleidigung für die Würde der gesamten schwarzen Rasse darstellt, weiterhin gestatten können [...] Selbst in Südafrika ist es niemals zu so etwas gekommen.« Um seinen Standpunkt zu unterstreichen, erwähnte der Hausarzt zum Schluss: »Es tut mir Leid, Ihnen mitteilen zu müssen, dass ich selbst schwarz bin.«

Arcelin erzählte, in der spanischen Presse habe er Beifall geerntet, in der katalanischen dagegen Hohn. Die katalanische Abteilung seiner eigenen Partei habe ihm den Rücken zugekehrt. »Sie fanden, es sei nicht im Interesse Kataloniens, die Angelegenheit El Negro auf die Spitze zu treiben, oder so ähnlich.«

Ich konnte das nicht einordnen: Ein Aufruf, den Sozialisten normalerweise begrüßen und der zudem von universeller Bedeutung war, wurde als antikatalanische Tat aufgefasst?

»Und ob!« sagte Arcelin. »In den katalanischen Zeitungen nannten sie mich einen ›schwarzen Don Quichotte‹ und auch ›El Negro de Cambrils‹.«

Das schienen mir Bezeichnungen, die man mit einem Augenzwinkern nehmen sollte. Man konnte sie sogar als Ehrennamen auffassen. Um mich davon zu überzeugen, dass er nicht überempfindlich war, zeigte er mir eine Kolumne aus der Zeitschrift *Presencia*, in der behauptet wurde, die Kinder von Cambrils trauten sich nicht in seine Praxis, weil er so schwarz sei.

Die Wahrheit, sagte Arcelin, sei, dass nicht die Kinder vor ihm Angst hätten, sondern ihre Eltern sich nur von einem schwarzen Arzt behandeln ließen, wenn es wirklich nicht anders ginge – daher lief seine Praxis auch fast ausschließlich dank der Touristen (jüngere Leute, die im Sommer zu viele Pillen geschluckt hatten oder beim Sonnenbad eingeschlafen waren).

Arcelin meinte, er habe sich immer über die Hartnäckigkeit gewundert, mit der Mythen über Hautfarben weiterlebten. Rassismus war für ihn eine Krankheit, »gegen die kein Kraut gewachsen ist«.

Er zog seine Krawatte gerade und begann, von Miragôane zu erzählen, einem kleinen Ort an der Südküste von Haiti, wo er 1936 geboren war.

Die Arcelins besaßen dort eine Sisal- und Tabakplantage, die irgendwann einmal einem französischen Sklavenhalter gehört hatte. Wohlstand und gesellschaftliches Ansehen verdankte die Familie einem berühmten Vorfahren, einem Helden aus dem Unabhängigkeitskrieg gegen Frankreich. Dieser Widerstandskämpfer hatte den Untergang von Napoleons Expeditionsarmee, die im Jahre 1802 eingefallen war, beschleunigt – dafür war er zwei Jahre später bei der Proklamation von Haitis Souveränität mit einer enteigneten Plantage im Hinterland von Miragôane belohnt worden.

Alphonse erinnerte sich, dass seine Mutter Yesmine auf einem temperamentvollen Pferd namens Avion die Ländereien inspiziert und dass er oft mit seinen Geschwistern bei einem Wasserfall gespielt hätte, den sie »den kleinen Niagara« nannten. Die Familie Arcelin gehörte zur Elite von Haiti, vermögend genug, um fünf der neun Kinder für ihre Ausbildung ins Ausland zu schicken. So landete der 19-jährige Alphonse 1955 in Montpellier, um dort Medizin zu studieren.

»Ja, Frankreich war trotz allem die Großmacht, zu der man als Haitianer aufsah«, sagte der Arzt. »Aber ich konnte in Montpellier nicht Fuß fassen. Die Hälfte der Zeit verbrachte ich krank im Bett.«

Mutter Yesmine hatte ihn zurückgeholt, noch bevor der Winter vorüber war, um ihm zwei Jahre später im wärmeren Sevilla eine zweite Chance zu geben. Diesmal fühlte er sich wohler. Mit fünf anderen Haitianern teilte er sich ein Appartement, in dem sie gemeinsam kochten und aufgrund der Berichte in der Zeitschrift *Présence Afriquaine* heftig über die Entkolonisierung Afrikas diskutierten. Innerhalb der engen Grenzen, die das Franco-Regime zugestand, entwickelten sie sich zu Afrikawissenschaftlern mit Sympathien für das Gedankengut von Marcus Garvey (»Alle Ex-Sklaven zurück nach Afrika!«) und für den Mut des Premierministers Patrice Lumumba aus dem Kongo (obwohl sie sich im faschistischen Spanien unmöglich für den »Kommunisten« Lumumba öffentlich einsetzen konnten).

Aus einer Schublade seines Schreibtisches kramte Arcelin die Einladung für einen Vortrag hervor, den er 1962 in der Universitätsaula zum Thema »Schwarzes Bewusstsein« gehalten hatte und in dem er die zentrale Frage stellte: »Haben die Schwarzafrikaner eine Geschichte?«

Er war mit einer Spanierin verheiratet, einer Juristin, die er während seiner Studienzeit kennengelernt hatte, und gemeinsam hatten sie in Libyen und Sambia in der Gesundheitsfürsorge gearbeitet. Eine Rückkehr nach Haiti stand nicht an, denn die Familie Arcelin war in den 60er und 70er Jahren unter der Diktatur der Duvaliers (Vater »Papa Doc« und Sohn »Baby Doc«) verarmt, nachdem sie enteignet und verfolgt worden waren. 1979 hatte sich das Ehepaar in Cambrils niedergelassen, wo Alphonse eine Hausarztpraxis für Touristen übernehmen konnte. Franco war tot, das merkte man.

»Woran?« unterbrach ich ihn. Ich wollte wissen, was der deutlichste Unterschied war.

Arcelin dachte einen Augenblick nach und strahlte kurz darauf über das ganze Gesicht. »In meiner Studienzeit wollte ein spanisches Mädchen unbedingt als Jungfrau in die Ehe. Als ich zurückkam, schämten die Mädchen sich, wenn sie an ihrem Hochzeitstag noch Jungfrau waren.«

Er habe einfach angenommen, fuhr er fort, das demokratische Spanien sei nun an allen Fronten zu einem kultivierten Land geworden, aber darin habe er sich getäuscht. Um zu zeigen, was er meinte, holte er drei Alben über die Affäre El Negro, die er nebeneinander auf dem weißen Zellstoff der Patientenliege ausbreitete.

Georgina Gratacós konnte Arcelin nicht ausstehen. Sie fand es skandalös, dass er einen offenen Brief geschrieben hatte, ohne El Negro jemals gesehen zu haben. Wie konnte er sich dann beleidigt fühlen?

Der Bürgermeister hatte Arcelin eingeladen, sich einen eigenen Eindruck zu verschaffen. »Warum besuchen Sie Banyoles nicht einmal?« schrieb er in seiner Antwort. »Ich werde Ihnen mit Vergnügen die Stadt zeigen und ausführlich mit Ihnen über das Problem sprechen, das Sie in Ihrem Brief erwähnen.«

Arcelin hatte die Herausforderung angenommen. Georgina, die damals ein knappes Jahr beim Gemeindemuseum arbeitete, hatte seine Ankunft beobachtet. Er kam nicht allein, sondern mit einem Geleit von Anhängern: schwarze Freunde, die er für diese Gelegenheit zusammengetrommelt hatte. Draußen auf dem kleinen Platz standen Fernsehteams aus dem In- und Ausland. Arcelin hatte seine PR-Kampagne gut organisiert. »Er war auch schick gekleidet«, erinnerte sich Georgina. »Genau wie seine Begleiter. Sie trugen alle teure lange Mäntel.« Aber, du lieber Himmel, was machten die sich wichtig, fand sie, vor allem Arcelin mit seinen Blumen.

»Blumen?« fragte ich.

»Ja, er hatte einen Strauß Blumen bei sich, den er sozusagen an den ›gläsernen Sarg‹ El Negros legen wollte.«

»Und das hat er getan?«

»Nein, denn das habe ich verboten.« Georgina hatte Arcelin und seine Delegation auf die Hausregeln hingewiesen, in denen stand, dass man keine Lebensmittel ins Museum mitnehmen dürfe. Sie hatte steif und fest behauptet, das gelte für alles organische Material, also auch für Blumen.

»Und dann?«

»Dann habe ich ihnen Karten verkauft und sie sind so« – Georgina legte die Hände wie Scheuklappen an die Schläfen – »geradewegs in den Saal des Menschen stolziert. Das ist doch unhöflich, dem Rest des Museum keinen einzigen Blick zu gönnen! Meiner Ansicht nach hat dieser Arcelin in seinem ganzen Leben sowieso nur wenige Museen von innen gesehen.«

Die Herren hatten mit gesenkten Köpfen vor El Negro gestanden und gebetet.

»Und das wurde gefilmt?«

»Nein, natürlich nicht, ich habe die Kamerateams nicht reingelassen. Hier drinnen darf nicht gefilmt oder fotografiert werden.«

Arcelin und die Seinen hatten auf der Plaza dels Estudis Plakate mit dem Text »Stoppt dieses rassistische Museum« enthüllt, und bevor sie wieder gingen, hatten sie die Blumen an der Fassade abgelegt.

Georgina: »Ich habe sie sofort entfernt und in einer Vase auf meinen Schreibtisch gestellt.«

Arcelin erzählte, er habe Banyoles fluchtartig verlassen müssen. Er raschelte durch die Schnipsel, die seinen Protestbesuch dokumentierten und bewiesen, dass der Höhepunkt (er in offenem Mantel, Auge in Auge mit El Negro) sehr wohl fotografisch festgehalten worden war. Nach seiner Wahrnehmung war die Atmosphäre bedrohlich und einschüchternd gewesen. »Wir bekamen zu hören, ein Schlägertrupp sei unterwegs. Ich hatte noch eine Petition im Rathaus einreichen wollen, aber meine Freunde haben mich ins Auto geschoben, und wir konnten gerade noch rechtzeitig davonkommen.« Das Lächeln war aus Arcelins Gesicht gewichen, und ich fürchtete, dies sei der Moment, in dem er zu weinen anfinge. Aber zum Glück wechselte er schnell zu den ausländischen Medien und ihrer Aufmerksamkeit, die ihn auf den Beinen gehalten habe. »Das japanische Fernsehen, *CNN*, *Los Angeles Times*, alle sind sie hier gewesen. Ich hatte mehr Journalisten in der Praxis als Patienten!«

Arcelin kicherte jetzt, denn die Resonanz auf seine Aktion war so überwältigend gewesen, dass es einen ganz nervös machen konnte. Natürlich hatte er sehr bewusst die Olympischen Spiele von Barcelona 1992 einbezogen, aber er hätte nie vermutet, dass dies so wirksam sei: Während die olympische Fackel schon auf dem Weg war, hatte er den nigerianischen Botschafter in Madrid überredet, mit einem Boykott der Spiele zu drohen, falls El Negro in seiner Vitrine bliebe. Damit konnten die Journalisten etwas anfangen, umso mehr, weil die olympischen Ruderwettkämpfe auf dem See von Banyoles stattfinden sollten. »Ich brauchte bloß noch zu sagen: Was, wenn nun ein schwarzer Athlet das Museum betreten würde?«

Das Ergebnis war ein Album voller eingeklebter Zeitungsartikel mit Schlagzeilen wie »Toter Afrikaner verfolgt Spiele« (*The Sunday Observer*), »Mumifizierter Buschmann entfesselt olympischen Sturm« (*The European*) und »El Negro wird Albtraum für Barcelona« (*Los Angeles Times*). Daumen und Zeigefinger befeuchtend, blätterte Arcelin eine Seite nach der anderen um. Manchmal hielt er kurz inne, um seine eigenen Worte zu zitieren. »Hier!« sagte er dann. »Das ließ sie zusammenzucken: ›Wenn El Negro nicht entfernt wird, werde ich alle schwarzen Athleten auffordern, die Ruderwettkämpfe in Banyoles zu boykottieren.‹«

Die Reaktionen, die Arcelin ausgeschnitten hatte, klangen erst noch unterkühlt und lakonisch. Politiker und Organisatoren, besorgt über das Image Spaniens im Ausland, taten, als zuckten sie die Achseln: »Es gibt wichtigere Dinge, über die man sich aufregen kann, nicht wahr?« Aber in den Vereinigten Staaten schlugen die Anlaufstellen für Diskriminierung augenblicklich Alarm. »Unglaublich, unmenschlich, unsensibel«, sagte ein schwarzes Mitglied des Internationalen Olympischen Komitees in Los Angeles. »Es wird Zeit, dass Spanien den Anschluss an die moderne Welt sucht.« Eine amerikanische Antirassismusgruppe zeichnete den ihr unbekannten Arzt Alphonse Arcelin prompt mit dem Martin-Luther-King-Preis 1992 aus. Die dazugehörige Urkunde steckte in einer Plastikhülle.

Ein Rätsel war und blieb die Reaktion der 14 000 Einwohner von Banyoles. Sie demonstrierten Geschlossenheit und umarmten »ihren« *negrito*. Der Gemeinderat weigerte sich einhellig, ihn zu entfernen, wenigstens für die Dauer der Regatta. »El Negro ist unser Eigentum«, erklärte ein Sprecher der Gemeinde. »Er ist unsere Angelegenheit, und da hat sich niemand einzumischen.« Je größer der Druck von außen wurde, desto tiefer vergruben sich die Bewohner von Banyoles. Es gab Bauarbeiter, die T-Shirts mit der Aufschrift »Hände weg von El Negro« trugen und seriöse Herren, die sich El-Negro-Anstecknadeln ans Revers hefteten. In Barcelona dekorierte einer der bekanntesten Konditoren seine Osterauslage mit einem fünf Kilo schweren El Negro aus Schokolade, woraufhin schon bald überall in Katalonien Schachteln mit El-Negro-Pralinen zu finden waren.

Ich las das alles und wusste nicht, was ich davon halten sollte. Die Bevölkerung einer Stadt oder eigentlich eines gesamten Landstrichs, die ein Wir-Gefühl um einen Exoten schuf, eine Figur, die sie ausstellten, gerade *weil* sie so weit von ihnen entfernt war – das schien schon kurios. Fast unbemerkt hatten sie El Negro zu dem gemacht, was die Amerikaner einen *crossover* nennen: einen schwarzen Publikumsliebling, der nach der Überquerung eines Minenfelds von Vorurteilen im weißen Lager auf Händen getragen wird. Stevie Wonder, Bill Cosby, Oprah Winfrey. Aber wie hatte El Negro eine solche Strecke zurücklegen können – und dann auch noch posthum? Oder anders gefragt: Was brachte die Bevölkerung von Banyoles dazu, sich während des Karnevals von 1992 mit afrikanischen Klischees auszustaffieren – mit Raphiaröckchen, Knochen in den Haaren und schwarz geschminkten Gesichtern? Das war witzig gemeint, aber mit der Botschaft auf den mitgeführten Luftballons war nicht zu spaßen: »Queda't!« – Er bleibt!

Georgina Gratacós wagte sich nicht an soziologische Deutungen, sondern beschränkte sich lieber auf Tatsachen und Zahlen. Wie etwa den Rekord von 70 000 Besuchern, die das Darder-Museum im Olympiajahr 1992 zu bewältigen hatte. Allein während der Spitzenzeit im August, dem Monat der Regatta, liefen 8000 Neugierige an El Negro vorbei – manche ausgelassen und lärmend, andere die Hände pietätvoll auf dem Rücken. Dem Boykottaufruf hatte kein schwarzer Athlet Folge geleistet, und von den schwarzen Ruderern (Kubanern), die sich von Berichterstattern ins Museum mitlotsen ließen, war nur ein Einziger bereit, »Abscheu und Wut« zu äußern.

Georgina hatte sich ins Zeug legen müssen. Ihre Arbeit als Konservatorin war per definitionem ein Kampf gegen die Vergänglichkeit: gegen Haarausfall, Läuse, Motten, Schimmel. Sie sagte, das Gebäude, in dem wir uns befanden, besitze kein Fundament, weswegen sich die Luft immer ein wenig klamm anfühle. Mit dem Zustrom der atmenden Menge war die Luftfeuchtigkeit 1992 noch weiter gestiegen. Georgina hatte die Haut einer Anakonda von einer Pilzschicht befreien müssen und durch die ständige Reinigung der Objekte die Kollektion gut kennengelernt. Sie sah nun auf einen Blick, ob ein Stück von

Darder stammte oder von einem Hobbysammler, der dem Museum seine Objekte vermacht hatte. Im Vogelsaal blieb sie bei einem zerzausten Pelikan stehen (»Darder hätte so etwas Jämmerliches nie abgeliefert«) und zwei Schritte weiter bei einem Enterich, der so stramme Federn hatte, dass man hätte schwören können, er erfreue sich bester Gesundheit.

Nach den Spielen flaute das Interesse an El Negro ab, und Georgina und ihre Kollegen vom Museumsrat hatten die Windstille genutzt, um sich in die Geschichte der Sammlung Darder zu vertiefen. Ihre Befunde notierten sie in einem Büchlein anlässlich des 80-jährigen Bestehens des Museums im Jahre 1996.

Georgina brachte mir ein Exemplar und platzierte mich in ihrem geheizten Büro in der oberen Etage. Wenn ich nach dem Lesen noch Fragen hätte, solle ich mich wieder melden, sie würde nun Andrés beim Einpacken der Reptilien helfen.

Die Jubiläumsausgabe berichtete über die enge Bindung zwischen Francisco Darder und Banyoles. Die war 1910 entstanden, nachdem der Zoodirektor aus Barcelona zur Kur an der Podusa-Heilquelle ganz in der Nähe geweilt hatte. Eine Version lautete, er habe unter Gicht gelitten, eine andere, einer seiner Löwen habe ihn schlimm zugerichtet. Darders Aufenthalt am Fuße der Pyrenäen hatte ihn auf die Idee gebracht, in dem etwas tiefer gelegenen See von Banyoles Karpfen und andere Fischarten auszusetzen, die er in den Teichen des Parks der Zitadelle züchtete. Ab 1910 kam er jeden Herbst in Gesellschaft einiger Helfer mit »tragbaren Aquarien« nach Banyoles, um dort mit viel Tamtam seine neue Zucht auszusetzen. Das war die Geburt des jährlich stattfindenden Fischfestes, und Banyoles dankte es seinem Wohltäter mit der Ehrenbürgerschaft.

Francisco Darder, der sich die Würdigung gern gefallen ließ, kaufte ein Sommerhaus in Banyoles. Obwohl er noch keine 60 Jahre alt war, klagte er wie ein alter Mann über den Mangel an Anerkennung, die ihm in Barcelona zuteil wurde. Es kränkte ihn, dass ihn die Akademiker eher als Sammler von Exotika betrachteten oder als Dompteur, der sich gern in seinem Löwenkäfig fotografieren ließ, denn als jemanden, der sich intellektuell auszeichnete. Grund genug für Darder, Banyoles seine kostbare naturhistorische Sammlung zu schenken.

Im Nachsommer 1916 begann mit einem Zwischenstopp in Girona der Umzug seines Hausrats aus seinem Atelier an der Via Diagonal in Barcelona. Fast wöchentlich schickte er stoßfest verpackte Sendungen mit der Postkutsche los, gefolgt von besorgten Postkarten an den Gemeindesekretär von Banyoles:

»Girona, 23. September 1916

Am 15. dieses Monats habe ich 35 Kisten verschickt, ohne eine Bestätigung über ihre wohlbehaltene Ankunft zu erhalten. Da ich noch viel mehr Versandbereites hier habe, warte ich dringend auf eine Nachricht.

Ihr Ergebener und Freund
Darder

P. S.: Bewahren Sie die Verpackungen auf – sie sind viel Geld wert.«

Ich stellte mir vor, wie El Negro von einem Boten über den noch unbefestigten Weg transportiert und seine Kiste vorsichtig von den Gemeindebeamten geöffnet worden sein musste. Aber ich konnte mir nicht vorstellen, ob sie überrascht oder eher entsetzt gewesen waren. Was hielten sie von ihm? Hatte überhaupt schon einmal jemand in Banyoles einen schwarzen Menschen gesehen, ob nun lebendig oder tot?

Zumindest auf die zweite Frage fand ich eine Antwort: In der Biographie des Barbiers Salví Marín, des ersten Museumsverwalters und Vaters von Señora Lola, las ich, dass er 1898 als Soldat in Puerto Rico gekämpft hatte, in dem Kolonialkrieg, den Spanien verloren hatte. Gut, das wusste ich nun also. Aber brachte mich das weiter?

Ich lehnte mich in Georginas Bürostuhl zurück und ließ die Umgebung auf mich wirken. Ich saß in einem alten Klassenzimmer mit hohen Fenstern an der Seite der Plaza dels Estudis. Das Winterlicht schien auf unordentliche Papierstapel (die Ausgaben einer Ökologiezeitschrift) und einen monströsen Computer. Über Georginas Bildschirm huschten tropische Fische, elegant wie in einem Unterwasserfilm, und auf ihrem Schreibtisch lagen Prospekte von Kongressen über Süßwasserbiologie. Ich verspürte den Drang, Schubladen und Schränke nach zurückgehaltenen Dokumenten über El Negro zu durchwühlen. Aber ich würde, ganz abgesehen von der Frage des Anstands, nichts finden. Das Museum litt an chronischer Informationsanämie, in der Schlacht mit Alphonse Arcelin wurde es immer wieder von Fakten überrascht, die in der Presse auftauchten.

Ich musste mich im Augenblick mit der Übersicht von 80 Jahren Museumsgeschichte zufrieden geben. Wie ein Schuljunge notierte ich die wichtigsten Jahreszahlen:

1916 – Einweihung des Museums während des Fischfestes;
1918 – »nach langwieriger Krankheit« Tod von Francisco Darder im Alter von 67 Jahren in Barcelona;
1925 – Veröffentlichung des ersten Fotos der Museumseinrichtung in einem kleinen Stadtführer (leider war El Negro nicht darauf abgebildet);
1932 – der See von Banyoles tritt über seine Ufer, das Museum wird beschädigt (der Überlieferung nach waren die beiden Löwen hinausgespült worden);
1936 – Beginn des Spanischen Bürgerkrieges, der Autor des Stadtführers von Banyoles wird in einem Hinterhalt ermordet (nähere Erklärung fehlt);
1939 – Ende des Spanischen Bürgerkrieges, Exekution von über 1000 kriegsgefangenen Franco-Anhängern in den Wäldern bei Banyoles durch die Republikaner, die danach als verlierende Partei über die Pyrenäen nach Frankreich flüchteten.

El Negro hatte den Spanischen Bürgerkrieg unversehrt überstanden. Ich sah ihn in einer Szene vor mir, die dem Geist Salvador Dalís entsprungen sein könnte: umringt von Schädeln, durch Feuergeschütze vielleicht ein paar Zentimeter verschoben, aber ansonsten nur ein wenig verstaubt. Draußen waren Kirchen entweiht, Großgrundbesitzer verjagt und vor allem Schützengräben ausgehoben worden. Aber die Frontlinien waren unhaltbar, und die Diktatur legte ihren erstickenden Griff um das Land. Führungen auf Katalanisch wurden aufgrund des Gesetzes zur »Sprach*harmonisierung*« verboten. Die Schulmädchen im ersten Stock bekamen nur noch Unterricht auf Spanisch. *Museu* wurde zu *Museo*, *Banyoles* veränderte sich zu *Bañolas*. Auffallend war, dass es ausschließlich spanischsprachige Dokumente aus der Franco-Zeit gab, wie die Einladung zu einem Festbankett im Jahre 1960 anlässlich der Installation von Neonbeleuchtung im Museum.

Eine erste und einmalige Dissonanz bezüglich der Anwesenheit El Negros war im Sommer 1962 zu hören. In einer Museumskritik schrieb die Zeitung *Horizontes*, der ausgestopfte Afrikaner von Banyoles, so attraktiv er auch als Blickfang sei, schaffe »einen riskanten Präzedenzfall«. Denn, so argumentierte der Berichterstatter, könnte nicht ein Schwarzer, der das Museum Darder betritt und einen der Seinen als »seltenes Objekt in einer Vitrine« vorfindet, auf die Idee kommen, in einem afrikanischen Museum einen Weißen auf dieselbe Weise zur Schau zu stellen? Und fänden wir das dann nicht höchst unangenehm?

Offensichtlich hatte es bis 1962 dauern müssen, das Jahr, in dem Arcelin in Sevilla dargelegt hatte, dass auch Schwarzafrikaner eine Geschichte haben, bevor in Banyoles jemand aufstand und kritische Fragen über die Zurschaustellung El Negros äußerte. Es sprach für Georgina und ihre Kollegen, dass sie die Worte aus *Horizontes* in ihr Jubiläumsbuch übernommen hatten. Über die Kampagne von Arcelin, El Negro aus dem Museum entfernen zu lassen, wurde knapper und etwas verhaltener berichtet. Es war zu lesen, das Museum habe während der Olympischen Spiele vorrübergehend im weltweiten Interesse gestanden, wenn auch in negativem Sinn. Aber jetzt könne man diese Affäre beruhigt als abgeschlossen betrachten.

Nach anderthalb Stunden stand Georgina in der Tür zu ihrem Büro. Weil ich nicht zu ihr gekommen war, wollte sie wissen, wie es mir ginge und ob ich noch Fragen hätte.

»Ja«, sagte ich. »Was habt ihr noch über El Negro, das nicht in diesem Buch steht?«

Sie lehnte sich gegen den Türpfosten, die Arme verschränkt. Ich müsse mir klarmachen, dass vor den Olympischen Spielen niemand etwas über ihn gewusst habe. Im Katalog wurde er unter Nummer 1004 geführt, und das war's. Aber der Bürgermeister hatte sich nicht damit begnügt; er wollte unbedingt wissen, wer der Mann war, der da stand – oder zumindest, *was* er war: ein Pygmäe, ein Buschmann oder ein Bechuana, wie es hinten auf der Ansichtskarte stand?

»Bürgermeister Solana wollte vermeiden, dass die Zeitungen allerlei Unsinn veröffentlichen. Und weil wir nichts wussten, hat er damals in Girona eine post-mortem-Untersuchung durchführen lassen.«

»Eine Autopsie? Wann das denn?«

»1993, ich glaube, im Juni. Wieso?«

»Das steht nicht in diesem Buch.«

»Natürlich nicht, wo denken Sie hin. So ein Bericht ist unlesbar, er strotzt nur so vor medizinischen Ausdrücken.« Die Konservatorin strich sich die Locken hinter ein Ohr, zögerte einen Moment, machte dann drei Schritte zu einem Archivschrank und holte ein Dokument heraus. »Bitte«, sagte sie. »Und passen Sie auf, dass die Röntgenaufnahmen nicht herausfallen, sie sind lose eingelegt.«

Ich hielt die bläulichen Folien gegen das Licht und hatte Mühe, die Muster auf bekannte Körperteile zurückzuführen. Ein paar Mal musste ich mich auf Georginas anatomische Kenntnisse stützen, sonst hätte ich nicht gewusst, was ich mir da gerade anschaute. Einen Fuß oder Ellenbogen konnte ich gerade noch so erkennen, auch Ober- und Unterkiefer (erstaunlicherweise ohne Gebiss) und die sorgfältig gespreizten Fingerknöchelchen.

Aber es gab auch Fotos von Gelenken, die mit krumm geschlagenen Nägeln an einer Querverstrebung befestigt waren. Ich sah Pfropfen faserigen Zeugs (Stroh laut Georgina) als subkutane Schulterfüllung, und in der Schädelhöhle steckten zwei Metallspieße. Von innen erinnerte mich El Negro an eine Vogelscheuche: eine Strohpuppe mit einer Jacke auf einer umgedrehten Harke – mit dem Unterschied, dass es sich bei dieser Jacke um seine eigene Haut handelte und die Harke zum Teil aus eigenem Knochenmaterial aufgebaut war.

Ich las, dass die Leichenbeschauer, nachdem sie ihn vollständig ausgemessen und durchleuchtet hatten, zu dem Schluss gekommen waren, dass El Negro die Merkmale »eines afrikanischen Buschmannes« besaß. So stand es auch auf dem Kupferschildchen an seinem Sockel, und damit war für den Bürgermeister die Sache erledigt: El Negro war ein *Bosquimano* oder, auf Katalanisch, ein *Boixima*.

»Wir haben erklärt, dass er zum Erbe der Gemeinde gehört«, sagte die Konservatorin, die sich auf eine Ecke ihres Schreibtisches setzte, um ihr Plädoyer noch einmal zu halten. »El Negro war das wichtigste Stück, das wir hatten, das Gesicht der Kollektion, und daher unersetzlich.«

Ich fand es sonderbar, dass Georgina begann, etwas so Veraltetes wie Naturgeschichte leidenschaftlich zu verteidigen. Während ich mich auf ihrem Bürostuhl drehte, wies ich auf ihre Ökologiezeitschriften, die dazu aufriefen, Tierarten zu schützen und den See von Banyoles nicht zu verschmutzen. Waren das nicht viel aktuellere Themen?

Georgina meinte, sie sähe da keinen Widerspruch. »Ich bin gegen die Jagd und das Ausstopfen von Tieren. Aber das heißt noch lange nicht, dass ich eine bereits existierende naturhistorische Sammlung verlorengehen lassen will.« Sie fügte hinzu, es bestünde schließlich auch noch so etwas wie *Museumsethik*.

»Und das wäre?«

»Dass man die Objekte, die man, aus welchen Gründen auch immer, nicht zeigen will, für die Nachwelt aufbewahrt.«

Das Museum, sagte sie, sei der Dickfälligkeit bezichtigt worden; aber die Vernichtung von Kunst, *das* sei wahrhaft unsensibel. Und im Falle El Negros, angesichts seines Seltenheitswerts, schlichtweg unverständlich. Ich hätte doch wohl hoffentlich begriffen, dass er als ausgestopfter Mensch (»als Produkt der Taxidermie«) weltweit einzigartig sei?

Georgina war noch nicht fertig. Ein Bildersturm oder eine Bücherverbrennung, hielt sie mir vor, sei auch nicht zeitgemäß. Und wenn die Fundamentalisten in Afghanistan jahrhundertealte Felsskulpturen sprengten, fände ich das dann nicht himmelschreiend?

Eben weil wir in Europa zivilisiert und demokratisch waren, ging Georgina davon aus, die Argumente des Museums Darder seien stark genug.

Aber in der Zwischenzeit war Alphonse Arcelin nicht untätig gewesen. Er hatte Jesse Jackson angeschrieben, Jimmy Carter, Magic Johnson, Papst Johannes Paul II., den Bürgermeister von Los Angeles Tom Bradley, Kofi Annan, Felipe González, den Präsidenten vom Senegal Abdou Diouf, die Organisation der Afrikanischen Einheit (OAU), die UNESCO, die Sozialistische Internationale – alles in allem ebenfalls ein ganzes Album voll.

Arcelin beugte sich vor, die Unterarme auf die Patientenliege gestützt, und begann laut aus der Fülle der Antwortbriefe vorzutragen. Nicht jeder hatte etwas von sich hören lassen, und der Kardinal, der im Namen des Vatikans antwortete, hatte gewundene, inhaltslose Sätze von sich gegeben. Aber der Bürgermeister von Los Angeles hielt dem Museum Darder »Gefühlskälte« vor, und der Präsident des Senegals nahm diesen »Affront gegen die Würde der schwarzen Rasse« so übel, dass er versprach, Spanien in internationalen Foren zur Ordnung zu rufen.

Felipe González, seit kurzem Exministerpräsident, schrieb, er könne »Verständnis« für Arcelins Standpunkt aufbringen.

Aber er sorge sich trotzdem vor allem um den Ruf Spaniens: González drängte Arcelin, die Angelegenheit nicht aufzubauschen und nur innerhalb der katalanischen Abteilung der Partido Socialista anzuschneiden. Es war ein naiver Aufruf, an taube Ohren gerichtet und hoffnungslos zu spät.

»Hören Sie zu«, sagte Arcelin und griff nach einem Brief mit der Unterschrift Kofi Annans, den er zu zitieren begann, während er sich dabei ab und zu vor Lachen verschluckte:

»Die barbarische Unsensibilität dieser Ausstellung verdient die scharfe Verurteilung durch jeden Menschen, der auch nur einen Funken Respekt vor dem menschlichen Leben hat. Das ist rundheraus ekelerregend. Die Verantwortlichen für diesen groben Fehltritt sollten einmal darüber nachdenken [...], und ich hoffe, dass sie Anstand zeigen, indem sie nun schnell handeln.«

»Ja-ah!« sagte der Doktor, »Das traf wie ein Hammerschlag.« Er setzte die Lesebrille ab und betupfte die Augenwinkel mit der Innenseite seiner Manschetten.

Arcelin hatte die Sympathiebekundungen gesammelt und 1997 während einer von ihm angestrengten Rechtssache gegen die Gemeinde Banyoles alle gleichzeitig ausgespielt. Seine Forderungen waren erstens ein Verbot der Ausstellung El Negros wegen »Beleidigung einer Volksgruppe« und zweitens eine Entschädigung in Höhe von 200 Millionen Peseten für erlittenen »moralischen Schaden« (ein Betrag, den er einer Aktionsgruppe gegen Rassismus spenden wollte).

Noch bevor das Urteil gesprochen war, hatten die Landesmedien Arcelin bereits zum moralischen Sieger ausgerufen. Er verdankte diesen Triumph rund hundert Einwohnern von Banyoles, die sich dazu hatten herausfordern lassen, im Februar 1997 während des Karnevals erneut als Afrikanerkarikaturen auf der Plaza Mayor zu erscheinen. Die Flut von Veröffentlichungen, die sie damit auslösten, kehrte sich gegen sie. *El País* kommentierte, die Bevölkerung von Banyoles habe in ihrem afrikanischen Krieger ein »Totem« gefunden; er sei in ihren Händen zu einem Vehikel geworden, um sich »mit Hilfe eines anderen anders zu fühlen«. Man müsse El Negro als einen »Artefakt europäischer Kultur« betrachten, eine Gestalt, »die uns nichts über Afrika und seine Bewohner erzählt, aber umso mehr über uns selbst«.

Aber was genau? Was sagte El Negro zum Beispiel über die Karnevalisten auf der Plaza Mayor? Auf den ersten Blick schienen es schlichte Gestalten, die ihren Verstand ausgeschaltet hatten, um unbesorgt außer Rand und Band zu geraten – solche gab es überall. Sie erinnerten mich an Fußballirre, Weiße, die Affengeräusche imitierten, sobald ein schwarzer Spieler der gegnerischen Mannschaft an den Ball kam; auch sie zeigten, wer hier der Primitivere war.

Aber es steckte mehr dahinter, denn die untergehakten »Neger« in Banyoles ließen nicht nur für sich selbst Dampf ab, sondern gleichzeitig auch für die überwältigende Mehrheit.Hinter jedem, der sich als Schwarzer verkleidet hatte, standen tausend weniger unbändige Katalanen, die auch fanden, El Negro müsse bleiben. Alphonse Arcelin hatte gesagt, er wohne lange genug in Spanien, um zu verstehen, dass dabei ein unterschwelliges katalanisches Volksbewusstsein mitspiele. Er hatte mich auf den Refrain in den Leserbriefen hingewiesen, die seinerzeit in den lokalen Zeitungen erschienen waren: »Wir dürfen El Negro nicht aufgeben, denn sonst kann bald jeder bestimmen, was wir tun und lassen sollen.«

Erst jetzt in Banyoles dämmerte mir allmählich, dass Arcelin mir einen Schlüssel geliefert hatte. Offensichtlich sollte es niemand mehr wagen, den Katalanen die Leviten zu lesen. Und ob diese Einmischung nun von Alphonse Arcelin kam oder von Kofi Annan – die Katalanen verteidigten mit El Negro ihr erst kürzlich wiedererlangtes Selbstbestimmungsrecht. Es war ein Irrtum, zu glauben, mit dem Come-back ihrer Sprache in den Schulen, in der Verwaltung, bei den öffentlich-rechtlichen Sendern und auf den Verkehrsschildern (dank des Gesetzes zur »Sprach*normalisierung*« aus dem Jahre 1983) habe sich die nationale Frage geklärt. Noch immer bekämpften Katalanen täglich die Grenzen ihrer Autonomie innerhalb

Spaniens, und in diesem Kräftemessen mit Madrid hatten sie El Negro zu einem Maskottchen der katalanischen Sache erhoben.

Während der drei Tage, die ich in der Pension »Comas« in Banyoles verbrachte, herrschte ein pfeifender Wind – der *tramontana*. Ich ließ meinen Mietwagen stehen und ging zum Ufer des Sees. Trotz des Windschutzes von den Bergen ringsum stiebte ein feiner Niesel von der Wasseroberfläche auf. Das Bootshaus des Rudervereins war geschlossen, ebenso ein benachbarter Kiosk. Die Souvenirläden in den Hotels hatten immer noch El-Negro-Anstecknadeln in ihrem Sortiment. *Made in Taiwan* stand auf dem Exemplar, das ich für 1,50 Euro erstand. Ich fragte nach dem Restaurant, das Besucher mit einer Replik El Negros lockt, aber das Lokal war im Winter geschlossen. Ende Januar war weit und breit kein Tourist zu finden; die Hotels standen leer und wurden renoviert. Auf einem Gerüst sah ich schwarze Arbeiter in aufgeplusterten Overalls und ertappte mich dabei, wie ich sie anstarrte.

Als ich später an diesem Nachmittag den Wirt vom Café »Patagonien« sprach, erzählte er, dass die schwarzen Arbeiter, die ich gesehen hatte, Leute aus Gambia seien. »Wir haben ungefähr 500 davon, Frauen und Kinder mitgerechnet«, sagte er. »Sie arbeiten auf dem Bau und auf den Bauernhöfen.«

Ich schaute zwei- bis dreimal täglich bei ihm vorbei, um meine E-Mails abzufragen und war meistens der einzige Gast. Trotz der beiden Internetcomputer im Souterrain hatte das Lokal noch immer das Aussehen einer gemütlichen Bierstube; der Mann hinter dem Zapfhahn war um die 50 und hatte seine Haare im Andenken an seine Hippievergangenheit zum Zopf gebunden. Er hieß Vicente.

Ich fragte ihn nach der Affäre El Negro: Hatten die Gambianer darin eine Rolle gespielt?

Nicht direkt, berichtete der Kneipenwirt. Sie hielten sich abseits und zeigten sich höchstens in der Kirche. Und selbst wenn sie von El Negro gewusst hätten, hätten sie sicher nichts dazu gesagt – sie passten schon auf. »Aber ganz zum Schluss, als er weggeholt werden sollte, wurde die Atmosphäre plötzlich grimmig.« Vicente sagte, ein Trupp Ultra-Nationalisten habe sich erhoben und Pamphlete mit dem Tenor ausgeteilt: Wenn El Negro raus muss, dann alle Schwarzen!

Es seien keine Skinheads gewesen, sagte er, sondern »Jungs, die man auf der Straße nicht erkennen würde«. Vicente wusste, wer sie waren, sie kamen ab und zu in seine Kneipe, aber er hatte keine Lust, sie mir vorzustellen. Wenn ich wollte, könnte ich sie an einem beliebigen 11. September auf der Plaza Mayor treffen.

Ich fragte: »Was hat denn der 11. September damit zu tun?«

»Das ist der Nationalfeiertag der Katalanen.« An diesem Tag ist Barcelona im Jahre 1714 eingenommen worden.

»Also feiern die Katalanen den Tag, an dem sie sich ein kollektives Trauma eingehandelt haben?«

»Ja«, antwortete Vicente. »Und wie.«

Er hatte meine Neugier geweckt, aber der Wirt sagte, er sei kein Verfechter der katalanischen Sache; für die Art von Informationen, die ich suchte, sollte ich besser »eine Website des 11. September anklicken«.

Ich bemerkte, dass ich wohl dann eher die einstürzenden Twin Towers zu sehen bekäme.

»Nicht, wenn du 11. September 1714 eingibst.«

Mit einem frischen Glas Bier in der Hand tauchte ich ins Souterrain ab. Wie Vicente vorhergesagt hatte, landete ich ohne Umwege auf einer Propagandaseite katalanischer Ultra-Nationalisten. Die englischsprachigen Seiten boten einen Einstieg nach dem Motto »Katalonien für Anfänger« und gehörten zu den widersprüchlichsten Seiten, die ich je besucht hatte. Links befand sich ein Foto der qualmenden Skyline Manhattans: »11 september 2001. New York, USA, one year of pain.« Rechts war auf gleicher Höhe ein klassisches Gemälde vom Fall Barcelonas zu sehen: »11 september 1714. Barcelona, Catalonia, 289 years of sacrifice.« Darunter stand – über die gesamte Seite: »Spain is our Bin Laden, America help us ...!«

Nun, da ich darauf achtete, entdeckte ich überall katalanischen Chauvinismus. So waren die Tomaten und Auberginen auf dem Markt ausdrücklich katalanischer Herkunft, weil sie sonst unverkauft bleiben und verrotten würden. Das restliche Europa mochte zwar unverdrossen an seiner Einheit arbeiten – hier, an der Südflanke der Pyrenäen, blühte der Regionalismus. Egal, ob Rot oder Grün oder Christdemokraten, die Amtsträger und Politiker gerieten sich nicht wegen ihrer Ideen oder Pläne in die Haare, sondern aufgrund ihrer Katalonienpolitik. Die enge nationalistische Sicht war so selbstverständlich, dass Bürgermeister Joan Solana von Banyoles seine Memoiren ausschließlich auf Katalanisch veröffentlicht hatte, so dass er den Eindruck erweckte, als habe er, der ebenso perfekt Kastilisch sprach, vier Fünfteln seiner potentiellen Leserschaft, nämlich den 34 Millionen Spaniern, die des Katalanischen nicht mächtig sind, nichts mitzuteilen.

El Negre de Banyoles lautet der Titel seines Buches – in Anbetracht der Tatsache, dass er sich während seiner Amtszeit von 1991 bis 1999 mit wenig anderem beschäftigt hatte. Solana, 1951 in Banyoles geboren, war Theaterdramaturg, der auch in seiner Verwaltungsarbeit Dramen nicht scheute. Indem er Bertolt Brecht, Joseph Conrad und Franz Kafka zitierte, schien es, als stünde er über den streitenden Parteien, aber hinter dieser Pose verbarg sich Empörung. Joan Solana fühlte sich als unverstandenes, irrtümlich zum Rassisten abgestempeltes Medienopfer. Wie ich las, war er besonders erbost gewesen, als die Medien nach dem anstößigen Karneval im Frühjahr 1997 fälschlicherweise berichtet hatten, El Negro sei in einer Prozession durch die Straßen getragen worden. Die Regierung in Madrid hatte den für Banyoles nachteiligen Medienrummel genutzt, um Solana Daumenschrauben anzulegen: Wenn er El Negro nicht schleunigst ins Magazin des Museums Darder bringen ließe, würden Sanktionen folgen. Der Außenminister gab in einem Radiointerview zu, er verfüge nicht über die juristischen Mittel, Druck auf die Gemeinde Banyoles auszuüben, aber er machte deutlich, dass sich Spanien durch die Affäre

El Negro international einen so üblen Ruf einhandele, dass unkonventionelles Auftreten geboten sei.

Bürgermeister Solana schrieb, dieses Machtwort aus Madrid habe ihn an die Wand gedrängt. Er hatte sich in sein Arbeitszimmer zurückgezogen und beschlossen, Zeit zu gewinnen, indem er folgende Anweisung erließ:

> »Mit Wirkung des morgigen Tages, Freitag, der 7. März 1997, ordne ich die Schließung des Saals des Menschen für das Publikum des Museums Darder in Banyoles an.«

Noch am selben Wochenende schaffte es El Negro in die Kolumnen der *New York Times* (»Spanisches Museum schließt Buschmann-Ausstellung«) und *The Times* (»Krieger zieht sich endgültig zurück«). Aber Joan Solana versicherte dem Gemeinderat, die Berichte seien falsch: Seine Maßnahme sei lediglich ein vorübergehender taktischer Rückzieher, keine Kapitulation. Der Bürgermeister dachte über einen Gegenzug nach, um die Kritik ein für alle Mal verstummen zu lassen; er schlug vor, den Saal des Menschen zum Saal des Multikulturalismus' umzugestalten, in dem gezeigt werden könne, welche Haltung man zu unterschiedlichen Zeiten gegenüber der vermeintlichen Rassenhierarchie eingenommen hatte. Solana sah eine Ausstellung vor sich über »das Unvermögen der Europäer, den ›anderen‹ – besonders den Afrikaner – zu verstehen«. Mit diesem Ansatz wäre El Negros Ehrenplatz gesichert gewesen.

Georgina Gratacós wusste von diesen Plänen, war aber nicht besonders zuversichtlich: »Einen Monat später mussten wir auf einmal auch El Negros Ansichtskarte aus dem Handel nehmen.« Auch hier hatte Arcelin die Hand im Spiel: Durch seinen Lobbyismus hatte das UN-Kommissariat für Menschenrechte den Profit angeprangert, den das Museum Darder mit den Postkarten machte.

Georgina erschrak jedoch erst richtig, als im Anschluss daran El Negros Repatriierung nach Afrika ins Gespräch kam. Sie hatte in der Zeitung lesen müssen, Arcelin wolle sich um ein erneutes Begräbnis in afrikanischer Erde kümmern und dass sich die Organisation der Afrikanischen Einheit hinter dieses Vorhaben gestellt habe. Obwohl niemand genau wusste, woher El Negro stammte und in welches afrikanische Land man ihn gegebenenfalls schicken solle, fand die Konservatorin allein den Vorschlag schon alarmierend genug, um eine Unterschriftenaktion zu organisieren. Im Namen der Freunde des Museums, einer Stiftung, deren Sekretariat sie selbst leitete, ging Georgina im Juni 1997 mit einer Petition und dem Leitspruch »Queda't!« – Er bleibt! – auf die Straße. Sie sammelte 7380 Unterschriften, was bedeutete, dass die absolute Mehrheit in Banyoles »ihren« *negrito* nicht aufzugeben wünschte. Aber Georginas Initiative hatte keine Chance, weil der Gemeinderat längst nicht mehr über das Schicksal El Negros bestimmen konnte. Dazu stand seine Rückkehr nach Afrika schon viel zu weit oben auf der Tagesordnung der internationalen Diplomatie, und immer häufiger fiel der Name Botswana als möglicherweise aufnehmendes Land. Die Gemeinde Banyoles behauptete selbst, El Negro sei ein Buschmann, und die letzten Buschmänner bewohnten die Reservate in der Kalahari-Wüste von Botswana. Aus diesem Grund beauftragte die Organisation der Afrikanischen Einheit ihren Mitgliedsstaat Botswana, die Angelegenheit El Negro weiter mit den spanischen Autoritäten abzuwickeln.

Ursprüngliche Quellen (wie zum Beispiel der Katalog Darders), die El Negro als einen Tswana aus einem Gebiet beschrieben, das nun in Südafrika liegt, wurden vorsätzlich ignoriert – solch feine Nuancen würden die Heimreise El Negros nur verkomplizieren.

Es sollte bis zum Bürgermeisterwechsel dauern, ehe die Verhandlungen hinter den Kulissen 1999 endlich zu einem Deal führten. Joan Solana konnte seiner Anhängerschaft gerade in die Augen sehen: Nicht er, sondern sein Nachfolger hatte El Negro schließlich aufgegeben.

Alphonse Arcelin hatte gewonnen, aber auch verloren: Das Gericht hatte seine Klage wegen Rassismus abgewiesen und ihn zur Übernahme der Prozesskosten verurteilt. Danach ließ er die Zahlungstermine so oft verstreichen, dass der Betrag inklusive Bußgeld und Zinsen auf eine Höhe von 80 000 Euro angewachsen war. Jede neue Mahnung des Inkassobüros leitete er nun seit fünf Jahren der Partido Socialista weiter, denn die hatte versprochen zu bürgen, doch die Partei weigerte sich zu zahlen. Inzwischen hatte man sein Haus beschlagnahmt, und er fuhr mit einem gebrauchten Mercedes durch Cambrils, der auf den Namen einer Freundin angemeldet war. Auf meine Frage, wie es jetzt weitergehe, hatte Arcelin einfach nur mit den Schultern gezuckt und ein Lächeln auf sein Gesicht gezaubert.

Für Georgina war der finanzielle Ruin ihres Rivalen ein magerer Trost; wäre es nach ihr gegangen, hätte die Gemeinde Banyoles ihn auch noch gerichtlich wegen übler Nachrede belangen sollen.

Als ich sie fragte, ob sie persönlich etwas gegen Arcelin habe, empfand sie dies als Fangfrage, um sie als Rassistin darzustellen.

»Es ist nicht die Tatsache, dass er schwarz ist«, sagte sie mit Nachdruck; Banyoles sei kein hinterwäldlerisches Kaff, und sie habe genug davon, sich gegen dieses Image verteidigen zu müssen.

»Gut«, sagte ich, »aber was ist es denn dann?«

»Wie soll ich das erklären ...« Die Konservatorin stemmte eine Hand in die Seite und blies mit einem Seufzer durch die Zähne, als würde sie Zigarettenrauch ausstoßen. »Dieser Mann lebt bereits seit 1979 in Katalonien und spricht noch nicht einmal Katalanisch.« Sie konnte es nicht verwinden, dass so jemand diktieren konnte, was man in Banyoles in einem Museum ausstellen durfte. Und wenn Arcelin die Zurschaustellung El Negros wirklich anstößig oder verletzend fand, stünde es ihm doch völlig frei, nicht zu kommen, oder?

Ich merkte, dass ich nickte, nicht aus Zustimmung, sondern um den Schritten ihres Gedankenganges zu folgen. Und weil ich es wie Georgina schade fand, dass El Negro weg war – wenn auch aus einem anderen Grund als sie. Jahr für Jahr hatte er den Betrachtern einen Spiegel vorgehalten und sie zum Nachdenken gebracht, genau wie mich seinerzeit. Und darum schien mir die Idee von Bürgermeister Joan Solana gar nicht mal so verrückt: In einer Ausstellung über Rassismus hätte El Negro die Anklage, die er »verkörperte«, auf Dauer verkünden können.

Ich folgte Georgina zum Saal des Menschen, um mir seine leere Vitrine anzusehen. Der Glasschrank stand nun an der Wand. Ich berührte die Glastür mit den dünnen Holzrahmen, die zerbrechlich in den Scharnieren hing. Sie quietschte, und während ich den Schrank wieder schloss, fragte mich Georgina, ob ich etwas Besonderes sehen wolle.

Ich ging mit ihr die Treppe hinauf ins Magazin, dessen Tür sie mit viel Schlüsselklappern öffnete. Unter dem aufflackernden Neonlicht standen reihenweise Regale mit Schlangen und Salamandern in Spiritus und mit sorgfältig verpackten, nicht genauer zu identifizierenden Gebilden. Georgina nahm einen länglichen, in Luftpolsterfolie gewickelten Gegenstand von einem Brett.

»Schwer, was?« Ich bekam einen anderthalb Meter langen Gegenstand gereicht und durfte ein Stück Plastik zurückschlagen, um mich zu vergewissern, dass ich den Speer El Negros in Händen hielt.

»Der ist hier geblieben?«

Georgina zog ein unschuldiges Gesicht und spreizte die Finger, sie wusste von nichts. Ich befühlte die Spitze mit den giftigen Widerhaken. Mit dieser Waffe also hatte El Negro sich und vielleicht auch seine Frau und seine Kinder ernährt. Ich fragte mich, ob er damit Springböcke gejagt hatte. Wie hatte er das getan, von einer Schutzhütte im Gebüsch aus?

Ich sagte zu Georgina, ich fände es unglaublich, dass der Speer noch hier sei. Denn wenn El Negro seinerzeit mit diesem Attribut begraben worden war, warum hatte man ihm diesen dann jetzt weggenommen? »Wer sagt denn, dass es sein Speer war?« Georgina riss mir die Waffe jäh aus der Hand. »Außerdem: Niemand in Botswana hat danach gefragt.«

Unterwegs nach Afrika, aber noch auf spanischem Boden, war El Negro »demontiert« worden, nämlich im Museum für Anthropologie in Madrid, wohin er gleich von Banyoles aus gebracht worden war. Ein auserwähltes Grüppchen Bestatter hatte die Aufgabe, seine stofflichen Überreste für die Übergabe an Botswana vorzubereiten, und weil es ihnen nicht feinfühlig genug schien, ihn in ausgestopftem Zustand in einen Sarg zu legen, beschlossen sie, ihn zu demontieren. Sie gingen dabei nach der Devise vor: wegnehmen, was hinzugefügt worden war.

So drückten sie also die gläsernen Kugeln aus seinen Augenhöhlen, schnitten seine Gipslippen weg und zogen das Metallrückgrat aus seinem Leib. Es ist nicht bekannt, ob die Mitarbeiter des Museums für Anthropologie, nachdem sie auch das Stroh und die Querverstrebung entfernt hatten, vor der verschrumpelten Puppe, die noch übrig war, erschraken. Jedenfalls entschieden sie sich dazu, El Negro auch noch seiner Haut zu entledigen – die schließlich so durchtränkt von Arsen und Schuhcreme war, dass man auch sie inzwischen als künstlich bezeichnen konnte.

Was als Geste der Diskretion gedacht war, lief auf eine unbeholfene Leichenschändung hinaus. Die Präparationsarbeit, wie sie Jules Verreaux 170 Jahre zuvor durchgeführt haben musste, wurde nun einfach rückwärts betrieben.

Am Ende blieben lediglich ein Schädel und ein Häuflein Arm- und Beinknochen übrig: zu wenig, um damit einen Sarg für einen erwachsenen Mann zu füllen. Ein Kindersarg reichte vollkommen.

Und dann gab es noch Verwirrung über die Anzahl der Soldaten, die man einbestellen sollte. Acht oder sechs? Auf dem Flughafen von Madrid zeigte sich schließlich, dass vier Träger der Ehrengarde genug waren, um die Kiste an Bord der Boeing 747 zu heben, die am 3. Oktober 2003 um 23.35 Uhr startete und wie ein Punkt am südlichen Nachthimmel verschwand.

El Negros Haut blieb in Spanien.

Im Land der Vorfahren

Südafrika, 2004

I Die Buschmannfrau

Das Afrikaans bietet mir stündlich ein neues Wort in meiner eigenen Sprache, dem Niederländischen. Als *uitlander*, Ausländer, probiere ich die Worte zwischen Zunge und Gaumen, sie schmecken fremd und vertraut zugleich und wie mit einem Zuckerrand glasiert – genau wie der *skemerkelkie*, der »Schummerkelch«, den ich im Café »De Goewerneur« trinke. Am meisten freut mich ein neues Synonym für *opgezet*, das im Afrikaans *opgestop* heißt und dem deutschen »ausgestopft« sehr nahe kommt. In meiner Sprache können nur Verkehrsadern *opgestopt* sein, aber in Südafrika lese ich in einem Prospekt über *opgestopte eksemplare* einer ausgestorbenen Zebra-Art, der Kwagga. Afrikaans ist wie Poesie, man muss es langsam und in Vierzeilern zu sich nehmen.

Meer as 'n eeu gelede
is 'n eensame kwagga in 'n Nederlandse diertuin dood
die laatste een van 'n groot menigte
wat eenmaal oor die wye vlaktes van die Karoo en die Vrystaat geheers het.

Vor mehr als einem Jahrhundert
starb eine einsame Kwagga in einem niederländischen Zoo,
die letzte einer großen Herde,
die einst über die weiten Ebenen von Karoo und Vrystaat herrschte.

Ich verstehe, dass es sich um eine Stute handelte, ein Tier mit karamellfarbenem, teilweise gestreiftem Fell, verstorben am 12. August 1883 im Amsterdamer Zoo Artis, und dass seither nur noch *opgestopte eksemplare* in Museen zu besichtigen sind.

»*Maar toe kom mnr. Reinhold Rau van die Suid-Afrikaanse Museum met die fantasiese idee om die uitgestorve kwagga terug te teel. En dis die plan wat nou stadig besig is om tot vervulling te kom.*«

Zusammengefasst heißt das in etwa, dass ein Herr namens Reinhold Rau vom Südafrikanischen Museum die fantastische Idee hatte, diese ausgestorbene Art wieder zum Leben zu erwecken. Ich bin mit ihm verabredet, nicht wegen seines Versuchs, halbgestreifte Zebras zu züchten, sondern weil er der letzte echte Taxidermist des Kapstadter Museums ist. Der erste Präparator in diesem Museum war Jules Verreaux gewesen, und dort, wo sich nun Reinhold Raus Werkstatt befindet, muss er im Jahre 1830 oder 1831 den Leichnam El Negros ausgestopft haben.

Ich gehe die Kloofstraat hinunter, an einem Supermarkt vorbei, der Baptistenkirche, den Waschsalons und den Gemüseläden – im Rücken die sich scheinbar vornüber neigende Wand des Tafelbergs. Rechts unter mir beginnt der weiträumige Kompanjies-Garten, in der Ferne an der Hafenfront steht eine Siedlung mit Hochhäusern, dicht nebeneinander, als hätten sie etwas miteinander zu besprechen.

»Stop da Race Politics!« fordert die Nasionale Partij. Die *neue* Nasionale Partij zwar, aber dennoch die Nachfolgerin der südafrikanischen Apartheidspartei. Stoppt die Rassenpolitik? Es ist ein Aufruf, der sich an jedem dritten Laternenpfahl wiederholt, abwechselnd mit Wahlschildern des ANC, die fordern: »Beveg de armoede« – Bekämpft die Armut. Auf *Afrikaans*, der Sprache der Unterdrücker. Was hat das zu bedeuten? Ist Südafrika zehn Jahre nach der Abschaffung der Apartheid vom Weg abgekommen, oder bin ich es (an meinem zweiten Tag in Kapstadt)? Während ich gerade aus einem feuchtkalten Frühling komme, ist es hier wolkenloser Herbst mit 29 Grad im

Schatten. Ich trage lange Ärmel, alle anderen kurze. Auf der Coladose, die ich kaufe, schüttelt eine weiße Hand eine schwarze; die Coca-Cola-Company verspricht, »10 Jahren Demokratie« in Form einer Spende an den Nelson-Mandela-Kinderfonds Glanz zu verleihen. Unter den Markennamen, so hat man mir erzählt, sind Nelson Mandela und Coca-Cola Giganten des gleichen Kalibers.

In meiner Tasche befinden sich die Ergebnisse meiner Nachforschungen eines ganzen Jahres. Der Riemen über meiner Schulter schneidet jedoch nicht ein, dafür ist die Ausbeute zu mager. Immerhin habe ich ein Foto von Jules Verreaux bei mir, das ihn als alten Mann zeigt und vermutlich aus dem Jahre 1869 stammt. Bevor ich dieses Porträt entdeckte, hatte ich ihn mir als Metzgertypen mit fleischigen Händen und Wangen vorgestellt. In Wirklichkeit hatte er ein langes, schmales Gesicht, das Sorgfalt ausstrahlte. Seine Oberlippe war schmal und gerade, und an der Unterseite seines Kinns trug er ein gepflegtes weißes Bärtchen. Jules Verreauxs Augen lagen tief in den Höhlen, und ganz bestimmt hatte er auch Pianistenfinger – wenn diese auf dem Foto auch nicht zu sehen waren.

Ich hatte die Kopie des Stiches von seinem ausgestopften Betjouana aus dem Jahre 1888 mitgenommen, außerdem noch ein paar alte Schriftstücke kopiert und in Plastikhüllen gesteckt. Aus diesen Dokumenten habe ich Folgendes ableiten können:

El Negro stammt aus dem heutigen Südafrika und demnach nicht aus Botswana, wo er nun begraben ist. (1830 war das Gebiet, das heute Botswana heißt, von kaum einem Dutzend Europäer besucht worden, darunter waren jedenfalls nicht die Brüder Verreaux.)

El Negros mutmaßliche Heimat ist das Gebiet, wo die Flüsse Oranje und Vaal zusammenfließen. (Am wahrscheinlichsten ist, dass ihn die Brüder aus seinem frischen Grab gehoben haben, irgendwo entlang der »Missionarsroute«, einer Ochsenwagenspur, die 1830 ein paar Tagesreisen nördlich von Oranje und Vaal versandete.)

El Negro muss zumindest ein paar Worte Niederländisch gesprochen haben. (Niederländisch war in dieser Zeit lingua franca der Missionarsroute.)

Den alten Kern von Kapstadt, so wurde mir versichert, könne man bei Tageslicht sicher zu Fuß erkunden. Die Lage im Windschatten eines imposanten Bergmassivs, die Sonne und die Schönheit kolonialer Architektur sorgen für eine urlaubsähnliche Kulisse. Aber es bleibt ein seltsames Gefühl, sich von *plakkerskampen*, Ghettos, eingekapselt zu wissen, die den Reiseführern zufolge für Weiße *off limits* sind – für sie ist der Zutritt hier verboten.

Wie trügerisch kann eine Stadt sein? In der Auffahrt des »Mount Nelson Hotels« steigt eine Barbie in Jogginganzug aus einem Porsche, der Parkwächter ist schwarz, verbeugt sich. Ich schaue mich verwundert um und gehe durch eine Palmenallee zur Oranjestraat. Auf der gegenüberliegenden Seite am Eingang zum Kompanjies-Garten sitzt ein weißer Bettler mit einem Kartonfetzen »Father of three – Unemployed« – Vater von drei Kindern – arbeitslos.

Während ich die Eichenallee betrete, die den Garten teilt, fällt mir ein, dass der Gründer der Kap-Kolonie Jan van Riebeeck hier im Namen der VOC, der niederländischen Vereinigten Ostindischen Kompanie, Gemüse und Obst gegen Skorbut anbauen ließ. Parallel und bis nahe an die See verlaufen die Grachten, die gleichen wie zu Hause in Amsterdam, und doch anders: Diese hier waren Gräben, die Trinkwasser für die Schiffe heranführten, die von Osten kamen oder gen Osten fuhren.

Als ich stehenbleibe, um ein Foto zu machen, höre ich: »Hey darling, why don't you take my picture?« – Hallo, Liebling, warum fotografierst du nicht mich? Es ist eine Stadtstreicherin, die mich anspricht, schwarz, auf einer Parkbank campierend. Ob dies wohl eine der Parkbänke *slegs vir blanke* – nur für Weiße – ist? schießt es mir als Erstes durch den Kopf.

Eine Stunde zu früh erklimme ich die Freitreppe des ältesten Museums von Afrika südlich der Sahara – vormals The South African Institution. In der Zeit, als Jules Verreaux dort arbeitete (von 1828 bis 1835), war die Sammlung noch in der beengten Mosterdstraat untergebracht und nicht in diesem kolonialen Koloss auf halbem Weg zum Kompanjies-Garten.

Es weht ein mäßiger Nach-Apartheidswind: *Iziko* – Feuerplatz – heißt das Museum heute in der Sprache der Xhosa, einem südafrikanischen Volk der Bantu. Außer diesem Namensschild an der Außenfassade wurde auch das Herz der Ausstellung den Forderungen der Zeit angepasst. Das Auffälligste war im April 2001 die Beseitigung eines Dioramas mit einer elfköpfigen Buschmannfamilie, die sich unter einem dürren Strauch ausruhte. Es war nicht mehr vertretbar, dass Gipsabgüsse von Buschmännern (die anhand von lebenden »Modellen« zu Beginn des 20. Jahrhundert hergestellt worden waren), unter demselben Dach hausten wie Zebras, Gnus, Giraffen und anderes Wild.

»Warum drängen sich die Touristen vor dem Diorama?« fragte ein schwarzer Kolumnist in einem Plädoyer für das Zunageln dieser »Peepshow«. »Weil es ihr vorgeformtes Bild des einheimischen Afrikaners bestätigt.«

Gemessen an dem jahrelangen Tauziehen um El Negro, hatte die Kontroverse über das Diorama nicht lang gedauert. Eine einzige Sturmböe von Zeitungsartikeln, ein einziges Wort von Mandela – und schon fiel der Vorhang für die Buschmannfamilie.

Zu meinem Erstaunen erweist sich der Flügel für Völkerkunde ansonsten jedoch als unverändert gekünstelt und überholt. Die überarbeitete Ausstellung (*Man from past to present*) beginnt zwar mit Videoclips und schön ausgeleuchteten Felszeichnungen, doch schon nach der ersten Biegung landet man in einer Fünfzigerjahre-Ausstattung, deren Vitrinen mit hockenden, halbnackten Nicht-Weißen gefüllt sind.

»Boesmanseun wat die //ha bespeel« – Buschmensch, der die Harfe spielt, steht bei einem Gipsjungen mit Bambusflöte.

Warum sitzt er noch hier, während seine »Verwandten« hinter einem Wandschirm verschwunden sind? Ich erschrecke vor dem Scharren und Murmeln deutscher Touristen, Ehepaare allem Anschein nach. Im Glas spiegelt sich der Zeigestock ihrer Museumsführerin, der sich mit ihrer Stimme auf und ab bewegt. »Nein, es gibt keine Hottentotten mehr ... Die sind ausgestorben.«

Zwei Schritte hinter mir wird erklärt, dass sich die Xhosa-Jungs in ihren Baströckchen, die Gesichter und Oberkörper mit weißem Ton eingeschmiert, auf ihre Initiation vorbereiten. »In Südafrika sind nur die Männer beschnitten ...«

Direkt vor mir lese ich auf einem Schild vor einer breitbeinig sitzenden Schaufensterpuppe, die eine Haut sauber schabt: »Tswana bewerker van velle 'n Kenmerk van die Tswana is die grootte van die dorpe en stadjies waarin hulle wonen.« Diese unschuldig dahinplätschernde Sprache ist auch meine Sprache. Besteht eine kollektive Schuld, zum Beispiel an Apartheid, aufgrund einer gemeinsamen Sprache?

Als wäre die Museumsführerin ein Magnet, macht ihre hufeisenförmige Zuhörerschaft gemeinsam mit ihr eine Vierteldrehung, in Richtung einer knienden Xhosa-Braut.

Ich denke: Mandela ist ein Xhosa – und eile hinaus, um in der frischen Luft auf Reinhold Rau zu warten.

Dem Chefpräparator des Museums, inzwischen im Ruhestand, wurde nicht gerade ein Gespür für politische Korrektheit in die Wiege gelegt. Er sagt: »In Südafrika regiert die Überempfindlichkeit.« Und: »Es stimmt, dass die Europäer die Buschmänner für Primitive hielten. Aber es bleibt eine Tatsache, dass sie es im Vergleich zu den Weißen auch waren.«

Über Gänge und Fahrstühle führt mich Reinhold Rau in sein Atelier. Er findet es beschämend, dass das Diorama geschlossen werden musste, ein solches Prachtstück! Als einer der Erbauer hatte er die Museumsdirektion in einem offenen Brief in den Medien ermutigt, alle Proteste zu ignorieren.

Ich sage: »Es wurde der Eindruck erweckt, die Buschmänner gehörten zu den wilden Tieren Afrikas.«

»Ja und, was sonst?« Rau, 72 Jahre alt, trägt Sandalen; sein Bauch wölbt sich über den Gürtel. »Sie und ich sind auch Tiere, Säugetiere, um genau zu sein. Vor fünf bis sechs Millionen Jahren hatten wir gemeinsame Vorfahren mit den Schimpansen.«

Mein Gastgeber streckt einen weiß behaarten Arm aus; ich betrete einen kahlen Arbeitsplatz. Er schlägt einen Duschvorhang aus Plastikstreifen zurück. »Die nasse Abteilung.« Ich sehe ein gefliestes Schlachthaus mit Spülbecken, Abtropfständern und Flaschenzügen an der Decke.

»Dort in der Mitte wird enthäutet«, sagt Rau und zeigt auf Kessel aus rostfreiem Edelstahl, in denen die Knochen aus dem Gewebe gelöst werden können. »Und in diesen Behältern wurden die Skelette gebleicht.«

»Wurden?«

»Ja, denn das alles ist schon seit Jahren nicht mehr in Gebrauch. Die Zeiten haben sich geändert.«

Im trockenen Bereich stehen Tische mit Wüstenratten, abgetrennten Albatrosflügeln und Haifischflossen, dazwischen unzählige Zangen, Pinsel, Skalpelle.

»In den 80er Jahren arbeiteten wir hier zu siebt«, sagt Rau. Jetzt ist ein einziger Taxidermist übriggeblieben, und der führt nur noch Reparaturarbeiten durch. Er selbst ist im Jahr 2000 nach 41 Dienstjahren in Pension gegangen – er benutzt das afrikaanse Wort *afgetrede*, abgetreten –, aber er arbeitet noch täglich an seinem Kwagga-Projekt.

Ich muss mich hinsetzen und mir einen Vortrag über *Equus quagga quagga* anhören. Das sei, anders als die Wissenschaft behauptet, *keine* ausgestorbene Tierart. Wenn dem so wäre, könne man züchten, was man wolle, ohne jemals wieder ein Kwagga zu erhalten – das brauche man Rau nicht zu erzählen. Nein, ein Kwagga ist ein Zebra mit einem seltsamen fahlbraunen Streifenmuster auf dem Hals und der Hinterhand. Weltweit sind von ihm noch 23 ausgestopfte Exemplare übriggeblieben.

Bei dem Wort »Kwagga« müsse man jeden Buchstaben einzeln aussprechen, das doppelte »g« dürfe man nicht zu einem

Klang zusammenziehen. Es sei Hottentottisch und klinge ähnlich wie das wiehernde »I-ah« der Zebras.

»Kwag-ga«, macht Rau vor. Er hegt eine Leidenschaft für dieses Tier, und sein einziges Ziel ist die Wiederkehr des Farbmusters durch Auswahl und Kreuzung. »Dennoch schreiben alle Journalisten: ›Verrückter Taxidermist will ausgestorbene Tierart wieder zum Leben erwecken.‹«

Ich sage, ich sei nicht speziell wegen des Kwaggas gekommen, könne aber nicht recht einschätzen, ob ihn das beruhigen oder eher betrüben würde.

Rau massiert sich die Stirn, wobei sich die Enden seiner Augenbrauen kräuseln. »Gut, aber vergessen Sie nicht: Was ich von den Gebrüdern Verreaux weiß, leitet sich von meiner Kenntnis des Kwaggas her ... Sie wollen ein Beispiel? Ich bin dahinter gekommen, dass das Kwagga-Fohlen, das wir hier haben, höchstwahrscheinlich von Alexis Verreaux ausgestopft wurde.«

Das wundert mich. Von Alexis wusste ich bislang nur, dass er einen Schießpulverhandel in der Trave-Street betrieb und als einziges Familienmitglied bis zu seinem Tod 1868 in Südafrika geblieben war (ich habe den Namen Verreaux bereits im Telefonbuch Kapstadts gesucht, vergeblich).

»Das kann sein. Aber er arbeitete mit Sicherheit auch als Taxidermist. Und das Kwagga-Junge in unserer Kollektion wurde zwischen 1857 und 1860 ausgestopft.«

»Was wissen Sie von Jules und Édouard?«

»Fast nichts.«

»Und von El Negro?«

»Nichts. Jedenfalls nicht mehr als das, was in der Zeitung gestanden hat, als sie ihn nach Botswana zurückschickten.«

Ich schiebe einen Ellenbogen auf den Tisch, zwischen eine Schale mit einem Schädelknochen und einem Ausbeinmesser. Als ich Rau ansehe, beugt er sich nach vorn und stützt dabei seine Hände auf beide Kniescheiben. Ich vermute, dass er aufstehen und das Gespräch beenden will, stattdessen beginnt er zu erzählen:

»Ich kann Ihnen jedenfalls sagen, dass es nicht einzigartig war, was die Brüder Verreaux gemacht haben. In welchem Jahr waren sie mit El Negro auf der Bildfläche erschienen?«

»1830 oder spätestens Anfang 1831.«

»In diesem Fall waren sie auch nicht die Ersten. 1829 hatte ein deutscher Apotheker bereits eine Buschmannfrau ausgestopft.«

Reinold Rau rollt mitsamt seinem Stuhl zu einem Schubladenschränkchen. Ich recke mich, um nichts zu verpassen. Ein Stapel Papier kommt zum Vorschein: die Kopie des südafrikanischen Tagebuchs des deutschen Apothekers und Sammlers Carl Friedrich Drège (1802–1867).

Bei der Durchsicht dieses Manuskripts auf Kwagga-Erwähnungen, sagt Rau, sei er auf eine Passage gestoßen, die mich interessieren wird. Er sucht in dem Stapel nach einer Eintragung vom September 1829, fischt nach der Lesebrille, die an einer Schnur um seinen Hals hängt, und beginnt zu lesen:

»11. Abends Ankunft bei Piet van der Merwe, (auf dem Bauernhof) Zuurplaats.
12. Mit dem Sohn Andries v. d. M. und Feldkornett Michel Nieuwkerk [...] Nachforschungen angestellt nach einer alten, seltsamen Buschmann-Dienstmagd, die etwa 2000 Schritte vom Hof entfernt vor Hunger und Kälte gestorben ist. Sie wurde am Morgen von den Brikwas (Kaffern) tot aufgefunden. Van der Merwe ließ sie vor Ort begraben. Abends grub ich die Magd wieder aus und versteckte sie unter den Steinen.
13. Sonntag. Die letzte Nacht war kalt, ich fand dicke Eisschichten. Die Blüte der Pfirsich- und Pflaumenbäume ist heute Nacht erfroren. Stürmisch. Ich hatte gerade erst angefangen, ein paar Knochen und etwas Fleisch aus der Magd zu schlachten, als ich bei dieser Arbeit von einem Brikwa überrascht wurde. Aber da ich mich vor sie stellte, traute er sich nicht, näher heranzukommen. Ich verbarg das Fleisch und die Knochen tief unter den Steinen, und nahm spät

abends ihre Haut in einem Sack mit zu meinem (Ochsen-) Wagen, wobei ich einen großen Bogen um den Kral der Brikwas machte.«

So steht es da, nüchtern wie in einem Protokoll, ohne auch nur einen Anflug von Scham. Ich sehe Herrn Drège vor mir: Der Apotheker, der daran gewöhnt ist, Pülverchen abzuwiegen und Extrakte zu verdünnen, hantiert mit dem Schlachtermesser. Er steht im Mondschein und dreht sich erschrocken zu dem schweigenden Brikwa um, ertappt, denn seine Schürze ist blutig wie die Klinge seines Messers. Genauso muss Jules Verreaux, mit oder ohne Édouards Hilfe, zu Werke gegangen sein, eilig, weil die Haut seines frisch verstorbenen Betjouana am besten innerhalb von 24 Stunden abgetrennt werden sollte, um sie in gutem Zustand trocknen zu können. Auch er schrieb – in dem Brief an George Cuvier – über seine Angst, ertappt zu werden (von den Verwandten El Negros, die sein Grab bewachten).

»Es klingt vielleicht makaber«, sagt Rau, »aber Sie müssen bedenken, dass die Buschmänner seinerzeit als frei lebendes Wild galten und man sie aufgrund ihrer Giftpfeile fürchtete.«

Der Chefpräparator räumt jedoch ein, dass der Bericht über das Enthäuten und Ausbeinen einer Buschmannfrau wirklich einzigartig sei. »Deshalb habe ich auch versucht, ihre Spur zu verfolgen.«

Während er erzählt, dass er sie bis zur Mitte des 19. Jahrhunderts nachvollziehen konnte, drückt er mir die Kopie einer Hamburger Auktionsliste aus dem Jahre 1842 in die Hand.

»Bekanntgabe – betreffend einen Posten Säugetiere, Vögel und Amphibien in getrocknetem Zustand, welcher Ende Juli von C. Harzen in Hamburg per Versteigerung verkauft wurde.«

Nun folgt in der linken Spalte darunter die Eintragung:

»Buschmannfrau, mit Schädel, Arm- und Beinknochen.«

Sie ist Nummer 1 in der Rubrik der Säugetiere – gefolgt von 188 Schakalen, Gnus, Zebras, Kwaggas (zwei erwachsene Exemplare und ein Junges) und einem »Oryx-Kalb mit eingedrücktem Horn«.

Die Kwaggas waren in deutschen Museen gelandet und sind dort noch immer zu bewundern, aber die ausgestopfte Buschmannfrau war nach 1842 nirgendwo mehr aufgetaucht.

II Buschmann in Pökelwasser

Am nächsten Tag sind Wahlen. Morgens in meinem Hotelzimmer sehe ich im Fernsehen, wie drei Nobelpreisträger im Blitzlichtgewitter ihre Wahlscheine in die Höhe halten: Die Expräsidenten F. W. de Klerck und Nelson Mandela sowie Desmond Tutu in seinem violetten Bischofshabit.

Die Bibliotheken, die ich besuchen möchte, haben den Anrufbeantworter eingeschaltet: »An nationalen Festtagen haben wir geschlossen.« Zur Wahl zu gehen ist ein Fest in Südafrika; niemand scheint das In-der-Reihe-stehen-mit-einer-Zeitung-über-dem-Kopf als Prüfung zu empfinden. Die Menschengirlanden wickeln sich sorglos um die Bäume wie DNA-Stränge mit abwechselnd weißen, schwarzen, gelben und braunen Humanoiden. Oder ist das alles bloß eine Scheinharmonie? In Südafrika werden pro Jahr 25 000 Morde verübt, etwa 70 pro Tag also, aber der Urnengang verläuft friedlich wie eine Pilgerfahrt.

Zu der Zeit, da ich noch als Berichterstatter losgeschickt wurde, hätte ich Tage wie diese mit Straßeninterviews verbracht. Heute hätte ich ebenso gut den Zug zu den Pinguinen von False Bay oder die Seilbahn zum Tafelberg nehmen können. Aber ich richte mich auf der Veranda meines Hotels, des »Liberty Lodge«, ein, um in einem Buch zu lesen, das Antjie Krog über die Anhörungen der Wahrheits- und Versöhnungskommission zu den Verbrechen der Apartheidsära schrieb: *Country of My Skull* ist die minutiöse Wiedergabe eines zweijährigen Prozesses, in dem Täter und Opfer öffentlich Zeugnis ablegten, von einer ganzen Nation auf der Couch, oder besser: vor dem Beichtstuhl des Kommissionsvorsitzenden Bischof Desmond Tutu. Die Autorin Antjie Krog war dabei und erstattete von innen Bericht. Ich lebe schon seit Tagen mit diesem Buch und komme nicht davon los. Doch immer wieder muss ich es auch zuschlagen, manchmal wegen eines allzu grausamen Details, meistens wegen ihrer außergewöhnlichen Prosa: der Wahl ihrer Worte und des Pulses ihrer Sätze. Schieben sich Panzer auf eine Kreuzung, um eine Schülerdemonstration auseinander zu jagen, erfährt man diese Bedrohung fast körperlich. Links und rechts scheint sich jemand unterzuhaken und den Leser selbst an den Kordon dickbäuchiger Fahrzeuge – »Hippos« in der Sprache furchtloser Kinder – heranzuführen.

»Wer stellt sich eine Hand in einem Einweckglas auf den Schreibtisch?« fragt sich Antjie Krog mit den Gefolterten. »Welche Art von Hass macht Menschen zu Tieren?«

»Wir glaubten, Schwarze seien keine Menschen«, sagen die Mitglieder der Todesschwadronen. »Sie stellten eine Bedrohung dar, dass sie uns niedermetzeln und dann das Land kaputtmachen würden, bis nichts davon übrig bliebe als eine weitere der vielen afrikanischen Tragödien.«

Zwischen den Zeilen ist die Autorin wie ihr Land auf der Suche nach einer Moral »auf der Grundlage allgemeiner Menschlichkeit«.

»Hieraus darf keine Poesie entstehen«, schärft sie sich selbst ein, während sie die Abgründe auslotet, Tatsachen und Zeugnisse gehen vor.

Auf Seite 100 passe ich erneut. Ich lese den Bericht von Gerrie Hugo, einem Agenten des militärischen Nachrichtendienstes. »Man führte ein Experiment durch, um festzustellen, wie weit ein Pavianweibchen in der Liebe für ihr Junges gehen würde. Das Pavianweibchen wurde mit seinem Jungen in einen Käfig gesperrt, dessen Boden man langsam aufheizte, um zu testen, wie lange es dauern würde, bis die Pavianmutter das Kleine auf den Boden legen würde, um sich darauf zu setzen und so der

Hitze zu entgehen. Schließlich geschah dies auch, die Hitze wurde unerträglich, sie ließ das Kleine fallen und setzte sich darauf.«

Als ich abends erneut den Fernseher einschalte, haben die südafrikanischen Wähler und Wählerinnen dem vormals verbotenen ANC zu einer Zweidrittelmehrheit verholfen.

Noch in den Niederlanden hatte ich eine *E-Pos* von Antjie Krog erhalten, eine Nachricht, die allein schon aufgrund ihrer Bezeichnung auf Afrikaans viel faszinierender ist als die E-Mail, die ich ihr geschickt hatte.

»Ek onthou u goed« – ich kann mich gut an Sie erinnern, schrieb sie. Ja, ich sei in Kapstadt willkommen.

Kaum hatte ich meine Ankunft bestätigt, bekam ich auch schon eine zweite *E-Pos*: »Schicken Sie mir so schnell wie möglich Ihren Lebenslauf. Wir werden bei uns an der Universität eine Diskussion zum Thema ›Konfrontation und Versöhnung‹ organisieren; wir möchten, dass Sie von El Negro berichten.«

Sie überfiel mich damit. Eine solche Einladung hatte nicht in meiner Absicht gelegen, als ich sie zwei Monate zuvor auf einem Literaturfestival in Den Haag angesprochen hatte. In einem gut besuchten Theater hatte ich sie *inheemse verse* – einheimische Verse – vortragen hören, Lieder der Buschmänner aus dem 19. Jahrhundert. In einer Mischung aus Englisch und Afrikaans hatte sie erklärt, die Buschmänner in Südafrika wären Ende des 19. Jahrhunderts fast ausgestorben. »Viehbauern veranstalteten Treibjagden auf sie«, sagte sie. »Und dann konnte man in der Zeitung lesen, dass kürzlich in dieser und jener Gegend einer der letzten Buschmänner erschossen worden sei.«

Sie erzählte, die Sprache der Buschmänner sei dank der Leidenschaft eines deutschen Linguisten und dessen Schwägerin erhalten geblieben. Man habe ihnen die Werke hervorragender Erzähler wie //Kabbo (auf Afrikaans Jantje Tooren genannt) und /Ai!kúnta (Klaas Stoffel) aus den Gefängnissen in Kapstadt als Studienmaterial »geliehen«, so dass sie auf 12 000 Seiten die Geschichte der beiden aufzeichnen konnten.

Antjie Krog hatte einige dieser Texte in ihre afrikaanse Dichtersprache übersetzt.

maak die lelieblom oop?
die goudsblom is 'n blom wat oopmaak
maak jy oop?
die goudsblom is 'n blom wat oopmaak

Einer dritten *E-Pos* aus Kapstadt konnte ich entnehmen, dass die Diskussionsveranstaltung an der Universität bereits bei den Dozenten, Professoren und Doktoranten angekündigt worden war. Ich klickte auf das beigefügte Dokument und las, dass ich nicht der einzige Redner sein würde: Die südafrikanische Dichterin Diana Ferrus sollte einen Vortrag über Saartjie Baartman, die »Hottentotten-Venus« halten.

Ich war überredet. Antjie Krog hatte zwei Geschichten zusammengestellt, die aufeinander verwiesen und sich gegenseitig verstärken konnten. Wie die Gebeine El Negros waren im Jahr 2002 – aus dem Pariser Musée de l'Homme – auch das Skelett, die Geschlechtsteile und das Gehirn Saartjie Baartmans nach Afrika zurückgekehrt. Ein französischer Senator hatte ein Gedicht von Diana Ferrus, ihr *Poem for Sarah Baartman*, in der Nationalversammlung als Plädoyer für die Rückgabe der Körperteile vorgetragen und damit die Repatriierung tatsächlich beschleunigt. Bei der Übergabe des Sargs und später beim Begräbnis von Saartjie Baartman im Heimatboden der Ostkap-Provinz von Südafrika war Diana Ferrus, selbst teilweise von Khoikhoin- (oder auch Hottentotten-) Blut abstammend, als Mitglied einer südafrikanischen Delegation anwesend.

»Du wirst es kaum glauben«, sagt Antjie Krog, als ich sie anrufe, um zu verabreden, wo sie mich am besten abholen kann, »aber ›Liberty Lodge‹ – das ist nur ein Haus von dem entfernt, in dem ich bis vor kurzem gewohnt habe. Dort habe ich die meisten meiner Bücher geschrieben.«

Jetzt stehen wir beide auf der Veranda, und sie zeigt mit dem Autoschlüssel auf das Nachbarhaus zwei Nummern weiter. An der Gartenmauer lesen wir: »Villa Nostres«. »Das ist neu«, behauptet sie, während wir durch den Regen zu ihrem Auto rennen.

Antjie Krog, Anfang 50, denkt und handelt energisch. Sie schaltet, fädelt sich in den Verkehr ein, wischt Kondenswasser von der Frontscheibe, bremst für ein Eichhörnchen und zeigt auf ein großes Stück Brachland in der Stadt. »Das war der ethnisch gemischte District Sixt, den es nicht mehr geben durfte.« Auf ihrem rechten Daumen trägt sie einen blauen Strich bis zur Hälfte ihres Nagels: das Zeichen derjenigen, die am Tag zuvor gewählt haben.

Ich sage, wie sehr es mich erstaunt habe, bei den Ergebnissen im Fernsehen Histogramme mit dem Wahlverhalten nach Rasse zu sehen. »Sollte man das nicht besser unterlassen?«

»Finde ich nicht. Solange Rasse ein Faktor ist, sollte man diesen besser explizit machen, sonst spielt er unsichtbar mit und wird viel gefährlicher.«

Während ich ihre Antwort verdaue, sehe ich darin auch gleichzeitig eine Beruhigung. »Also brauche ich meine Worte nachher nicht auf die Goldwaage zu legen?«

»Nein, lieber nicht, das wäre schade.« Sie kurbelt ihr Fenster herunter, um einem Ampelbettler etwas Kleingeld in die Hand zu drücken. Das Einzige, was ich ihrer Meinung nach vorher wissen müsse, sei, dass unser Ziel, die Westkap-Universität, früher eine exklusive Domäne von Farbigen war. Also nicht von Schwarzen, Weißen oder Asiaten. Die Apartheid hatte Trennwände um der Rassenreinheit willen errichtet, wobei auch die Mischlinge »säuberlich« vom Rest getrennt wurden. »Jetzt, da alle Studiengänge für jeden zugänglich sind, ist Westkap zu einer schwarzen Universität geworden, und die Farbigen fühlen sich benachteiligt.«

Ich sage, ich hätte in Südafrika eher politische Korrektheit nach amerikanischem Vorbild erwartet – mit der Verwendung von Euphemismen als unerbittliche Norm.

»Wo in Südafrika? An der Universität des Westkaps?« Antjie Krog schaut lächelnd zur Seite und meint dann, es gebe wenige Orte, an denen politische Korrektheit eine geringere Rolle spiele. »Keine Sorge, das wirst du bald noch merken.«

Wir rauschen durch Kurven, an Kühltürmen und gekrümmten Akazien entlang, die Tafelbay in der Ferne. Die Stille, die zwischen uns einkehrt, lässt das Gebläse anschwellen, begleitet vom metronomartigen Schwingen der Scheibenwischer. Antjie Krog trägt eine Bluse, darüber eine Weste. Sie sitzt kerzengerade, sonst würde sie über das Steuer nicht hinausschauen.

Schließlich sagt sie: »Allein schon die Tatsache, dass du als Weißer ein Buch über El Negro schreibst.«

Es ist ein Halbsatz. Oder doch ein ganzer? Ich frage: »Was ist mit dieser Tatsache?«

»Das weckt, gelinde gesagt, Befremden. Du wirst es vermutlich nicht zu hören bekommen, aber man wird auf jeden Fall denken: Warum kümmerst du dich nicht um deinen eigenen europäischen Kram?«

»Aber El Negro ist ein europäisches Thema.« Ich führe an, dass Franzosen ihn aus Afrika geholt hatten und dass er während des gesamten 20. Jahrhunderts in Spanien ausgestellt war. »Man hat ihn mit Schuhcreme eingerieben und sein Lendentuch durch ein Röckchen ersetzt ... Das sagt doch eher etwas über Europa als über Afrika, oder?«

»Ja, doch ein Afrikaner kann sagen: ›Okay, das ist euer Problem. Aber wir sind das Objekt, also geht es doch um uns.‹«

Sie erzählt, dass sie bei ihren Buschmanngedichten manchmal vergleichbaren Argwohn spürt – eine Stimmung mit dem Unterton: Was denkst du denn, wer du bist, dass du dich der Geschichte anderer Leute bemächtigst? »Ich sage dann immer, dass ich ja nichts fordere und dass es jedem frei steht, auch darüber zu schreiben.«

»Und das schlucken sie?«

Antjie Krog wirft einen Blick in ihre Spiegel und schiebt sich zwei Fahrspuren weiter. »University« steht auf dem Schild, das tief über unsere Köpfe hinwegsaust.

»Das hängt davon ab, wie man es rüberbringt.« Sie nennt das Beispiel eines britischen Dichters, der schon zehn Jahre zuvor eine Bearbeitung der Buschmanngedichte veröffentlicht hat. »Er präsentierte sein Werk als ›Versifikationen‹, so etwas wie Nachdichtungen des ursprünglichen Textes, aber mit seinem eigenen Namen als Autor auf dem Einband, und das kam verkehrt an. Man beschimpfte ihn als Trophäenjäger.«

Während mein Blick auf die Baseballfelder und Aschenbahnen fällt, wird mir klar, warum sie sich lediglich als Übersetzerin der Buschmanngedichte versteht, bescheiden und dienstbar, während sie die Stimme der Buschmänner ebenso gut in einer poetischen Bearbeitung durchklingen lassen könnte. Ich frage sie, ob sie, indem sie darauf verzichtet, etwas zurückgeben möchte im Namen (und in der *Sprache*) derer, die für die Ausrottung der Buschmänner verantwortlich sind.

Sie zögert: »So etwas versuche ich, ja. Aber vielleicht wird es ganz anders aufgefasst.«

Die drei Stunden, die mir bis zum Beginn der Diskussion bleiben, verbringe ich in der Universitätsbibliothek. Es ist für mich inzwischen Routine: Ich überprüfe Karteikästen und digitale Dokumente auf die Stichworte »Verreaux« und zur Sicherheit auch »Verraux«. Meist finde ich drei oder vier Veröffentlichungen, die ich schon seit Paris kenne, aber manchmal stoße ich auf etwas Unerwartetes, etwa eine Fußnote über einen ausgestopften Hund »in der typischen, lebensechten Pose, für die Herr J. Verreaux zu Recht gefeiert wird«, oder die Angabe, er sei Mitglied der Gesellschaft zur Exploration Zentralafrikas gewesen.

Nachdem ich die Stichworte »Verreaux« und »Verraux« geprüft habe, mache ich das Gleiche mit »Bechuana«, »Betjouana«, »Bouchuana«. Zum Schluss suche ich nach Schriften von Verreauxs Zeit- und Fachkollegen, die am Kap der Guten Hoffnung wirkten: Tagebücher und Journale von Missionaren, Entdeckungsreisenden, Botanikern, Meteorologen und – jetzt, da ich von der Existenz Carl Drèges weiß – auch von deutschen Apothekern.

Unter dem letzten Schlagwort stoße ich auf einen gewissen Ludwig Krebs, der seine Apothekerexistenz in Kapstadt aufgegeben hatte, um sich »für den König von Preußen« ganz dem Sammeln von Naturhistorischem widmen zu können. Mein Interesse ist geweckt, und ich habe Glück: Über diesen Krebs ist 1971 eine Biographie erschienen.

Während meine Anfrage bearbeitet wird, fällt mir die hypermoderne Architektur des Gebäudes auf, in dem ich mich befinde. Ich sitze hoch oben in einem Zylinder mit einer spiralförmigen Innengalerie – wie man sie hin und wieder in Parkhäusern sieht. Die entkrausten Frisuren der Studentinnen in den Reihen vor mir verstärken die futuristische Atmosphäre: Sie alle tragen einheitliche Haarkappen, glänzend wie Motorradhelme.

Kaum, dass mein Buch eintrifft, bin ich wieder im 19. Jahrhundert. Ich lese, dass Ludwig Krebs die Kunst der Taxidermie von dem »französischen Naturalisten Pierre Delalande« erlernte, »der 1818 mit seinem damals 11-jährigen Neffen Jules Verreaux zum Kap kam«.

Ludwig Krebs hat offensichtlich eng mit seinem Bruder Georg in Berlin zusammengearbeitet, dem er ein- oder zweimal jährlich seine Trophäen zusandte. Georg war ebenfalls Apotheker und veröffentlichte 1831 eine Studie über ein besonderes Toxikum, das er hinter den Pfeilspitzen eines Buschmanns fand, zugeschickt von Ludwig »in komplettem Zustand in einer Tonne«. Beim ersten Lesen gehe ich davon aus, dass er die Pfeilspitzen meint. Aber als ich kurz darauf die Korrespondenz von Ludwig Krebs durchgehe, sehe ich in einer Versandliste vom 21. Juni 1830 – zwischen Nilpferdgerippen, Häuten und Eierschalen – den Eintrag:

»1 Buschmann, gepökelt – homo sapiens.«

Ein dazugehöriger Brief von Ludwig an Georg räumt den letzten Zweifel aus: »Kiste Nummer 9 enthält einen kompletten Buschmann, eingesalzen in einer Tonne, sowie fünf Weckgläser mit Schlangen, in einem befindet sich die Zunge eines Ameisenbären.«

Das ist befremdliche Lektüre. Seit einem Jahr bin ich auf der Suche nach El Negros Geschichte, und in Kapstadt komme ich innerhalb einer Woche gleich zwei Schicksalsgefährten auf die Spur. Anders als ich gedacht hatte, war El Negro keineswegs einzigartig; er befand sich mindestens noch in Gesellschaft der erfrorenen Buschmannfrau von Drège und der des eingepökelten Buschmannes von Krebs. Die deutschen Apotheker hatten ihre Exemplare 1829 und 1830 verschifft, die französischen Brüder 1831. War diese schnelle Aufeinanderfolge Zufall? Oder hatten Jules und Édouard versucht, ihren deutschen Konkurrenten nachzueifern?

Kurz vor Beginn der Diskussionsveranstaltung zum Thema »Konfrontation und Versöhnung« melde ich mich im Zimmer von Prof. Antjie Krog, Gastprofessorin für Afrikanische Literaturwissenschaft. Während sie ihre Papiere einsammelt, fragt sie, ob ich meine Zeit nützlich verbringen konnte. Ich sage, ich hätte einen Buschmann in Pökelwasser gefunden, und mir wird klar, dass ich wohl etwas verworrenes Zeug rede. »Er wurde in einer Tonne von Kapstadt nach Berlin transportiert.«

Nebenan füllt sich der Sitzungssaal mit etwa 20 Postdoktoranden und Mitgliedern des Lehrkörpers . »13.00 – Meeting El Negro and Sarah Baartman« steht auf einem Aushang an der Tür.

Diana Ferrus und ich werden einander vorgestellt, wir dürfen am Kopfende der im Karree aufgestellten Tische Platz nehmen, Seite an Seite als ungewöhnliches Duo. Diana begrüßt Bekannte und Unbekannte mit Wärme und Anmut, während ich mit noch nicht abgelegtem Sakko meine kalte Hand reiche.

Ich darf die Runde eröffnen und lasse zuerst die Ansichtskarte von Señora Lola herumgehen. Der Historiker links neben mir, weiß und britisch, rückt seine Brille gerade und macht ein andächtiges Gesicht. Eine indonesische Doktorandin, die die kulturellen Interpretationen des Begriffes »Schönheit« untersucht, klemmt sich eine Haarsträhne hinters Ohr. Hier und da sehe ich einen verzogenen Mund oder ein Stirnrunzeln, aber niemand reagiert so heftig wie die Studentin, die sich als Priscilla vorgestellt hat. Als El Negro vorbeikommt, wendet sie den Kopf ab, erst nach links und dann nach rechts, das Bündel Haarflechten in ihrem Nacken schlenkert mit.

Ich erzähle, was ich über El Negros Irrfahrt herausgefunden habe und steuere zum Schluss auf eine Frage für die Diskussionsrunde zu: Hätte El Negro nicht besser als zentrale Figur in einem Anti-Rassismus-Museum in Europa bleiben sollen? Als Begründung führe ich an, dass er in diesem Fall der stärkere Kämpfer gegen Rassismus gewesen wäre als ein Dutzend Meldestellen für Diskriminierung und Aktionskomitees zusammen. War nicht das, was der namenlose El Negro ohne nachweisbare Angehörige darstellte, einem willkürlichen, anonymen Begräbnis in Botswana vorzuziehen?

»Nein!« sagt Priscilla. Es ist ein gefühlsmäßiges Nein, um das man nicht feilschen kann.

Augenblicklich hängt Spannung in der Luft. Jemand stößt einen Plastikbecher vom Tisch; er purzelt mit Getöse auf den Boden. Der Diskussionsleiter schlägt vor, nun erst einmal das Gedicht über Saartjie Baartman anzuhören.

Diana Ferrus erhebt sich, so lässt es sich am besten rezitieren. Sie kündigt einen sehr kurzen Vortrag an, den sie mit ihrer Ode an Saartjie abschließen wird. »Ich muss euch vorab warnen: Viele fangen an zu weinen, wenn sie mein Gedicht hören. Ich denke, das kommt daher, dass sie ihre eigenen Schrecken in Sarahs Geschichte wiedererkennen. Denn wie ihr Körper seinerzeit in Stücke geschnitten wurde, so wurde auch ihr Volk psychisch und physisch zerrissen.«

Sie erzählt von Beamten des Segregationsdienstes, die Gemeinschaften und Familien aufgrund des »Kugelschreibertestes« aufteilten: Jemand, bei dem ein in die Haare gesteckter Kugelschreiber beim Laufen und Schütteln steckenblieb, hatte Kraushaar und war somit schwarz; fiel er heraus, war sein Träger ein Farbiger, also ein Mischling.

»I've come to take you home«, lautet die erste Zeile ihres Gedichts. Sich wiegend, die Hände verschränkt, rezitiert sie die vier Strophen, in denen die Harmonie der Natur Afrikas im Kontrast zu dem »Monster« steht, das »mit seinen imperialistische Klauen« Sarahs Körper seziert, Stück für Stück.

Die letzte Strophe geht so:

»I have come to soothe your heavy heart
I offer my bosom to your weary soul
I will cover your face with the palms of my hands
I will run my lips over lines in your neck
I will feast my eyes on the beauty of you
and I will sing for you
for I have come to bring you peace.«

Niemand muss weinen, aber alle werden still – was kann man dem noch hinzufügen?

Der Historiker links räuspert sich zuerst und hebt zögernd einen Finger. Wenn er versuchen wolle, die Diskussion zu eröffnen, ob er dann so frei sein dürfe ... Ich sehe seine Hände in einer Gebärde des »Nehmen Sie es mir bitte nicht übel, dass ich das Wort ergreife« vor seiner Brust flattern.

Nachdem er erst einmal angefangen hat, stellt er fest, dass auch Lenin noch immer in Moskau aufgebahrt sei und dass in London der präparierte, zum großen Teil mit Wachs rekonstruierte Leichnam des Philosophen Jeremy Bentham bereits seit dessen Tod 1832 zu besichtigen sei.

»Das kann man nicht vergleichen!« ruft jemand, noch bevor der Historiker zu Ende gesprochen hat. »Beide befinden sich jeweils inmitten ihres eigenen Volkes. Und Lenin wird verehrt, während die Körper von El Negro und Saartjie Baartman entweiht sind.«

Stammelnd, wie es nur Briten können, sagt der Professor, er habe nur die Diskussion in Gang bringen wollen.

Das ist ihm gelungen. Die indonesische Doktorandin verweist auf die Unantastbarkeit des menschlichen Körpers: Sollte das nicht der universelle Wert sein, für den es keine Ausnahme geben dürfe?

»Genau«, pflichtet ihr Priscilla bei. »Wir reden hier über Menschenkörper. Die muss man begraben.«

Die Indonesierin ist noch nicht fertig und fragt sich, woher jemand das Recht ableiten könne, El Negro, aus welchen aufklärerischen Absichten auch immer, noch länger zur Schau zu stellen.

Antjie Krog sagt: »Man könnte denken: Die Ausbeutung müsse doch irgendwann einmal aufhören. Denn auch wenn man ihn aus hehren Motiven weiterhin ausstellen würde – hieße das dann nicht, Fehler auf Fehler zu häufen?«

»Diese so genannten aufgeklärten oder hehren Ideen«, sagt Priscilla. »Ich kann es nicht mehr hören ... Das ist einfach wieder so ein Beispiel für die europäische, weiße, klinische, rationale Denkweise. Die unterscheidet sich eben himmelweit von unserer afrikanischen. Unser Ansatz ist spiritueller, wärmer. Es geht um den Respekt vor den Vorfahren. Wir Afrikaner gehen zumindest von unserer Menschlichkeit aus.«

Nicken und Zustimmung.

Wer will etwas erwidern?

Wie ein Auktionator sucht der Diskussionsleiter nach Signalen, aber wir rühren uns nicht, weil sich niemand zu einem Widerwort berufen fühlt.

Anschließend, am Rand des Parkplatzes, klemmt Antjie Krog ihre Papiere unter den Arm, um etwas aus ihrer Tasche zu ziehen. Eine Supermarkttüte mit gewaschenen Karotten kommt zum Vorschein.

»Bitte, nimm«, sagt sie. »Wir haben noch nichts zu Mittag gegessen.« Und im selben Atemzug fügt sie hinzu: »Du hast soeben an einer typisch südafrikanischen Diskussion teilgenommen.«

Ich nehme eine Karotte und sage, dass ich mich kaum als Teilnehmer gefühlt habe.

»Ja, aber das wolltest du ja auch nicht. Du kamst hierher, um die Reaktionen auf dein Buchkonzept auszuloten.«

Ich gebe ihr Recht, aber darauf ist Antjie Krog ist nicht aus. »Ich habe dich eingeladen, weil ich Ideen von außen einbringen will.«

Dann liefert sie mir ihre Interpretation der Diskussion: Ich hätte mir nicht klar gemacht, dass Meinungen von Weißen in Südafrika nicht mehr ernst genommen werden, und erst recht nicht in einer Diskussion an der Westkap-Universität. »Was wir behaupten, zählt nicht mehr.«

Gar nicht mehr? Das scheint mir unwahrscheinlich. Ich sage: »Und was ist, wenn nun ein Weißer mit einem guten Argument kommt?«

»Weiße haben keine Argumente mehr.« Ich bekomme einen Cracker mit einem dreieckigen Stück französischen Käses. Antjie Krog fährt fort: »Wir können unsere Kapazitäten höchstens nutzen, um beispielsweise Priscillas Nein zu erläutern, und ihr dabei helfen, sich zu artikulieren, warum sie gegen deinen Vorschlag ist.«

Nicht, dass die schwarze Bevölkerung jetzt selbstverständlich Recht habe, so einfach liege die Sache nun auch nicht, aber der Punkt sei laut Antjie Krog, dass Meinungen Weißer vorläufig disqualifiziert sind. Sie haben ihr moralisches Recht zu sprechen verspielt. »Und ich glaube auch – auf die Gefahr hin, dass ich generalisiere –, dass es einen fundamentalen Unterschied gibt zwischen dem afrikanischen und dem westlichen oder europäischen Gesichtspunkt.«

Aber dennoch. Es spiele eine große Rolle, ob man zukunftsorientiert denkt (wie die meisten Europäer) oder ob man sein Leben in erster Linie rund um Erinnerungen einrichtet (wie die meisten Afrikaner). Ich muss an ein Zitat eines kenianischen Theologen über die afrikanische Zeitauffassung denken: »Wer bei uns unter einem Baum sitzt, verschwendet keine Zeit, sondern produziert sie.«

Die Beispiele dieses *clash of cultures* flogen eben noch über den Tisch. Während ich anführte, man könne keine Angehörigen von El Negro angeben, verwies Priscilla wie selbstverständlich auf den Respekt gegenüber den Vorfahren.

»Hier in Afrika gehören die Toten zum Leben. Bei jeder Zeremonie werden sie von den *imbongi*, den Geschichtenerzählern, gerufen. Das war auch das Erste, was geschah, als Mandela freikam.«

Wenig später, wieder auf der Autobahn, erzählt sie mit einem Nicken zum Autoradio, dass sie häufig Programme einstellt, bei denen Zuhörer anrufen und reagieren können, um dann immer wieder – wenn sie sich selbst gerade eine Meinung gebildet hat – zu entdecken, dass diese von dem abweicht, was die afrikanischen oder »schwarzen« Anrufer für wichtig halten. »Es hat einfach damit zu tun, wie man in der Welt steht.« Sie sagt, dass sie sich selbst beibringt, »schwarz« zu denken, um diesen Unterschied zu überbrücken.

Ich nehme an, dass sie sich besser in den schwarzen Standpunkt einleben will. Aber »einleben« ist nicht das richtige Wort. Antjie Krog sagt, sie wolle sich die schwarze Art zu denken *aneignen*. »Und das geht viel weiter. Dazu muss man erst schwarz *werden*.«

Es ist kein Wortspiel, sie meint es ernst. »Man könnte sagen, mein Weißsein habe hier in diesem Land die Menschlichkeit verraten. Korrumpiert.«

Es dauert einen Moment, bevor ich zu verstehen glaube, weshalb Antjie Krog ein *cross-over* von weiß zu schwarz werden möchte: um einen moralischen Anspruch auf eine vollwertige Staatsbürgerschaft im neuen Südafrika geltend machen zu können.

In der letzten halben Stunde lauschen wir, mit Blick auf den Tafelberg, einer CD mit der Johannespassion.

III El Negro und ich

Im Rhythmus des Trans-Karoo, des Expresszuges, der täglich zwischen Kapstadt und Pretoria über Johannesburg fährt, zieht Weinstock um Weinstock an mir vorüber, während ich mich aus einem Gangfenster lehne. Die blattlosen Weinstöcke stehen aufgereiht an schnurgeraden Drähten und reichen fast bis zur Eisenbahnböschung. Die Landschaft sieht aus wie gekämmt, der Wein liegt zum Reifen in den Fässern. Der spitze Bergkamm, der am Horizont auftaucht, heißt auf der Karte Hottentot Holland.

Ich versuche, in *Het grote grondschandaal* zu lesen, einem aktuellen, von einem Juristen aus Pretoria geschriebenen Flugblatt gegen die Verschleuderung von Ackerland in Südafrika. Gerade, als ich zum x-ten Mal von vorn anfange, verschwinden wir in einem kilometerlangen Tunnel. Als es wieder hell wird, sind die Weingärten verschwunden. Links und rechts gruppieren sich ein paar Disteln auf dem steinigen Boden – wie ein kümmerliches Willkommen der Karoo-Steppe.

Ich teile mir ein Ersteklasseabteil mit einem Mann in Jägerweste. Er liest in der Zeitschrift *Die Huisgenoot.* Neben ihm auf der Bank liegt ein Handy vom Ausmaß eines Walkie-Talkies, bei dem die Batterie von mehreren Gummis gehalten wird. Aber das Ding funktioniert; ich habe ihn gerade mit Beaufort West telefonieren hören: »... Nein, Oma geht es nicht so gut, aber sie hat keine Schmerzen, und ja, sie sorgen gut für sie in Kapstadt ...«

Meine Lektüre langweilt mich, weil ich auf jeder Seite denselben Sprüchen begegne: Stoppt die Bodenreformen des ANC / die Übergabe des Ackerbodens von weißen Händen in schwarze mündet in eine Katastrophe / Südafrika steht kurz davor, ein zweites Zimbabwe zu werden / eine geplünderte Kornkammer, wo weiße Bauern ermordet und enteignet werden.

Während die Kilometerpfosten an mir vorbeiziehen, muss ich an die Pater und Missionare denken, die vor über anderthalb Jahrhunderten an denselben Meridianen entlang landeinwärts gereist waren. Die »Missionarsroute« hatte das afrikanische Inland erschlossen und vor allem (in den Worten Desmond Tutus) eines erreicht: »Die Missionare kamen in unser Land und lehrten uns knien. Das taten wir, und als wir wieder aufschauten, war es ihr Land.« Dann kamen die Buren, mit ihrem biblisch begründeten Anspruch auf jede Weide und jede Tränke, denen sie unterwegs begegneten. 1833, das Jahr, in dem das britische Reich die Sklaverei abschaffte, hatten sie ihren »Großen Treck« begonnen. Warum? Weil sie ihre Sklaven nicht frei lassen wollten. Das hätte ihrer Ansicht nach Gottes Willen widersprochen, und so begannen sie als Auserkorene ihren Exodus ins neue Land. Die Spuren ihrer Ochsenkarren verlaufen parallel zu den Schienen unter meinen Füßen.

Den Vorfahren Respekt zollen – was sollte man damit als Europäer anfangen?

Ich schaue auf und frage den Mann mir gegenüber, ob er auf einem Hof wohne. Er schüttelt den Kopf, er habe sein Leben lang bei der Eisenbahn in Beaufort West gearbeitet. Räder beklopfen und überprüfen, sobald der Trans-Karoo oder der Bloutrein in den Bahnhof eingelaufen waren, und solche Sachen. »Aber«, sagt er, »ich habe einen Schwiegersohn mit einem eigenen Hof.«

Wir sprechen Englisch miteinander, durchzogen von einzelnen Worten auf Niederländisch und Afrikaans. Ich frage nach dem Hof seines Schwiegersohns. Wie ist es dort jetzt?

»Gut. Sehr gut.«

»Aber wird denn noch etwas angebaut?« Ich habe meine Stimme erhoben, um das Hintergrundrattern zu übertönen. »Ich meine, geht es der südafrikanischen Landwirtschaft nicht furchtbar schlecht?«

»Nein, nein. Es geht sehr gut. *Sehr* gut. Schau ...!« Der Eisenbahnmann zeigt begeistert nach draußen. »Merinos.«

Ich sehe hier und da ein Schaf an den Trieben der Sträucher knabbern. Sonst nichts.

»Australische Rasse«, sagt mein Abteilgefährte. »Zäh und stark.« Die Augen nach draußen gerichtet, bemerkt er, er habe die Karoo-Steppe selten so grün gesehen. »Mein Schwiegersohn erzählte gerade, gestern seien 30 Millimeter Regen gefallen. Das ist ein Gottesgeschenk.«

Nach Beaufort West bin ich allein. Im Speisewagen esse ich Hühnerschenkel, die ich mit Stellenbosch-Wein hinunterspüle. Die Sonne balanciert für wenige Augenblicke auf einer Hügelspitze wie ein Ball auf der Nase eines Seehunds. Lange Zugreisen bringen meiner Erfahrung nach die Leute zum Nachdenken, und je eintöniger die Landschaft, desto verrückter die geweckten Assoziationen. Mir schießen etliche Dinge durch den Kopf, die ich in Kapstadt gehört habe – wie die Tatsache, dass rassistische Sprüche (Stoßstangenaufkleber mit der Aufschrift »Aids, The White Man's Hope«) heutzutage in Südafrika strafbar sind. Und dass man deshalb auf das Versenden von SMS ausweicht: »Zehn Jahre Demokratie: Bungeespringen von der van Stadenbrug. Schwarze gratis & ohne Seil.«

Oder dass Kühlschränke in Südafrika standardmäßig mit einem Schloss ausgestattet sind – damit die Putzfrau nichts für ihre Kinder im *plakkerskamp* stiehlt.

Die Kühlschrankschlösser hatten mich sofort an frühere Diskussionen an der Landwirtschaftsuniversität erinnert »Siehst du«, sagten wir damals, »da ist ein Code in der Technik. Die Technologie, mit der wir arbeiten, ist vorprogrammiert westlich, rational, kapitalistisch.« Das galt für Personenwagen, die so entworfen waren (Viersitzer!), dass man sich unbewusst der Kernfamiliengröße anpassen sollte, aber auch für Bewässerungspumpen, die Benzin fraßen und Wartung erforderten, und für unterschiedliche Reissorten, die hohe Erträge versprachen, sofern man reich genug war, um Kunstdünger und Schädlingsbekämpfungsmittel zu kaufen. Schlussfolgerung: Auch wenn Entwicklungshilfe kein öffentlicher Imperialismus war, so doch Kulturimperialismus.

Das Verrückte ist, dass dies verstaubte, schon fast wieder überholte Überlegungen sind. Das Zeitalter des Entwicklungshelfers geht zu Ende und wird in ein paar Jahren eine Fülle dokumentierter Rückschauen liefern, die den seltsamen Zeitgeist der letzten Jahrzehnte des 20. Jahrhunderts zum Thema haben werden. Die Realität sieht jedenfalls so aus, dass die Niederlande, wie die meisten anderen europäischen Länder, die

Entsendung von Entwicklungshelfern in die Tropen im Jahr 2000 eingestellt haben. Statt ihrer schicken wir bis an die Zähne bewaffnete Interventionsarmeen.

Ich weiß nicht, was ich davon halten soll. Das unterschwellige »Werde so wie wir« hatte zehn Jahre zuvor meine Skrupel gegenüber der Entwicklungshilfe hervorgerufen. Schon vorher hatte ich mich geweigert, Dienst an der Waffe zu leisten. Habe ich denn nun doppelte Einwände gegen die Entsendung von Soldaten nach Äthiopien oder Sierra Leone? Ich habe keine Antwort. »Weiße haben keine Argumente mehr«, höre ich Antjie Krog sagen. Im Kontext Südafrikas klingt das wie eine Erleichterung: Endlich befreit vom weißen Diktat. Dennoch hatten sich nach der Abschaffung der Apartheid die NROs mit ihren Mitarbeitern hier wie ein Schwarm Zugvögel niedergelassen. Zweifellos bieten sie nützliche Hilfe, aber wartet Südafrika wirklich auf diese Art ungebetener Ratschläge, die Entwicklungshilfe schon immer großzügig austeilte?

Wer sich in alles einmischen will, denke ich, erhöht nur das Leid. Aber angenommen, man würde diese Argumentation konsequent weiterführen, was macht man dann bei Hungersnot, Ausbeutung, Genozid – sich abseits halten? Einmischung ist dann doch eine moralische Pflicht.

Vor meinem inneren Auge sehe ich Fernsehbilder einer Flugzeugladung mit westlicher Hilfe in Form von Wahlurnen für Afghanistan – und wieder weiß ich nicht, was ich davon halten soll.

Gegen Mitternacht bleiben wir inmitten eines Häuserhaufens stehen. Station Oranje-Fluss. Auf dem Bahnsteig brennen Laternen, in der Ferne leuchtet um ein Vielfaches heller eine überdachte Tankstelle.

Ich überlege weiter: Während ich El Negros Spur durch zwei Jahrhunderte europäischer Geschichte verfolgte, hatte ich die Idee aufgegeben, Farbe dürfe keine Rolle spielen. Dieses Ideal ist unerreichbare Utopie. Südafrika versucht, die schiefen Rassenverhältnisse mit positiver Diskriminierung geradezurücken. Das ist auch Rassismus, aber ist es falsch? Man gerät leicht in Versuchung, darüber ein Urteil zu fällen, aber das *will* ich nicht. Meine Meinungen möchte ich lieber für die Gesellschaft aufheben, an der ich selbst teilhabe: Was halte ich zum Beispiel davon, dass die Niederlande in Europa eine Vorreiterrolle übernehmen, indem sie die innerhalb ihrer Grenzen lebenden Ausländer zwingen, sich in die dominante (weiße) Kultur einzufügen? Während ich darüber nachdenke, wird mir bewusst, dass die Anpassungen, die die »weißen« von den »schwarzen« Niederlanden fordern, auf derselben Fehlinterpretation beruhen wie die Entwicklungshilfe: je stärker der Drang des »Werde so wie wir«, desto größer der Widerstand und letzten Endes die Kluft.

Habe ich dafür 8000 Kilometer zurücklegen müssen?

Als sich der Trans-Karoo wieder in Bewegung setzt, fahren wir nach ein paar hundert Metern – »kadabeng-kadabeng« – über eine Eisenbahnbrücke. Auf der Karte überqueren wir den Oranje und gelangen in die Gegend, aus der El Negro stammt. Aber als ich nach draußen schaue, sehe ich nur die Spiegelung des Abteils, in dem ich sitze.

Wenn es jemanden gibt, der El Negros geplündertes Grab finden könnte, dann David Morris. Dr. Morris ist Archäologe, ein Bauch-und-Bart-Vierziger mit sanfter Stimme. Überall, wo er einen in seinem *bakkie* hinbringt, hebt er dünne Scheibchenreste von Faustkeilen oder Speerspitzen vom Boden auf. Dann sagt er mit dem fachmännischen Blick eines Moderators von *Discovery Channel*: »Dieser Feuerstein wurde für das Schneiden von Gras bearbeitet.«

Bei allem, was ich aufsammle, lautet sein Kommentar: »Das ist einfach nur ein flacher Stein.«

Sein *bakkie* ist ein vierradangetriebener Toyota Hilux der Art, wie ich sie aus Peru kenne. Wäre ich Entwicklungshelfer geworden, würde ich nun in meinem eigenen Pick-up herumfahren. David Morris *ist* Entwicklungshelfer; er beschäftigt sich mit *Community Development* in einem Gebiet, das halb so groß wie die Niederlande ist. Als Archäologe hilft er den Gemeinschaften, die in die Homelands deportiert wurden, ihre Wurzeln wiederzufinden, indem er die Gräber ihrer Vorfahren aufspürt oder Felszeichnungen datiert und deutet.

»Mir eilt der Ruf voraus, gegen Fortschritt zu sein«, sagt David. »Wenn wir zum Beispiel über den Bau von Häusern oder einer Schule reden, sagen die Stammesältesten manchmal: ›Diesen Archäologen wollen wir nicht dabeihaben. Der braucht nur eine Felszeichnung zu finden, und die Arbeit steht still.‹«

Nach einem Frühstück aus Muffins und einem Becher Tankstellenkaffee fahren wir ostwärts, in Richtung eines abgelegenen Militärübungsgeländes, das Schmidtsdrift heißt. Das ist kein willkürliches Ziel, sondern laut David der mögliche, sogar plausibelste Heimatort von El Negro.

»Eine DNA-Untersuchung würde theoretisch mehr Hinweise liefern können«, sagt er. »Aber es ist fraglich, ob man damit die Verwandten El Negros finden könnte.«

Die Reifen des Toyotas surren gleichmäßig über den Teerweg, der schnurgerade durch das Gesträuch ausgerollt wurde. Das raue Land ist dichter bewachsen als eine Wüste und karger als eine Savanne. Hinter uns funkelt noch eine ganze Weile der spiegelnde Oppenheimer-Turm der Minenstadt Kimberley. David kommt aus Kimberley; seine Urgroßeltern waren um 1880 hierhergezogen, angelockt vom Diamantenfieber. Alte Magmaröhren (von wegerodierenden Vulkanen), die hier an die Oberfläche treten und mit diamanthaltigem Staub gefüllt sind, waren während des Booms bis zu einem Kilometer Tiefe ausgelöffelt worden. Noch immer liegen die scheinbar bodenlosen Löcher mit Namen wie *The Big Hole* unverhüllt im Stadtzentrum. Oder eigentlich ist es andersherum: Kimberley liegt schlampig drapiert um riesige Erdlöcher und die aus gelbem Backstein hochgezogene Zentrale der »De Beers Consolidated Mines Ltd«.

In bescheidenem Ton, fast flüsternd, hatte David mir erzählt, wie er zu seiner Hypothese über El Negros Abstammung gekommen ist. Eigentlich sei es sehr einfach gewesen: Die Form seines Schildes – eine Art Kleeblatt – verwies auf drei Tswana-Stämme, die hier um 1830 wohnten. David charakterisierte dieses Gebiet nördlich der britischen Kapkolonie als klassische Grenzgesellschaft: Ungeordnet, gesetzlos und instabil. Neben den Tswana lebten dort Hottentotten, Buschmänner, Xhosa, Nama, Mischgruppen wie die Grikwa (unter Führung eines gewissen Adam Kok), die Korana (unter dem halb preußischen, halb hottentottischen Jan Bloem) und sporadisch noch einige weiße Europäer: Missionare, die ersten Treckburen, Jäger und Elfenbeinhändler. Aber außer den drei Tswana-Clans gab es niemanden, der sich mit Kleeblattschilden verteidigte (die anderen hatten ovale Schilde oder Musketen).

Und dann steckte ein weiterer Hinweis in der Schnur um El Negros Speer: Diese deutete Davids Ansicht nach darauf, dass er seine Waffe als Harpune benutzte, wahrscheinlich für die Jagd auf Nilpferde im Vaal. Von den drei Tswana-Gruppen kam deshalb die der Batlhaping besonders in Frage. Batlhaping bedeutete »Fischmenschen«, sie lebten am Vaalufer, wo mehr als ein Jahrhundert später die Landepisten und Schießstände von Schmidtsdrift angelegt wurden.

Es klang zu schön und einfach, um wahr zu sein. So gern ich Davids Argumentation auch folgen wollte, stellten sich mir doch eine ganze Reihe von Fragen. War es denn eigentlich plausibel, dass Jules Verreaux (allein oder gemeinsam mit seinem Bruder) zu einem Tswanabegräbnis zugelassen worden war?

»Ja«, sagte der Archäologe und verwies mich auf ein Reisejournal eines Engländers, der im selben Gebiet etwa zur gleichen Zeit einem solchen Ritual beigewohnt hatte.

Konnte es sein, dass Jules und Édouard El Negro ermordet, und nicht ausgegraben hatten?

Das schien David unwahrscheinlich. Die Grikwa hätten damit kein Problem gehabt, denn die machten auch Jagd auf Buschmänner, als wäre es Wild. »Aber zwei Jungs aus Paris? Nein.«

Wie war es möglich, dass die katalanischen Leichenbeschauer El Negro als »einen Negriden mit den Zügen eines afrikanischen Buschmanns« bestimmten, während Jules Verreaux ihn einen »Betjouana« nannte – einer musste sich doch dann irren?

»Nicht unbedingt«, antwortete David. Es seien gerade zu jener Zeit allerlei eigenartige Allianzen entstanden, so dass El Negro theoretisch ein Buschmann gewesen sein konnte, der in einer Tswanagemeinschaft aufgegangen war, und man ihn deshalb mit ebenso großem Recht einen Tswana nennen konnte.

Und worauf deutete die Tatsache, dass er beschnitten gewesen war?

Dies spreche für die Tswana und gegen die Buschmänner, obwohl sich David – auch hier innerhalb kürzester Zeit – der Beschreibung eines beschnittenen Buschmanns zu erinnern wusste.

Konnte El Negro aus Kapstadt stammen und als Führer für Expeditionen mitgereist sein?

Das war nicht auszuschließen. Aber auch dann ging es wahrscheinlich um jemanden aus einem Tswana-Stamm, wie den »Fischmenschen«.

Ich fragte, welche Sprache El Negro wohl gesprochen habe.

»Setswana«, sagte David. »Und sicherlich auch ein paar Worte Niederländisch.«

Wir machen einen Zwischenstopp für ein Mittagessen aus boboti: Hackfleischbrot mit Koriander und Aprikosenchutney. Gerade jetzt, da ich denke, dass El Negro allmählich aus dem Nebel der Vergangenheit auftaucht, überrascht mich David mit einer neuen Komplikation. Ganz nebenbei erzählt er, die Clan-Ältesten der Korana-Gemeinschaft hätten die Geschichte El Negros aufgeschnappt: »Sie verkünden, er sei einer von ihnen.«

Ich höre auf zu kauen. In diesem Fall, so schießt es mir durch den Kopf, wäre El Negro teilweise von *preußischem* Blut gewesen.

Aber so ist es nicht, denn David zufolge entbehre ihre Behauptung jeder Grundlage. Es sei höhere Politik. Dass die Korana El Negro zu einem Vorfahren ausrufen, habe mit ihrem

Anspruch auf das Landgut Pniel am Vaal zu tun, das 1845 von der Berliner Mission gegründet worden war. Die Korana hatten dort rund ein Jahrhundert lang gelebt, bis sie vom starken Arm der Apartheid ins »Farbigenviertel« Roodepan in Kimberley umgesiedelt wurden. Mit der Berufung auf das Bodenreformgesetz fordern sie nun das Landgut ein, aber es ist nicht sicher, ob sie es bekommen werden.

Der Punkt ist, und dafür kann David auch Verständnis aufbringen, dass sich die Farbigen benachteiligt fühlen. »Sie sagen zu mir: ›Die Regierung besteht aus Schwarzen und ist für die Schwarzen. Früher waren wir nicht weiß genug, jetzt sind wir nicht schwarz genug.‹ Die Korana sind auf der Suche nach ihrer Identität. Überleg mal: Erst werden sie Bastarde genannt, danach Farbige oder Mischlinge. In ihrer Geburtsurkunde steht *coloured*, aber sie sagen zu Recht: ›So einen Stamm gibt es nicht!‹«

Die Clan-Ältesten haben David erzählt, die Gemeinschaft (bestehend aus ein paar hundert Familien) verlange nach einem Stück Land, das sie als ihr Eigentum ansehen dürfen. Sie wussten aus Radioberichten von El Negros Rückkehr nach Afrika im Jahre 2000, und seitdem betrachten sie ihn als würdigen Stammvater, der dazu beitragen soll, ihre Identität zu stärken.

Die Bewohner von Roodepan bekommen nun regelmäßig zu hören: »Solange El Negro nicht bei uns begraben ist, wird er keine Ruhe finden – und wir auch nicht!«

»Es ist ein Schrei nach Anerkennung«, sagt David. »Und es lenkt zugleich die Aufmerksamkeit auf ihren Landanspruch.«

Pniel finde ich auf der Generalstabskarte Nummer 2824 (Maßstab 1:250 000), die ich auf meinen Knien entfaltet habe. Es liegt in einem Mäander des Vaals. Ich studiere die Entfernungen auf der Karte und sehe, dass das Landgut höchstens 60 Kilometer von Schmidtsdrift entfernt ist. Die Karte ist mit Höhenlinien und Bauernhofnamen bedruckt: Graspan, Kameelhoek, Klaarwater, Klein Weltevrede. De Uitkyck liegt offensichtlich auf einem Hügelrand und wacht über Liefdesdal und Duikersput, viele Kilometer weiter oben. In Wirklichkeit lassen sich die Bauernhöfe nicht blicken. Sie liegen versteckt unter dichtem Grün und verraten ihre Lage höchstens durch Seitenwege (rechtwinklig zur großen geteerten Straße) oder stählerne Windräder (breitbeinig über einem Brunnen).

Die dazugehörigen Ländereien bestehen aus nichts als Ödnis und Unberührtheit; sie gehen unmerklich ineinander über – nur die Termitenhügel sehen aus wie verirrte Grenzbaken.

Es ist eine seltsame Vorstellung, dass dieses Niemandsland bis auf den letzten Quadratmeter parzelliert und jedes Fleckchen Grund und Boden seit dem Ende der Homeland-Politik umstritten ist.

David erzählt, er werde als Archäologe manchmal gebeten, in Landfragen als Berater aufzutreten. So auch bei den Ansprüchen auf das Militärgebiet, auf das wir zusteuern. »Schmidtsdrift ist ein Thema für sich«, sagt David, »aber beispielhaft für die Komplexität der Bodenreformen.«

In der Geschichte von Schmidtsdrift zeigt sich die ganze Tragik Südafrikas auf drei mal zehn Kilometern. David erzählt, 1990 seien auf diesem Stück Boden 4000 Buschmänner in Militärzelten untergebracht worden; demobilisierte Soldaten aus der Apartheidsarmee, gemeinsam mit ihren Frauen und Kindern. Ich erfahre, dass die Männer als Kundschafter die Wüsten Namibias und Angolas durchquert hatten, um die Zufluchtsorte der ANC-Guerilla zu verraten. Und nun zählten diese abgedankten »Kollaborateure« zu den letzten Buschmännern Südafrikas.

»Sobald der ANC an die Macht kam, stellte sich die Frage: Wohin gehören sie im neuen Südafrika?«

Ausgerechnet der Tswana-Stamm der Fischmenschen beanspruchte den Boden unter dem Zeltdorf der Buschmann-Veteranen.

»Und die Tswana sind anerkannte Opfer der Apartheidpolitik«, sagt David. »Aufgegriffen, auf Lastwagen geladen und abtransportiert in das speziell für die Tswana geschaffene

›Homeland‹ Bophuta-Tswana.« Die in den 60er Jahren erfolgte Deportation wird nun träge und schwerfällig wieder rückgängig gemacht. Im Fall von Schmidtsdrift haben die Behörden offensichtlich eine Art »Reise nach Jerusalem« der Bevölkerungsgruppen veranstaltet: Gleich außerhalb von Kimberley entstand ein steinernes Dorf für das aufgelöste Buschmannbatallion. Gleichzeitig wurde Schmidtsdrift als Übungsgebiet geräumt, so dass die »Fischmenschen« in ihre Heimat zurückkehren konnten.

Beide Volksumzüge sind in vollem Gang, aber David warnt, sie könnten doch noch entgleisen – durch Geldmangel, nicht erfüllte Versprechen, auflodernde Konflikte. Die ersten umgesiedelten Buschmänner stehen schon vor Gericht, weil sie mit Pfeil und Bogen auf die Kühe der weißen Bauern jagten.

»Aber«, sagt David, »sie zucken die Achseln und sagen: Das gehört zu unserer Kultur. Wir waren zuerst hier, und jetzt nehmen wir unsere traditionelle Lebensweise wieder auf.«

Ab und zu kommen wir an einem Verkehrsschild vorbei: »Vorsicht – Springböcke«, aber wir bekommen kaum Wild zu Gesicht; nur einen einsamen Strauß und ein paar erstaunte Gamsböcke.

Die erste Kurve, die nach zweieinhalb Stunden auftaucht, ist ein Vorbote eines spektakulären Bruchs in der Landschaft. Die Straße nimmt Anlauf zu einem felsigen Hügelrand, und von oben entfaltet sich das Panorama des Vaaltals. Der Fluss hat sich so tief eingeschnitten, dass er nicht sichtbar ist, aber man kann seinen Lauf anhand der Parzellen mit hochschießendem Weizen ausmachen, die sich zu erstaunlich grünen Flächen ausdehnen. Über den Feldern bewegen sich die riesigen Insektenleiber dreier Bewässerungsanlagen.

Die grünen Flächen hat ein weißer Bauer angelegt. Ihnen gegenüber befinden sich eine Kaserne mit einem staubigen Appellplatz und ein paar Eukalyptuspflanzen.

Wir überqueren eine Betonbrücke und parken am Rand eines kleinen Marktplatzes. Unter den Bäumen sitzen Verkäuferinnen, vor ihnen liegen Matten mit Kaugummi, Streichhölzern, Shampoo, Spülbürsten und Plastikeimern. Metzger Vertrouw op God aus Kimberley verkauft trockene Wurst von der Rückklappe eines *bakkie*.

Bei den umherrennenden Kindern und den Frauen in Zehenlatschen bin ich mir ganz sicher: Sie sind zurückgekehrte »Fischmenschen« – und möglicherweise Nachkommen von El Negro.

Auf dem Hof der Kaserne stecken wir unsere Köpfe in ein Verwaltungsbüro. Drei Sekretärinnen, hinter Faxgeräten und Kopierern verschanzt, schauen zu uns auf. Hinter ihnen hängt ein Kalender der SAA – South Africa Airways.

»Mister Sebolao?« fragt David.

Ja, der sei da. Der Batlhaping-Führer beaufsichtige die Auszahlung der Pensionen. Eine der Sekretärinnen bietet an, ihn zu holen. Sie springt nicht auf, sondern greift zu einem Telefon, und eine halbe Minute später betritt Tshenelo Sebolao das Büro. Schnell steckt er sein Nokia in die Hülle an seinem Gürtel, um uns zu begrüßen: Wir schütteln Hände, kneifen gegenseitig Daumen und haken Fingerknöchel ineinander.

Seit wann ich im Land sei, will er wissen. Anderthalb Wochen? Sehr gut, dann bin ich derjenige, der den Regen mitgebracht hat.

»God bless you.«

Er hat die Gestalt eines Jungen, aber das Gesicht eines alten Mannes. Auf seiner Baseballkappe steht: »Candies & Lolliepops – Forestal«.

Tshenelo und David kennen sich, sie sprechen über den Regen und anschließend über den Stand der Dinge rund um den Diamantenkonzern, der auf dem Schmidtsdriftgebiet Baggerarbeiten durchführt. Sie reden kurz über die NDC, die »New Diamond Corporation«, über die ich gelesen habe, sie sei eines der ersten südafrikanischen Bergbauunternehmen in schwarzer Hand.

David will wissen, ob die NDC nun endlich die versprochene Einzäunung um die Friedhöfe angelegt habe?

Ja, der erste Zaun stehe, aber er sei viel zu groß. »Das sieht aus wie ein Käfig«, sagt Tshenelo. »Wir haben gleich gesagt, dass es so nicht sein soll. Wir brauchen nur eine Markierung, damit kein Schutt auf das Gelände geladen oder darüber hinweggedonnert wird.«

David fragt, ob wir gleich mal einen Blick darauf werfen dürfen.

Tshenelo nickt; er kontrolliert, ob er keine SMS verpasst hat.

»Ihr dürft gehen und stehen, wo ihr wollt.«

Ich sehe, dass er in Eile ist, und bringe El Negro zur Sprache. Was weiß er von ihm?

Tshenelo Sebolao fragt eine Sekretärin nach dem Fax, das David vorausgeschickt hat, in dem wir unser Kommen – und dessen Grund – umständlich angekündigt hatten.

»Das, was ihr hier schreibt«, sagt er und klopft auf das zusammengerollte Papier, »ist das Erste, was wir über ihn hören.«

Und, was denkt er?

»Wenn er ein echter Batlhaping ist, gehört er hierher und nicht nach Botswana.«

Dann würden seine Überreste erneut ausgegraben und verfrachtet werden?

»Natürlich! Sein Geist irrt herum, wir sind Herumirrende. Jeder hier ist damit beschäftigt, nach Hause zu kommen.«

David nickt; er verspricht, dass wir ihn über die Entwicklungen auf dem Laufenden halten werden.

Ich habe noch viel mehr Fragen, aber der Batlhaping-Führer geht schon wieder nach draußen. Ich vermute, dass er fertig ist mit uns, aber er dreht sich um und winkt, wir sollen ihm folgen.

Tshenelo Sebolao geht uns voran zum Rand der Kaserne, wo er drei Gartenstühle auf einem Betonbürgersteig ausklappt.

Als wir sitzen, sagt er: »Was ihr jetzt seht, sind unsere vorübergehenden Unterkünfte.«

Wir schauen auf ein Elendsviertel aus Hütten und Schuppen. So stramm und kerzengerade die Gebilde in Reih und Glied stehen, so baufällig sehen sie aus. Hier und da gibt es Wassertonnen, Wäscheständer und Latrinen aus Sperrholzplatten.

»Wir leben wie Landbesetzer«, fährt Tshenelo fort. »aber immerhin auf eigenem Grund und Boden.«

Er erzählt, dass die Batlhaping am 6. September 2003 die Eigentumsurkunde für Schmidtsdrift erhalten haben. »Und das wurde Zeit, denn wir haben 35 Jahre in Verbannung gelebt.«

Tshenelo war 14, als er mit seinen Eltern, Brüdern und Schwestern abtransportiert wurde. »Das war am 26. Februar 1968«, sagt er. »Wir waren bei der letzten Gruppe.« Die Pritschenwagen der Armee fuhren unablässig vor und wieder ab, und noch vor Ende des Monats war die ganze *Community* aus 2000 Familien mit ihren zusammengerafften Habseligkeiten auf einem Hügel abgeladen worden – über hundert Kilometer weiter nördlich. »Und da gab es nicht einmal einen Fluss, nur Wasser aus einem Brunnen. Nirgends Fisch.«

Erst als Mandela Präsident wurde, konnten sie mit dem Segen der Behörden ihre Heimat wieder einfordern, aber die tatsächliche Rückkehr ließ endlos auf sich warten. Vor allem die Älteren hielten es nicht mehr aus; sie wollten an dem Ort sterben, an dem sie geboren waren.

»Darum haben wir vor fünf Jahren auf eigene Kosten eine Gruppe vorausgeschickt, um schon mal dieses Stück Land zu besetzen.«

Schließlich hatte die Regierung bei der festlichen Übergabe der Eigentumspapiere ihre Unterstützung für den Bau neuer Häuser zugesagt.

»Und was ist daraus geworden?«

»Noch nichts. Aber sie werden bald anfangen.«

David wirft mir einen skeptischen Blick zu. »Wenn das mal kein loses Wahlversprechen ist.«

Tshenelo Sebolao scheint keine Zweifel zu haben, denn das Ministerium für Bodenreform hat bereits Schilder mit einer Abbildung des geplanten Neubaus aufgestellt.

Der Batlhaping-Führer bietet an, uns in Davids Toyota das Schmidtsdriftgebiet zu zeigen.

Wenig später folgen wir einer Schlammspur in Richtung eines *koppie* in der Ferne, allem Anschein nach ein kahler Hügel.

Mitten auf der Ebene zweigt ein Weg ab, den jedoch eine quer gespannte Kette versperrt.

»Hier beginnt der Machtbereich der NDC«, sagt Tshenelo.

Ein Beamter mit der Aufschrift »Security« auf seinem Overall springt aus der Böschung, fragt nach unseren Papieren und will wissen, was wir vorhaben.

»Inspektion«, sagt David. Aber dann erkennt der Wächter den Batlhaping-Führer und beeilt sich, die Kette loszuhaken.

Dahinter beginnt ein Labyrinth aus Schotterwegen. Wenige hundert Meter weiter produziert ein Maschinenpark aus Kettenförderern und Baggern eine gelbe Staubwolke und ein eindringliches Summen.

David fährt mit seinem *bakkie* die Diamantengrube hinauf bis zu einem spitzen zinnoberroten Zaun. Ich sehe nicht sofort, dass der Zaun eine kleines Feld mit Grabsteinen umgibt, aber während wir darauf zulaufen, weist mich David auf die unnatürlichen Muster aus immer etwa zehn Kieselsteinen hinter den Gitterstäben hin.

»Schau, hier liegen sie in einem Halbkreis. Das ist eine vorchristliche Tswana-Gruft aus der ersten Hälfte des 19. Jahrhunderts, oder auch früher.«

Fünf Schritte weiter bleibt er zwischen den Büschen bei einem steil nach oben ragenden Stein stehen: ein christliches Grab.

Während sich Tshenelo auf die geöffnete Autotür lehnt und seine telefonischen Angelegenheiten regelt, erzählt David von den Begräbnisriten der Tswana. Er erklärt, weshalb die alten Gräber eine runde Form haben: Der Tote wurde mit angewinkelten Knien, mehr oder weniger in Fötushaltung, in eine Kuhle gelegt, das Gesicht immer dahin gekehrt, wo die Sonne aufgeht, »weil der Mensch von dort kommt«. Handelte es sich um einen erwachsenen Mann – wie El Negro –, dann wurde der Leichnam in ein *karos* gewickelt: das Fell eines Springbocks oder eines anderen Tieres. Frauen bekamen ein Grab am Rande des Hofes, also dicht bei den runden Lehmhütten, während Männer ein Stück weiter weg in den Kral ihres Viehs kamen. Am Morgen des Begräbnisses eines Mannes wurde ein Ochse geschlachtet, dessen Fleisch man ungesalzen aß, denn die Trauernden sollten das Mahl nicht wirklich genießen. Den Brei der halb verzehrten Nahrung aus der Speiseröhre des Ochsen warf man ins Grab, ebenso ein paar Maiskörner und etwas Erde eines Termitenhügels: bestimmt für das Säen und Ernten im Reich der Toten.

»Der *badimo*, der Geist des Verstorbenen, wacht über das Glück der Lebenden«, erklärt David.

Ich versuche mir vorzustellen, wie Jules Verreaux, begleitet von Édouard – oder auch nicht – mit frommem Gesicht zugeschaut haben muss. Und wie er dann nachts zwischen den schnaubenden und unruhig hin und her stampfenden Kühen gegraben hat – voller Angst, er könnte El Negros Familienmitglieder wecken.

David weist auf die christlichen Gräber mit den einzelnen, aufrecht stehenden Steinen: »Siehst du, die sind lang und gerade, weil der Tote lang ausgestreckt begraben wurde.«

Ich bleibe bei den Halbkreisen aus Kieselsteinen stehen. Theoretisch ist es möglich, dass El Negro aus einem dieser Gräber gestohlen wurde.

David sagt, es gebe keine Hinweise auf diese Gräber, jedenfalls nicht in der Überlieferung, und so viel er wisse, auch nicht in den Schriften von Missionaren.

Als wir weiterfahren, fällt mir die Leere des Schmidtsdriftgebietes auf, die eher beklemmend ist als weiträumig. Steine und Disteln so weit das Auge reicht, und hier und da, so wurde mir erzählt, eine aufgerollte Kobra. Nach einiger Zeit passieren wir die Reste des Zeltlagers, in dem die Buschmänner bis vor kurzem campierten. Es ähnelt einem Geisterdorf aus Zelttuch in ausgeblichenen Tarnfarben.

In weitem Bogen landen wir wieder am Rand der Batlhaping-Siedlung. Tshenelo gibt uns mit Handzeichen zu verstehen, dass wir anhalten sollen. Er geht vor uns über einen Pfad aus festgestampfter Erde in Richtung des Flusses. Wir springen hinter ihm über einen Wassergraben und kommen dann zum Schild eines Bauunternehmens mit der Skizze einer futuristischen Wohnsiedlung: »Building the new South Africa«.

»Nicht schlecht«, sagt David. »Fehlt bloß noch die Finanzierung.«

Tshenelo Sebolao zeigt auf das leere Areal, wo einmal eine Schule und eine kollektive Werkstatt mit einer Presse für Sonnenblumenöl stehen sollen. Dort hinten ist ein großer Kral geplant für das Vieh (»Kühe sind doch das Wichtigste«) und hier, direkt zu unseren Füßen, sollen Gemüsegärten am fruchtbaren, noch unkultivierten Flussufer angelegt werden.

Je leidenschaftlicher Tshenelos Ausführungen werden, desto schlechter fühle ich mich.

Wir steigen hinab zu den sandigen Ufern des Vaal. Mit lautem Flügelschlagen schrecken Vögel aus dem Ufergebüsch auf und lassen sich mit viel Spektakel an der gegenüberliegenden Seite nieder.

Ich schaue Tshenelo von der Seite an und merke, dass ich die Hände in die Taschen meiner Jeans geschoben habe.

Ich will, dass all seine Pläne in Erfüllung gehen. Aber was kaufen sich die Batlhaping für meine guten Wünsche? Ich bin diplomierter Wasserbau-Ingenieur, und was suche ich hier: den Schatten El Negros.

Epilog

El Negro wurde am 5. Oktober 2000 nach christlichen Ritualen in Botswana beerdigt. »Im Geiste Jesu, der auch gelitten hat«, sprach der Prediger mit der Hand auf der Bibel. »Amen.«

Neben einem improvisierten Podium, auf dem ein auffallend kleiner Sarg stand, saßen Würdenträger aus Botswana (die First Lady des Landes, der Außenminister, der Vorsitzende des Parlaments) und aus Spanien (der Botschafter, etwa zehn andere Diplomaten, die Konservatorin des Anthropologischen Museums von Madrid). Ein Stoffdach, gestützt von zwei Zeltstockreihen, spendete den Ehrengästen Schatten. Zwischen der Ankunft des Leichenzugs im Tsholofelo-Park (in einem Außenbezirk der Hauptstadt Gaborone) und dem letzten Salut durch weiß behandschuhte Hornbläser verstrichen rund zwei Stunden.

Nach jeder Ansprache erklangen Lieder auf Setswana aus den Lautsprechern, worauf das reihenweise aufgestellte Publikum anfing, sich rhythmisch zu wiegen. Die hochgehaltenen Sonnenschirme bewegten sich mit, und das bot vermutlich die bezauberndste Szene des Tages. Der Gesang besänftigte das Entsetzen, das die Menge ergriffen hatte; jeder, der am Abend zuvor an der Bahre (von 1,20 Meter) entlanggegangen war, sprach von einer Verwechslung: Dies konnte nicht El Negro sein. Unter dem gläsernen Fenster im Deckel des Sarges war nur ein Schädel zu sehen, mehr nicht, und dieser Anblick stimmte nicht mit den Abbildungen El Negros (in vollem Museumsornat) überein, wie sie in *The Reporter* und in der *Botswana Gazette* veröffentlicht worden waren. Auch die Handvoll Journalisten, die den Autopsiebericht kannten, wunderten sich: Der gezeigte Schädel besaß ein Gebiss, obwohl sich dieses nicht auf den

Röntgenaufnahmen befand. Mancher schlug sich die Hand vor den Mund, aber es gab niemanden, der laut zu protestieren wagte.

Im Tsholofelo-Park habe ich mir erklären lassen, wie das Begräbnis vonstatten gegangen war: Wer wo stand (angefangen bei Alphonse Arcelin und der Militärblaskapelle bis zum »Sonderberichterstatter« Miquel Molina), und wovon die Grabreden handelten (»die Entweihung des Körpers von El Negro« und »die Wiederherstellung der Würde eines gemeinsamen afrikanischen Vorfahren«). Das Gras war gemäht und ein verrostetes Klettergestell wie ein fauler Zahn aus dem Boden gezogen worden. Nur die Rakete, die den Namen »Lunapark« rechtfertigen sollte, hatte die Vorbereitungen überlebt.

Die Konservatorin des Madrider Anthropologiemuseums, unter deren Aufsicht El Negro bis auf die Knochen abgeschält worden war, trug ein schwarzes Cocktailkleid, das gerade so bis zu ihrem Knie reichte. Wie ihre Entscheidung, El Negro in demontiertem Zustand zu übergeben, war dieses Kleid ein Fehlgriff – es war zu freizügig – und sorgte noch lange Zeit für Empörung und Gesprächsstoff.

Anno 2004 sieht die Grabstelle ungepflegt und ramponiert aus. Zwölf Pflöcke in den Nationalfarben schwarz-weiß-blau (die Farben stehen für Rassenharmonie und das Versprechen von Wasser) stecken ein Beet ab. Die Pflöcke sind verzogen, und die Zierkette, die sie verband, ist gestohlen worden. Auf einem zerkratzten Schild steht auf Englisch und Setswana:

»›El Negro‹ / Died C. 1830 / Son of Africa
Carried to Europe in Death / Returned Home to
African Soil / October 2000«

Von dem ursprünglichen Plan, diesen Ort zu einem Nationaldenkmal zu erklären, hat niemand mehr etwas vernommen.

Es gibt keine Grabplatte oder Abdeckung, lediglich eine zugescharrte Grube, bedeckt mit Sand und dünnem Gras.

Quellen und Dank

Ein Teil der verwendeten Quellen ist im Haupttext genannt, ein noch größerer Teil nicht. So stützt sich der Prolog auf die unveröffentlichte Studie *Estudí de l'home del Museu Darder,* dem Bericht der Autopsie am Körper El Negros, datiert auf den 11. April 1995. Die Angaben zur ethnischen Bestimmung, die in den Prolog aufgenommen sind, stammen aus der Vorlesung *Race Determination* von Dr. Darlene Applegate, Forensic Anthropology, Western Kentucky University, wie veröffentlicht im Internet (www.wku.edu/~darlene.applegate/forensic/front.html).

Für Hintergrundinformationen über die Karibik habe ich auf folgende Bücher zurückgegriffen: *The Caribbean* von Franklin W. Knight (Oxford University Press, New York 1978), *From Columbus to Castro, the History of the Carribbean* von Eric Williams (Vintage Books, New York 1984) und dessen heftig diskutiertes Werk *Capitalism & Slavery* von 1944 (André Deutsch, London 1967), sowie *Vuurnacht, Toussaint Louverture en de slavenopstand op Haïti* von Martin Ros (De Arbeiderspers, Amsterdam 1991). Über die Sklaverei und die Abolitionisten habe ich die folgenden Werke zu Rate gezogen: Die Faksimile-Ausgabe *Reize naar Surinamen en door de binnenste gedeelten van Guiana* von John G. Stedman (S. Emmering, Amsterdam 1974, nach der ersten niederländischen Publikation von 1799), *The Atlantic Slave Trade and British Abolition* von Roger Anstey (Macmillan, London 1975), *French Reaction to British Slave Emancipation* von Lawrence Jennings (Baton Rouge, Louisiana 1988) und *French Anti-sla-*

very 1802–1848 (Cambridge University Press, Cambridge 2000) von demselben Autor, *England, Slaves and Freedom, 1776–1838* von James Walvin (University Press of Mississippi, Jackson 1986) und *De Nederlandse slavenhandel 1550–1850* von Piet Emmer (De Arbeiderspers, Amsterdam 2003).

Unter den von mir benutzten Büchern über Afrika befinden sich *Verdeel en heers, de deling van Afrika 1880–1914* von H. L. Wesseling (Bert Bakker, Amsterdam 1986), *The Black Man's Burden* von Basil Davidson, *Ebbenhout* von Ryszard Kapuściński (De Arbeiderspers, Amsterdam 2000) und der bereits im Haupttext genannte Artikel »The Coming Anarchy« von Robert D. Kaplan (aus *The Atlantic Monthly*, Boston 1994), dessen gekürzte Version im *NRC Handelsblad* vom 14. Mai 1994 erschienen ist.

Für Sierra Leone habe ich unter anderem aus den folgenden Quellen geschöpft: *A History of Sierra Leone* (Oxford University Press 1963) und die Biographie *Africanus Horton* (idem, 1972), beide von Chrystopher Fyfe; *The Athens of West-Africa* über die Geschichte des Fourah Bay College (Routledge, New York 2003), die Erzählung »De kleptocratice van Sierra Leone« in *Reizen maakt rijk* von Jan Donkers (De Harmonie, Amsterdam 1991) und das Interview mit dem Titel »De babydictator wil terug naar school« von Linda Polman mit Expräsident Valentine Strasser (*De Morgen*, 7. April 2001).

Als Nachschlagewerke über das südliche Afrika haben mir gedient: *A New History of Southern Africa* von Neil Parsons (Macmillan, London 1993), *Zuid-Afrika, een geschiedenis* von Robert Ross (De Arbeiderspers, Amsterdam 2001), *A Handbook of Tswana Law and Custom* von Isaac Schapera (International African Institute, London 1994) und *The Image of God among the Sotho-Tswana* von Gabriel M. Setiloane (Balkema, Rotterdam 1976).

Wichtige Informations- und Inspirationsquellen über Südafrika sind für mich gewesen: *Het beloofde land* von Adriaan van Dis (Meulenhoff, Amsterdam 1992), *Een mond vol glas* von Henk van Woerden (Podium, Amsterdam 1998), *De plaag: het stille knagen van schrijvers, termieten en Zuid-Afrika* von David Van Reybrouck (Meulenhoff, Amsterdam 2001) und insbesondere die Werke von Antjie Krog. Ihr bereits genanntes und zitiertes *Country of my Skull* ist auf Niederländisch unter dem Titel *De kleur van je hart* erschienen (Mets & Schilt, Amsterdam 2000). Auch *Relaas van een moord* (Podium, Amsterdam 2003) und *A Change of Tongue* (Random House, Sandton 2003) habe ich dankbar benutzt. Aus ihren *Liederen van de blauwkraanvogel* (Podium, Amsterdam 2003) stammt das Gedicht im Kapitel »Im Land der Vorfahren«.

Für ein besseres Verständnis der spanischen Hintergründe habe ich die *Geschiedenis van Spanje* von Robert Lemm verwendet (Aspekt, Soesterberg 2003) und speziell der katalanischen *The Power of Identity* von Manuel Castells (Blackwell, Oxford 2004) und *De stad der wonderen* von Eduardo Mendoza (Arena, Amsterdam 1988), auf Deutsch als *Die Stadt der Wunder* erschienen (u.a. bei Suhrkamp, Frankfurt am Main 1989). Die zitierte Webveröffentlichung der katalanischen Ultra-Nationalisten habe ich seinerzeit gefunden unter: www.geocities.com/benplantat/memorial/.

In Bezug auf Peru verdienen folgende Titel besondere Erwähnung: *Shining Path* von Simon Strong (HarperCollins, London 1992), *Guerra Popular en el Peru, El Pensamiento Gonzalo* (gesammelte Reden von Abimael Guzmán, zusammengestellt und im Eigenverlag herausgegeben von Luis Arce Borja, Brüssel 1989), *Vargas Llosa for President*, ein Themenheft der Zeitschrift *Granta* (Nr. 36, 1991) und darin unter anderem der Artikel »A Fish out of Water« von Mario Vargas Llosa, den er später in seiner Autobiographie *De vis in het water* (Meulenhof, Amsterdam 1994), auf Deutsch als *Der Fisch im Wasser* (Suhrkamp, Frankfurt am Main 1998) erschienen, verarbeitet hat.

Soziologische Betrachtungen über den *sacasebo* aus den Anden wurden von Juan Ansión zusammengestellt in *Pishtacos, de verdugos a sacaojos* (Tarea, Lima 1989).

Meine Auffassung von der Entwicklungsarbeit wurde beeinflusst durch *De deskundige: leerling en leermeester, een halve eeuw uitzending van ontwikkelingswerkers* von Arnout Zevenbergen (Ministerie voor Ontwikkelingssamenwerking, Den Haag 2002), woraus ich einige konkrete Beispiele in den Kapiteln »Löwe mit zwei Gesichtern« und »Im Land der Vorfahren« aufgenommen habe. Auch *Lords of Poverty* von Graham Hancock (Grove/Atlantic, New York 1992) und *De kloof en de uitweg* von Marc Vandepitte (Epo, Berchem-Antwerpen 2004) sind in diesem Zusammenhang besonders herauszustellen. Zum Thema des interkulturellen Umgangs habe ich mich unter anderem durch die Essaysammlung *Multiculturalism* von Charles Taylor (Princeton, New Jersey 1994) und ein halbes Dutzend anderer Autoren inspirieren lassen.

Über El Negro wurde in Zeitungen und Zeitschriften der ganzen Welt viel geschrieben. Es gab unzählige Wiederholungen und immer wieder die gleichen Tatsachen und Zitate, vor allem im Jahr der Olympischen Spiele in Barcelona. Originalschriftstücke variieren von einer Jugendnovelle und einem Theatermonolog bis zu einer wissenschaftlichen Betrachtung unter dem Titel »›El Negro de Banyoles‹, and the Recollection and Remembering of ›Spanish Africans‹« von Susan Martin-Márquez, veröffentlicht in *Journal of Romance Studies* (London 2001, Band 1, Nr. 3).

Kenner der Hintergründe von El Negro, denen ich besonders verpflichtet bin, sind in alphabetischer Reihenfolge: Jacinto Antón, Piotr Daszkiewicz, Caitlin Davies, Miquel Molina, David Morris und Neil Parsons. Ihre gesammelten Erkenntnisse wurden am 24. Mai 2001 in einem El Negro gewidmeten Seminar an der Universität von Botswana, Gaborone, besprochen. Die Berichte dieses Treffens sind in *Pula, Botswana*

Journal of African Studies (2002, Band 16, Nr. 1) veröffentlicht. Der Autor, der die meisten Entdeckungen zu El Negro gemacht hat, ist Jacinto Antón. Seine drei Artikel, die am 22., 23. und 24. Dezember 1991 in *El País* erschienen, haben das Fundament für spätere Recherchen gelegt. Piotr Daszkiewicz hat in seinem Beitrag »La Maison Verreaux au XIXe Siècle a Paris; Plaque tournante des collections naturalistes mondiales« ein klares Licht auf das Maison Verreaux geworfen, veröffentlicht in *Sauvages dans la ville* (Paris 2000), während Caitlin Davies in ihrem Buch *The Return of El Negro* (Penguin South Africa, Sandton 2003) die Geschichte von El Negro in den breiteren Kontext des Handels mit menschlichen Überresten und der Rückgabe umstrittener Museumsstücke stellt. Miquel Molinas Artikel »More Notes on the Verreaux Brothers«, veröffentlicht in der genannten Nummer von *Pula*, enthält zahlreiche bis dahin unbekannte Einzelheiten. Dasselbe gilt für »Further Notes on El Negro«, einen Text von Neil Parsons für ein Fortsetzungsseminar über El Negro im McGregor Museum von Kimberley, Südafrika. Der Archäologe David Morris, Mitarbeiter jenes Museums, hat zu diesem Seminar einen sehr erhellenden, aber unveröffentlichten Artikel beigetragen: »›El Negro‹: the Questions of Origin and Identity, and Remarks on the Repatriation Process«.

Die bislang bekannten Primärquellen über El Negro im 19. Jahrhundert sind an den Fingern einer Hand abzuzählen und im Haupttext erwähnt. Es sind in chronologischer Reihenfolge: Der Brief von Jules Verreaux an George Cuvier vom 12. Mai 1831; der Artikel in *Le Constitutionnel* vom 15. November 1831; die Erwähnung in *El Naturalista* (in der Januar-Ausgabe von 1888) und der Katalog von Francisco Darder aus demselben Jahr mit dem Titel *Gran Museo de Historia Natural de Anatomía Comparada, Etnolgía, Antropología, Anatomía Normal y Patalógica* (Barcelona 1888).

Der Bericht über die Autopsie, die George Cuvier von Sara Baartmans Leichnam durchführte, wird in Paris aufbewahrt unter dem Titel: *Extraits d'Observations, Faites sur le cadavre d'une femme connue à Paris et à Londres sous le nom de Vénus Hottentotte* (Memoires du Musée, Paris 1817). Ihre Biographie wurde von Gérard Badou in *L'Énigme de la Vénus Hottentotte* (Éditions Jean-Claude Lattès, Paris 2000) aufgezeichnet. Lebensbeschreibungen von Cuvier und seinen Fachgenossen finden sich unter anderem in *De natuur ontsloten* von Donald Peattie (H. P. Leopold's, Den Haag 1937). Der Aufbau von Cuviers anthropologischer Sammlung wurde von E. T. Hamy in *La Collection Anthropologique du Musée National d'Histoire Naturelle* (Paris 1907) beschrieben. Einblick in die Entstehung des wissenschaftlichen Rassismus des 19. Jahrhunderts bietet *The Evolution of Racism* von Pat Shipman (Simon & Schuster, New York 1994). Die Angaben über Paul Broca im Kapitel »Grand Café der Novitäten« habe ich *The Mismeasure of Man* (Norton, New York 1981) von Stephan Jay Gould entnommen. Auch seine Betrachtungen über Sara Baartman in *The Flamingo's Smile* (Penguin, London 1991) habe ich dankbar verwendet. In »De thuiskomst van Sara Baartman« (veröffentlicht in der Zeitschrift *Armada,* April 2004, Jahrgang 10, Nr. 34) beschreibt Diana Ferrus die Rückkehr und das Begräbnis der konservierten Reste. Ihr »Poem for Sarah Baartman«, aus dem ich eine Strophe zitiert habe, ist im Internet veröffentlicht unter: www.vgallery.co.za/2000article28/vzine.htm.

Das Schicksal des Pygmäen aus Belgisch-Kongo, der sich 1906 einen Käfig mit einem Schimpansen im Zoo von The Bronx teilte, ist von Philips Verner und Harvey Blume in *Ota Benga – The Pygmee in the Zoo* beschrieben (St. Martin's Press, New York 1992). Ähnliche Geschichten sind gesammelt in *Africans on Stage, Studies in Ethnological Show Business*, zusammengestellt von Bernth Lindfors (Indiana University Press, Indiana 1999).

Reinhold Raus Entdeckung über die Existenz der ausgestopften Buschmannfrau ist in seinem Artikel »Das Naturalien-Sammeln des deutschen Apothekers Carl Friedrich Drège in Südafrika, 1821 bis 1845« beschrieben, der teilweise unveröffentlicht ist und zum Teil im *Echo-Magazin*, einer Monatszeitschrift für die deutschsprachige Gemeinschaft in Südafrika, abgedruckt wurde. Das unveröffentlichte Tagebuch von Carl Friedrich Drège wird in der South African Library in Kapstadt aufbewahrt. In derselben Bibliothek ist auch ein Exemplar zu finden von *Afrorum Veneme Sagittario Disquisite Medico Chemico Auctore* von Georg Krebs (Berlin 1831), worin sich im Anhang die Zeichnung des Körpers eines Buschmanns befindet, den Ludwig Krebs in einer Tonne mit Pökelwasser aus Kapstadt verschickt hatte. Der Packzettel aus dem Jahr 1830, auf dem diese Sendung beschrieben wurde, ist abgedruckt in *Ludwig Krebs, Cape Naturalist to the King of Prussia* von Pamela Ffolliott und Richard Liversidge (Balkema, Kapstadt 1971).

Eine Quelle über die Gebrüder Verreaux in Südafrika, die sich als sehr nützlich erwiesen hat, ist das *South African Quarterly Journal,* das zwischen 1828 und 1835 in unregelmäßigen Abständen in Kapstadt als eine Veröffentlichung von The South African Institution erschien, dem Vorläufer des Museums, für das Jules Verreaux als Taxidermist und Verwalter arbeitete. *A History of the South African Museum, 1825–1975* von R. F. H. Summers (Balkema, Kapstadt 1975) gibt dazu eine gute Übersicht. Genau wie Jules Verreauxs Handschriften, die ich im Muséum national d'Histoire naturelle in Paris zu Rate gezogen habe, war auch der veröffentlichte Bericht seiner ersten Afrikareise von 1818 bis 1820 von großem Wert. Er heißt *Précis d'un Voyage au Cap de Bonne-Espérance* und wurde von seinem Onkel Pierre Delalande geschrieben (Paris 1822). Einzelheiten über den Hintergrund dieser Publikation finden sich in »Pierre-Antoine Delalande, naturalist, and his cape visit, 1818–20« in *Quarterly Bulletin of the South African Library* (Kapstadt 1956, Band 11, Nr. 1).

Auch der Faksimiledruck von *Wanderings and adventures in the interior of Southern Africa* von Andrew Steedman (Balkema, Kapstadt 1966, Original 1835) enthält einige Angaben über Jules Verreaux. Ausführlicher ist O. M. Des Murs in *Notice nécrologique sur Jules Verreaux, voyageur et aide-naturaliste de MHN* (Paris 1874). Eine wichtige biographische Quelle über Édouard ist »Éloge d'Édouard Verreaux« von M. Mulsant in *Notices et portraits* (Lyon 1879). In *Biographies of Birdwatchers* von Barbara und Richard Mearns (Academic Press, London 1988) stehen Besonderheiten über beide Brüder.

Das Buch, das der Exbürgermeister Joan Solana über die Affäre um El Negro schrieb, heißt mit vollem Titel: *El Negre de Banyoles, la història d'una polèmica internacional* (Planeta, Barcelona 2001). Die Hintergründe der Familie von Alphonse Arcelin wurden von seinem Bruder Paul in dem Buch *Cercueil sous le bras* (New York 1999) aufgezeichnet. Ein großer Teil des Lebenslaufes von Jordi Sabater ist beschrieben in *El traç de la Natura* (Edicions 62, Barcelona 2001). Die Entdeckung des weißen Gorillas ist in *National Geographic* vom März 1967 unter dem Titel »Snowflake – The World's First White Gorilla« bekannt gemacht worden. Einblick in die eigenartige Beziehung zwischen Menschen und Affen bieten sowohl *Waarom vrouwen van apen houden, een liefdesgeschiedenis in cultuur en wetenschap* von Stine Jensen (Bert Bakker, Amsterdam 2002) als auch die Erzählung »Ik geloof niet dat gorilla's glimlachen« von Jan Brokken, aufgenommen in *De regenvogel* (De Arbeiderspers, Amsterdam 1991).

Abgesehen von den spezifischen Quellen, die dieser oder jener Passage zugrunde liegen, will ich einige – verschiedenartige – Klassiker nennen, die mich stark beeinflusst haben, nicht nur beim Schreiben dieses Buches, sondern überhaupt. Hier und da tauchen sie mit Vor- und Zunamen im Text auf, aber meist ist ihr Einfluss indirekt. Es handelt sich um *Een bocht in de rivier* von V. S. Naipaul (De Arbeiderspers, Amsterdam 1981), auf Deutsch erschienen unter dem Titel *An der Biegung des großen Flusses* (zum Beispiel als List Taschenbuch, München 2002); *Traurige Tropen* von Claude Lévi-Strauss (Suhrkamp, Frankfurt 1955); *Hart der duisternis* von Joseph Conrad (L. J. Veen,

Amsterdam 1994), Deutsch als *Herz der Finsternis* (zum Beispiel bei dtv, München 2005); *Things Fall Apart* von Chinua Achebe (Heinemann, London 1986), *The Lost World of the Kalahari* von Laurens van der Post aus dem Jahr 1958, auf Niederländisch als *Kalahari, een verloren wereld* (Contact, Amsterdam 1960) erschienen; und George Orwells *Mein Katalonien* (Diogenes Verlag, Zürich 2000).

Mindestens ebenso wichtig wie die geschriebenen Quellen sind für mich die Gespräche gewesen, die ich mit meinen Reisegefährten geführt habe, mit Entwicklungshelfern, Zoologen, Anthropologen, Archivaren. Mein Dank gilt ihnen allen. Sie sind Teil dieses Buches; direkt, weil sie darin vorkommen, oder indirekt, als Anregende hinter den Kulissen. Einige von ihnen habe ich auf ihre Bitte hin (oder auf meine Initiative in den Fällen, in denen ich sie nicht mehr habe ausfindig machen können) unter erfundenem Namen aufgeführt, um ihre Privatsphäre zu schützen. Gern nenne ich hier die im Haupttext noch nicht namentlich Aufgeführten – aus Wertschätzung für die Hilfe, die sie mir geboten haben: Joe Alie, Zainab Bangura, Silvia Brens, Meine und Yannick Fernhout, Henry Fitzpatrick, Kegalale Gasennelwe, Potlako Gasennelwe, Robbert van der Horst, Peter Mokomele, Bruno Molijn, Dick van der Neut, Nicolas Ouazana, Joseph Opala, Janneke Rozier, Petrie le Roux, Ewoud Sanders, Piet Sybrandy, Manuel Tejada, Aernout Zevenbergen und Arjen van der Ziel.

Ich bin meinem niederländischen Verleger Emile Brugman dankbar für seinen wertvollen Kommentar zum Manuskript, ebenso Pieter Westerman und Ans Jansen-Wouters. Mein allergrößter Dank gilt Suzanna Jansen, die bei jedem Schritt während der Entstehung dieses Buches kritisch und scharf mitgedacht hat.

Amsterdam, 28. September 2004